Series in

王仁湘　主编

THE PEARL OF
THE DESERT

大漠明珠
——敦煌莫高窟
Mogao Grottoes of Dunhuang

常青　著

文物出版社

图书在版编目（CIP）数据

大漠明珠 ：敦煌莫高窟 / 常青著. —— 北京 ：
文物出版社，2022.6
（考古与文明丛书 / 王仁湘主编）
ISBN 978-7-5010-7168-5

Ⅰ．①大… Ⅱ．①常… Ⅲ．①敦煌石窟－研究 Ⅳ.
①K879.214

中国版本图书馆CIP数据核字(2021)第277883号

大漠明珠
——敦煌莫高窟

著　　者：常　青
丛书主编：王仁湘

责任编辑：智　朴
责任印制：苏　林
封面设计：特木热

出版发行：文物出版社
社　　址：北京市东城区东直门内北小街2号楼
邮　　编：100007
网　　址：http://www.wenwu.com
经　　销：新华书店
制版印刷：天津图文方嘉印刷有限公司
开　　本：710mm×1000mm　1/16
印　　张：19
版　　次：2022年6月第1版
印　　次：2022年6月第1次印刷
书　　号：ISBN 978-7-5010-7168-5
定　　价：96.00元

徜徉在文明的长河

文明，如同是一条长河，涓滴汇溪，宽缓窄急，回旋蜿蜒，奔流不息，时有波平又浪起，时见雾涌又云蒸，景象万千。

文明之河悠长，如今站在长河的何处，我们其实知道也不知道。我们并不知晓河源有多远，也不知晓河流有多长，所以也不能完全明白自己的坐标在哪里。我们只是看到前后不远处的气象，更远处的景致，通常只是从文本与传说获得的印象，既不真切，也不确定，还有许多的猜测。更有文明孕育的遥远年代，许多的故事也都有待发现，有待复构。

我们会好奇，好奇文明长河那些未知的风景，想知道风景是怎样的妖娆，想看看色彩是怎样的斑斓？我们真惊奇，但见长河散璧遗珠，是那样典雅温润，想象中还有多少失踪的宝藏？我们也会惊叹，长河流淌过的人文情怀是如何光灿日月，我们的民族精神是怎样的不屈不挠？我们也很惊疑，长河源头究竟有多远，众里寻她千百度，还需几番探寻才能确认？我们非常向往，文明长河会流向何方，百川归海又会是怎样的气势？

忽如一夜东风来，考古列入国家文化建设战略，我们心中的文明之谜将会加速开解。我们的社会活跃着一批考古人，考古人回归文明长河，直入到历史层面，去获取我们已然忘却的信息，穿越时空去旅行与采风，将从前的事物与消息带给现代人，也带给未来人。

考古，如同是一列筏子，是漂泊在文明长河上的筏子，石器美玉，彩陶黑陶，甲骨青铜，秦砖汉瓦，酒樽茶盏，丝帛锦绣，满载宝藏。这筏子上撑篙把舵的考古人，还会关注更多的细节，他们由细节驶往真实的形色历史中。与历史学家不同的是，考古人是在不同的维度上重现历史的面貌，这是立体的历史，是全真的历史。

考古人研究一式式陶器，一座座废墟，一群群墓葬，一坑坑垃圾，一组组壁画；考察大长城、大古都、大聚落、大陵墓、大运河、大丝路。考古人探索人类起源、农业起源、文明起源、国家起源、文字起源、技术发展以及文化艺术诸多课题。考古，就是研究实在的历史，复原历史的样相与色彩，寻找我们的文化根脉，重构我们的文化传统，重建我们的文化自信。

人事有代谢，往来成古今。过往与未来，都会令我们迷恋。未知的世界，都会让我们好奇。感受文明跳动的脉搏，探究文明前行的动力，明确我们的坐标，要依仗考古人。考古人带我们赏鉴和感触文明长河的浪花，让我们的心灵与过去和未来世界相通。

"考古与文明"这一个系列读本，是考古人合力扎起的一个个筏子，让我们一起登上这筏子，去展开一次次特别的旅行，到文明长河去徜徉去感悟去漂流吧！

王仁湘

目 录

前言

清光绪五年（1879 年），匈牙利地理学会会长洛克齐（Lajos de Loczy，1849 ～ 1920 年）和伯爵斯希尼（Count Sze-cheny）到中国西北甘肃一带考查地质地理，无意中在敦煌见到了莫高窟中精美的塑像与壁画，赞不绝口。他们回国以后，就在 1902 年德国汉堡举行的国际东方学会议上，作了关于敦煌佛教艺术的报告，到会者有英、法、德、俄等国的学者，均被这前所未闻的博大优美的艺术所震惊，斯坦因就是其中的一个。

1900 年的一天，居住在莫高窟的道士王圆箓，在第 16 号窟甬道边无意中发现了一个被封闭的小洞窟，里面堆满了约 4 万件佛经与世俗文书，还有纸绢幡画、木刻印刷品、铜和木制的佛家法器约 1 万件。消息很快不胫而走，就在昏庸腐败的清政府撒手不管的情况下，在西方西域考古热狂潮的影响下，斯坦因、伯希和等纷至沓来，于是大部分珍贵文物就流散到了世界各地。这件事震动了世界学术界，引起了国内外学者的极大关注，他们从各种不同的角度对文书以及过去注意得不够的敦煌造型艺术作了由浅入深的研究，在社会科学领域形成了"敦煌学"这一专门的学科。

所谓"敦煌学"，应该包括藏经洞发现的文物与石窟佛教艺术两个方面，这也是本书所要着重介绍的。

敦煌，是甘肃省最西边的一个市，它西邻新疆，南接青海，面积很大，但绝大部分都是沙漠。在敦煌城东南 25 公里的地方，有一片小小的绿洲，举世闻名的莫高窟就在这里。

提起敦煌艺术，人们自然会想到释迦牟尼。这位印度的圣人在公元前 6 世纪至前 5 世纪创立了佛教。以后的数百年里，由于马其顿的亚历山大大帝的东征，古代希腊的文化艺术和印度的佛教，以及由原来在敦煌祁连山活动的大月氏人带到印度西北地区的古老的中国文化，在交光互影的关系中培育出了新的西域文明。

石窟寺，就是指在河畔山崖间开凿出来的佛教寺庙。大约从公元前 2 世纪起，这种融建筑、雕塑、绘画于一体的综合艺术形式，开始在印度诞生并逐渐发展起来了。到了东汉时期，西域的佛教大师们便把这种以崇拜偶像为主要特征的佛教信仰传播到了汉族内地。随着历朝历代的发展，中西文化的交流贯通，丝绸之路的友好往来，佛教的石窟寺艺术，已静悄悄地在中国大地织出了一条闪闪发光的美丽项链！这条项链中最灿烂夺目的一颗宝珠，就是莫高窟。

莫高窟依山傍水，坐西向东，开凿在鸣沙山东麓的峭壁上，与对面的三危山遥遥相望（图 1）。它所在的崖面全长约 1620 米，有壁画和塑像的洞窟集中在南区，共有 492 所，占据了近 1000 米的崖面。其中壁画 4.5 万多平方米，彩绘泥塑（彩塑）3000 多身，上起北魏，下迄清代。北区还有洞窟 243 所，绝大多数没有壁画和塑像，主要是提供给僧侣们生活起居用的，是他们的居住、个人修行、储物区，也是有些僧人死后的葬地（图 2）。

图 1 敦煌莫高窟南区洞窟外景（孙志军摄影）

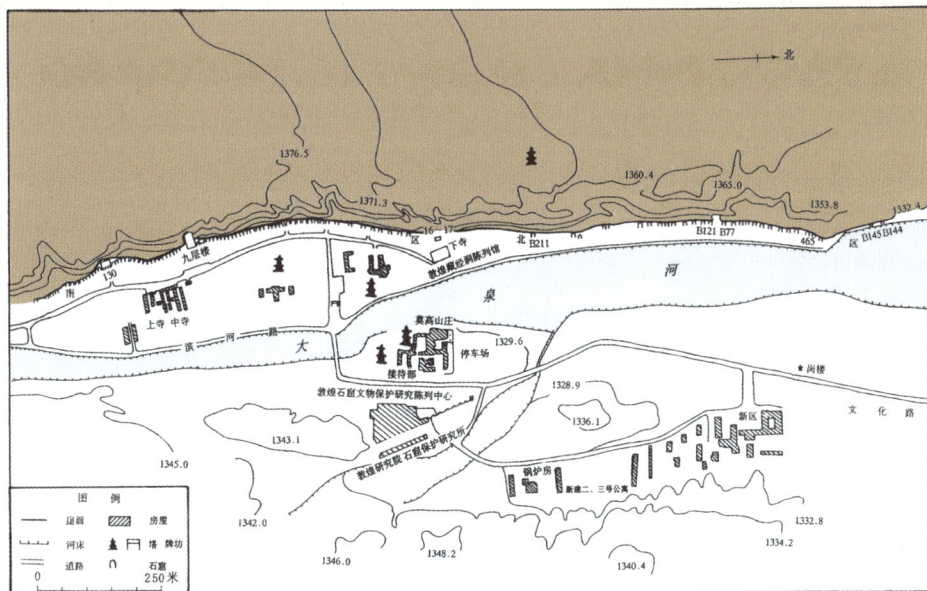

图 2 敦煌莫高窟地形图

据地质部门勘测，鸣沙山由第四纪初期的沉积物酒泉砾石层组成，砾石层主要是河流冲积而成的，是大小不等的鹅卵石和沙土的混凝物。它的硬度极不一致，一般来说很松脆。石子虽然坚硬，却各个分离，只靠一点点黏力不大的钙质勉强胶结住。因此，凿窟虽还可以，在上面雕刻就不行了。这种岩层的特殊性质，决定了莫高窟只能向塑像和壁画方面发展，与云冈、龙门、天龙山、响堂等石窟就岩雕刻出来的造像大不相同。

敦煌莫高窟，是世界上现存最伟大的佛教艺术宝库，举世无匹，气魄雄大。它通过宗教的折光，反映出中国古代一千多年间人们的部分生活面貌，也堪称中国佛教石窟寺艺术的一个缩影。

让我们徜徉在历史的回廊里，去追溯一下敦煌莫高窟遥远的过去。

密室宝藏

神秘的石室

在公元 19 世纪的最后一年，人类文化史上发生了一件轰动世界的大事——敦煌发现了藏经洞。

1900 年 5 月 26 日，定居在莫高窟的道士王圆箓（1849 ~ 1931 年），正在监督工人清除洞前的积沙。这是他用化缘和为当地居民做法事得来的银子，为莫高窟所作的功德之一。这位王道士是湖北麻城人，曾经在肃州（酒泉）巡防军当过兵，退伍以后无事可做，就当了道士。他游历到敦煌，在莫高窟里住宿下来（图 3）。在清朝末年，依据莫高窟寺院地势南高北低的特点，分成了上寺、中寺、下寺。上寺与中寺住的都是西藏佛教红教的喇嘛，讲诵的是藏文佛经。只有下寺是道士居住的太清宫。王道士既懂汉语，又能诵道经，于是就有很多人请他去做礼忏，他的生际也渐渐好了起来（图 4）。他雇了一位杨某来替自己抄写经卷，闲暇时，他还去别地方为修补莫高窟化缘。就在这天，杨某突然跑来告诉他一件事，使王道士深感惊奇。

原来，杨某抄写经的地点在南区洞窟北端"三层楼"下层第 16 窟里。他在甬道间放一案，背壁而坐。抄经之暇，他有吸旱烟的习惯，用的是芨芨草来点烟，并经常随手将燃余之草插在后壁的裂缝中。26 日这天，杨某仍将点烟的余草插向壁中裂缝。令他奇怪的是，这条缝却深不可即。于是杨某就试探着在壁上敲了敲，发出了咚咚的

图 3　清朝末年的莫高窟九层楼（1908 年伯希和拍摄）

声音，原来里面竟是空的！他感到这里可能有什么秘密，就赶紧请来了王道士。

当天晚上，王道士与杨某击破了第16窟甬道壁，一扇紧闭的小门出现了（图5），门前有泥块封塞。把泥块去掉后，有一小甬道，再向里是一所不大的略带长方形的复室，高约240厘米，宽约270厘米，然而里面的东西却使王道士和杨某惊异不已：这个小洞里整齐地堆放着无数的白布包，每一白布包内裹着十几卷古文书（图6），还有平铺在布包下的绢幡佛画，以及古木刻印刷

图4 王圆箓在莫高窟前（1907年斯坦因拍摄）

图5 莫高窟第16窟甬道和第17窟（藏经洞）窟口

图 6 藏经洞的部分古代文书（1907 年斯坦因拍摄）

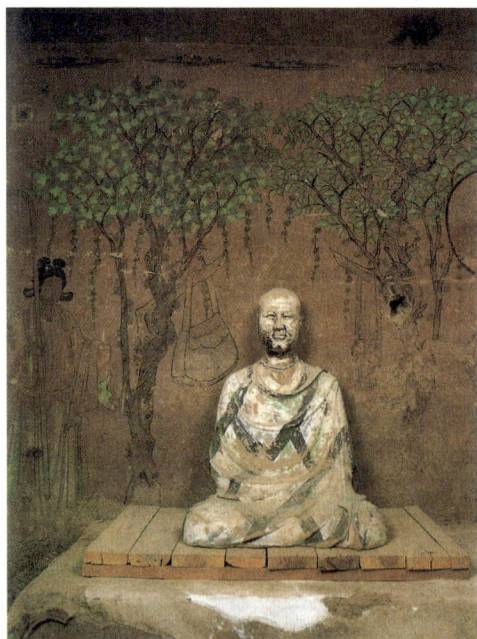

图 7 藏经洞后壁的洪䛒塑像及壁画

品，铜和木制的佛家法器等物件。王道士立即想到的是：这是神的旨意，这是上苍的赐予！

这就是举世闻名的敦煌藏经洞，编号为第 17 窟。这所覆斗形顶，空间只有 19 立方米的方丈小室，是不是专为放置这些稀世珍宝而开凿的呢？让我们再来看看这个小洞的本身内容。

在藏经洞的北壁保存有精美的壁画：中部有两棵枝叶交接的菩提树，东侧树枝上悬挂一个净水瓶，西侧树枝上挂着一个拷袋。树东侧画一比丘捧持团扇一柄；树西侧画执杖的侍女（图 7）。无疑，壁画中的物品和人物，与僧人生活或供奉僧人有关。在北壁前砌的低坛西侧，画有云头僧履一双，似乎在暗示低坛上原来有禅定的僧人像。在藏经洞的西壁壁龛内，嵌有石碑一通，即唐大中五年（851 年）的《洪䛒告身敕牒碑》。洪䛒是一位佛教界的真实历史人物。唐代中叶的 8 ~ 9 世纪，在吐蕃统治敦煌时期，他担任沙州释门都法律兼摄行教授。公元 851 年，由于在张议潮（799 ~ 872 年）收复敦煌战争中有功，被唐王朝封为释门河西都僧统摄沙州僧政法律三学教主，并赐紫（高僧的特殊荣誉），授京城内外临坛大德称号。藏经洞的开凿正是为了颂扬和纪念这位有影响的洪䛒和尚的，这种建筑就是佛教纪念性的"影堂""塑堂"，因此藏经洞也可以称为"洪䛒影窟"。

当王道士打开这所神秘的"影窟"时，内装骨灰袋的洪䛒真容塑像早被移置到了别处，"影窟"被用来"藏经"了。那么藏经洞究竟是什么时候堆放了这么多的文书，又为什么把它封闭起来？这始终是个谜。对此，很多专家学者依据各种材料进行研究，试图解答这一疑问，但至今还没有一个定论。不过，在有明确年代的卷子中，最晚的一件是北宋咸平五年（1002 年），也就是说，藏经洞的封闭应该在公元 1002 年以后。于是人们就有了各种推测：

其一，公元 1074 年，党项族的西夏国（1038 ~ 1227 年）占据了敦煌，莫高窟的和尚们在逃离之前，把所有不便带走的经卷、文书、绣画、法器等等，都封闭在这所小室里，外面用泥壁封好，再绘上壁画，一点都看不出痕迹来。后来局势安定了，这些和尚却没有回来，这个藏经室就一直没有人知道，成了永远的秘密。

其二，藏经洞的封闭不在西夏占据敦煌之前，而是在西夏占据敦煌之后的某个时期。洞内历经数百年的各种文书，是将敦煌各寺的经卷集中起来统一封存的，因此必须借助于相当的政治力量才能办到。所以，估计与西夏对敦煌控制的进一步加强，曹氏家族彻底失去对此地的统治有关。

其三，藏经洞封闭于北宋咸平年间（998 ~ 1003 年）或稍后的年代里。那时的敦煌是归义军节度使曹延禄（？ ~ 1002 年）统辖。当时，甘州的回鹘人正在同党项族进行着激烈的战斗，曹氏瓜、沙政权深感对自己的威胁日益加深，必定要开始进行战备工作，包括佛教寺院收藏封存经卷等。

其四，认为第 16 窟的壁画重修是在曹氏归义军的晚期，即曹宗寿（？ ~ 1014 年）当权之时。那么，藏经洞的封闭应该在曹宗寿在敦煌掌权的 1002 ~ 1014 年之间或稍晚时间。

其五，既然最晚的一件卷子写于 1002 年，那么 1002 年往后，西北地区最重要的历史事件，就是 1006 年于阗佛教王国灭亡于信奉伊斯兰教的黑韩王朝（即喀喇汗国，840 ~ 1212 年）。于阗与沙州有姻亲关系，970 年于阗国王曾致函其舅归义军节度使曹元忠，请求发兵援助抵抗黑韩王朝。于阗国灭亡后，大批于阗人东逃到敦煌一带，他们也带来了伊斯兰东进的可怕消息。这样就会促使敦煌地区寺院将佛教的神圣物品有计划地封存在洞中。

还有一些其他观点。这些说法不论谁是谁非，都有一个共同的前提，那就是封存寺院藏经与躲避战乱，或发生某种重大政治变动事件有关。不论怎样，这些珍贵的文书是被有意识、有组织地封闭起来了，并且在埋没了九百多年以后又意外地重见天日。

再说王道士，对于这些中国的稀世瑰宝，他根本无从知晓其真正价值所在，只知道应该是珍贵之物。他随意取出几卷来送给当时的敦煌知县汪宗瀚，请他鉴别，希望引起他的重视。同时王道士又请来了城中的官僚与绅士们参观他的发现，官绅们也不知道这些东西的珍贵之处，但都认为是属于古人的遗产，如果流落外地，是有罪的行为，便嘱咐王道士在原地保存，不可轻动。汪宗瀚是湖北人，他对古董有相当的知识，深知这些古物的价值，就又向王道士要了一些写本和画像。但他却没有采取有效的行动，来保护这批文物。

两年后，即1902年，著名金石学家叶昌炽（1849～1917年）作了甘肃省学台。他对古代文物有特别的爱好，托汪宗瀚代他搜求古董，汪宗瀚就此将王圆箓送给他的北宋乾德六年（968年）水月观音画像、写本经卷等部分敦煌遗书送给了叶昌炽。叶昌炽见后赞叹不绝，并对之进行了研究与考订，收入到他的著作《语石》之中，发表了独到的见解。叶深知这批文物的重要价值，立即向甘肃省府当局建议，把藏经洞的全部文物运送到兰州保管，估计运费要五六千两银子。由于无法筹得经费，清政府便没有采纳这项建议。

1904年3月，甘肃省藩台向敦煌知县汪宗瀚发出一纸命令，让他对藏经洞的文物进行清点，"仍为封存"。于是王道士用砖照旧封闭了这座宝库，从此就无人再过问了。

不过，事情远远没有就此结束，古老的文物也没有再在它们的栖息地安稳多久。就在主持查封时，汪宗瀚便乘机择取了几件精品，赠给了新疆、甘肃等地的一些官员。敦煌遗书的外流从此开始了，随之而来的是一次次的浩劫。

国宝遭劫难

虽然敦煌士绅对这批宝物不怎么重视，但王道士却不会不留意。他曾载着一箱经卷，到酒泉去献给安肃道道台廷栋（1866 ~ 1918 年）。但廷栋以为这种经卷的书法还不如他自己写的字，于是颇为轻视。当时嘉峪关的税务司是个比利时籍人，即将回国，来向廷栋辞行，廷栋把经卷的一部分赠送给了他。这个比利时人到达新疆后，又将所得卷子分赠给在新疆的长庚将军及道台潘某，并且说出得自敦煌的情形。这时，在新疆的外国人中已有敦煌瑰宝的传说了，在他们当中，闻风而来敦煌探宝的斯坦因就是一位代表人物。

斯坦因（Marc Aurel Stein，1862 ~ 1943 年）出生于匈牙利首都布达佩斯，是世代居住于匈牙利的犹太人（图 8），曾在印度北部旁遮普大学任督学，在东方学院任校长。1904 年，斯坦因入了英国籍，提出了第二次进入中国考古的行动计划，并于 1905 年底获得批准。经费由印度政府和大英博物馆共同负担，并在行前商议了斯坦因带回文物的分配比例——一部分归印度政府，一部分归大英博物馆。攫取敦煌的宝藏，便是这次行动的主要目的之一，因为 1902 年洛克齐在汉堡的报告，早已引起了他的密切注意。

若就个人素质而言，斯坦因确实是一位杰出的人物，他精通匈、德、英、法、希腊、拉丁、波斯、梵文等语言，又学过克什米尔话和突厥语。他吃苦耐劳，无惮于翻山越岭和跋涉沙漠的种种艰苦。他博学机警，凡事筹划精详，善于掌握与他计划有关的种种机会。

斯坦因前后共到过莫高窟五次：1907 年 3 月一次，5 月三次，

图 8 1900 年代在中国西北探险的斯坦因

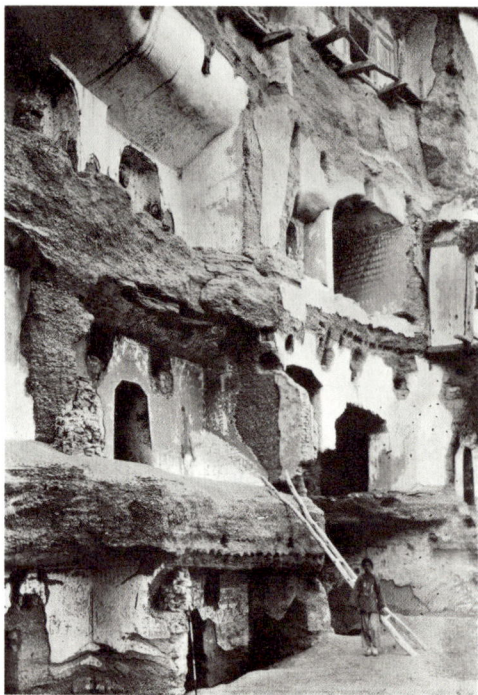

图9 1907年5月31日斯坦因拍摄的敦煌莫高窟第432窟附近的洞窟群

1914年一次。1907年3月的这次初步勘察，石窟壁画"美术价值之丰富"已经使他"惊心动魄"了（图9）。5月间是他的主要活动时期，第一次是在中旬，正赶上莫高窟的佛诞庙会，人多眼杂。他在自己著的《西域考古记》中这样记录道："这里虽有丰富的机会，不少的遗物，可以为研究佛教艺术之用，然而开始还是以限于考古学方面的活动为妙。如此庶几不致激起民众的愤怒，酿成实际的危险。"第二次是5月21日，他再来莫高窟，庙会已经散了。他就把帐篷扎在那里，准备长期"努力侦察"密室发现的"宝物"。但这时也不凑巧，王道士出门化缘去了。"宝物"被封锁在石室内，他只好暂时先去附近考察。

1907年5月底，斯坦因第四次来到莫高窟，王道士也已经回来了。这一次，斯坦因要在从疏勒雇来的秘书——湖南人蒋孝琬（？～1922年）的帮助下，进行"长时间奋斗"。王道士虽然不懂古文书的价值，但保管起来还是十分小心谨慎的，也许他是害怕由于自己的疏忽而激怒了神灵，平时不敢随便打开示人，因此想要接近它是不容易的。王道士为人极其狡猾机警，令斯坦因难以捉摸，即使尽其所有的"金钱来引诱他同他的寺院，还不足以胜过他对于宗教的情感，或者激起众怒的畏惧"。然而，下寺的壁画却给了他很大的启发：壁画是王道士请来的很不高明的画工画的《西游记》。斯坦因看得出，这个道士虽然对佛教无知，却对唐代的高僧玄奘（602～664年）充满了虔敬，于是他找到了进攻的突破口。

斯坦因用他那很有限的中国话向王道士述说他是如何崇奉玄奘，如何循着玄契的足迹从印度穿越峻岭大漠来到莫高窟的。王道士显然被这些话感动了。当天夜间，他就悄悄地把密室所藏的几个写本拿给斯坦因看，这时又有一个侥幸的机会帮了斯坦因的忙。原来王道士最初拿的这几卷文书，正是玄奘翻译的佛经。这岂不是玄奘在显圣！王道士的勇气为之大增。第二天早晨，他就将斯坦因引入了密室（图 10）。

当时这座密室里的情形，按斯坦因的话说："从王道士所掌微暗的油灯光中，我的眼前忽然为之开朗。卷子紧紧地一层一层的乱堆在地上，高达十英尺左右。据后来的测度，将近有五百方英尺。小室约有九英尺见方，两人站了进去，便无多少余地了。""道士自被我开导以后，于是很热心地将卷子一捆又一捆抱了出来"，供其展观（图 11）。除了卷子写本之外，还有"用无色坚韧的画布作包袱的一个大包裹"，打开之后，全是古画，"颜色调和，鲜艳如新"。

斯坦因暗中观察到王道士对这些宝贵的卷子和艺术品"竟看得很不算什么"，他深感惊异松快。但他又想道："到了这一步，热烈的心情最好不要表露太过。"

图 10 藏经洞洞口和被移出的部分古代文书（1907 年斯坦因拍摄）

图11 王道士拿给斯坦因观看的部分文书（1907年斯坦因拍摄）

果然，"这种节制立刻收了效"，"道士对于遗物的漠视因此似乎更为坚定一点。"为了更彻底地清除王道士"对于流言的畏惧心情"，斯坦因告诉他要捐一笔功德钱给庙里，这样价钱就讲定了。于是他们约定，在斯坦因未离开中国国土以前，这些"发现品"的来历，除三人之外，不能让别人知道。"此后单由蒋师爷一人运送，又搬了七夜，所得的东西愈来愈重，后来不能不用车辆运载了。"

最后，斯坦因得到"满装写本的二十四口箱子，另外还有五口内里很仔细的装满了画绣品以及其他美术品的遗物"，全部运到了伦敦大英博物馆。

1914年，斯坦因再到敦煌，王道士又以五大箱装六百多卷写经与他换取了相当的马蹄银。他前后在莫高窟所得，共计九千多卷写本和五百多幅佛画，形成了他一生考古事业的顶峰。为此，他在西方获得了各种荣誉，如英国皇家亚洲学会颁赠的金质奖章，牛津大学颁赠的荣誉博士学位等。西方学术界也对斯坦因的在华活动给予充分肯定。但在中国，他的客观行为自然得到了截然相反的评断，至今仍使炎黄子孙余怒难消。

斯坦因在中国的成功，大大影响了国外的考古学者。法国的著名汉学家伯希和（Paul Eugène Pelliot，1878～1945年）和他的助手奴奈特于1908年7月到了莫高窟。伯希和对汉学很有研究，知识丰富。由于他精通汉语，很快便得到了王道士的信任，允许他直接进入藏经洞中阅读、挑选文书（图12）。他在剩余的文书堆中，挑选了一些中文写本，还有一些他认为在语言学、考古学以及其他方面特别有趣的中文写本，这些都是斯坦因由于汉语语言的障碍所忽略的但是更有价值的东西。为讲成这笔交易，他完全袭用了斯坦因的老办法，以一个重约五十两

图 12　伯希和在藏经洞翻阅古代文书（1908 年奈奈特拍摄）

的银元宝买一捆写本的价钱，选购了文书六千余卷，还有 100 多幅画卷，运送到巴黎。他的写本部分藏入国民图书馆写本部，而艺术品部分现在藏于巴黎吉美博物馆。伯希和在敦煌还和奈奈特把部分莫高窟中的塑像与壁画照了相，为洞窟编了号，并做了详细的笔记。这些成果就是以后编辑出版的《敦煌图录》和《伯希和敦煌石窟笔记》，为后人的研究提供了珍贵的历史资料。

1911年10月，由日本净土真宗西本愿寺派第22代法主大谷光瑞（1876～1948年）所派遣，以吉川小一郎和橘瑞超（1890～1968年）为首的探险队来到敦煌。他们先后在莫高窟住了4个月，和王道士经过长谈，最终达到了目的。吉川小一郎（图13）得了100多卷写经，两尊精美的塑像；橘瑞超得到了260卷写经。事后，大谷光瑞的《新西域记》和吉川小一郎的《支那纪行》这样描述王道士给他们搬运文书的情形："态度恰像贼运赃物一样。"

1909年，就在伯希和把他所得的敦煌文物安全运走之后，他带了极少的一部分汉文古写本来到北京，给罗振玉（1866～1940年）等文人学士们观看。到此时，清政府才正式为之震惊，文人们方才如梦初醒，知道了这些文物的宝贵之处。以罗振玉、李盛铎（1859～1934年）等人为首，经过当时的学部，行文到甘肃省。

大概在伯希和走后，王道士把许多他认为可贵的经，装成了两木桶，名为"转经桶"，其余仍堆集在洞中。这时，清政府学部正式拨款6000两白银，命令敦煌县知县陈泽，尽其所有，一律搜买。这样一来，又出现了另一种痛心的现象：所有写本都是用席子草草包捆，用大车装运。大车停在敦煌衙门的时候，经卷被人偷去的就有不少。再经过沿途大小官史、经手人等层层盗窃，运到北京，只剩下了8600多残卷。这些古写本存在学部李盛铎处期间，他又细心拣选了若干遍，把略有意义的、有比较新鲜资料的古写本全都攘为己有，而将当时认为不大有价值的佛经写本，留给当时的学部。然后，再把比较长的卷子撕裂为二三卷，以凑足原来8600多卷之数。在著名历史学家陈垣（1880～1971年）编的《敦煌劫余录》里所著录的，凡可把数卷的残帙接连成为一卷的，都是那时候窃取撕裂的赃证。这8600多卷古写本佛经，现存北京国

图13 1911年吉川小一郎与敦煌县令合影

图 14 左：奥登堡从莫高窟第 111 窟拿走的宋代彩塑菩萨像（俄罗斯圣彼得堡艾尔米塔什博物馆藏）；
右：奥登堡考察队在莫高窟前准备运走所获文物（1914 年拍摄）

家图书馆。除了若干卷古佚经之外，实在可以说是精华全去了。被李盛铎偷盗的，后来大部都流往日本。

这次经省运京的古文书，并非余经的全部。1914 年，斯坦因重到敦煌时，又从王道士手中买下了大量的写本，可见王道士对付政府是有相当保留的。同年，俄国东方学家奥登堡（Sergey Fyodorovich Oldenburg，1863 ~ 1934 年）又从敦煌拿走一批经卷写本，还在洞窟中发掘出了许多写本残卷，数量至少在 3000 件以上。他还进行了洞窟测绘，发掘了不少壁画残片，还剥走了第 263 窟的壁画，拿走了许多彩塑像（图 14）。问题可能出在王道士那两个"转经桶"上。所以，从宣统三年（1911 年），到民国元年（1912 年）、三年（1914 年）、八年（1919 年），政府都查询过这一事的下落，然而始终不明不白，敷衍了事。不过洞中仍有余经的事也渐为人所知，而且在新疆、甘肃一带，也不时还有人向外国人兜售这种古写本，可见流散情况之严重。

到了民国八年，甘肃省政府教育厅命令敦煌县衙，"将该项番字经卷，悉数运送来省，交由省图书馆保存"。并派人到敦煌察看，将藏经洞门挖开，余存的卷子被悉数点验，计成捆者竟达 94 捆。然后把其中的 90 捆仍保存在莫高窟，3 捆移置劝学所内，察看人自带 1 捆回省，保存于甘肃图书馆。至此，敦煌遗书的残余部分算是移存到了国家机关，王道士再也不能随意出卖了。但是到了民国三十几年，有人到敦煌去，又在一所洞窟的大木柜中发现藏文写经数十卷，不知是从前遗漏下的，还是以后封存被盗的。

在众多的向敦煌探手取宝的人当中，有一个姗姗来迟者，他就是美国哈佛大学福格艺术博物馆东方部主任华尔纳（Landon Warner，1881 ~ 1955 年）（图 15）。华尔纳于 1924 年到达莫高窟，但这时的藏经洞已空了，再没有什么文书可取了，于是，他把目标转移到了那些不能移动的塑像和壁画上。据敦煌文物研究所前所长常书鸿先生（1904 ~ 1994 年）讲："据不完全的统计，1923 年华尔纳在千佛洞用胶布粘去与毁损的初唐石窟壁画，有敦煌文物研究所编号第 320、321、323、328、329、331、335、372 等窟壁画 26 方，共计 3206 万平方公分。其中初唐画有汉武帝遣博望侯张骞（? ~公元前 114 年）出使西域迎金佛等，有关民族历史与中国佛教史重要故事内容的壁画多幅，以及 328 窟通高 120 公分的盛唐最优美的半跪观音彩塑。"华尔纳当年在莫高窟粘走壁画的痕迹，如今仍然清晰地留在相关洞窟的壁画（图 16）。这批珍贵的艺术品现藏美国哈佛艺术博物馆。华尔纳还根据自己的经历，写了一本书，名为《在中国漫长的古道上》。

敦煌文物的确是灾难深重！珍贵的遗物流散之广，恐属举世罕有。如今，分散在中国国内的敦煌古写本也已陆续报道出来了。目前已知的有：天津市艺术博物馆藏古代经卷、论疏及社会文书等共 300 余件；上海图书馆藏敦煌遗书 182 件；甘肃省永登县博物馆藏 8 件古写经。

图 15 1923 年华尔纳在内蒙古额济纳黑水城遗址

图 16 莫高窟第 323 窟南壁佛教史迹故事画和被华尔纳粘走壁画的痕迹（初唐，7 世纪）

国内散佚的文书当然远远不止这些。时至今日，一个多世纪过去了，敦煌的文物在世界各地散发着璀璨的光彩。

非凡的文化遗产

敦煌藏经洞所出的文物数量确实是惊人的。写本部分的主要形式是卷子，少数是蝶装小册，此外还有少量的刊印本。画有佛像的绢、织物、绣像以及法器等文物也不下千件。这个巨大数量的古文物的发现，是中国历史上从来没有过的。那么，这些文物的价值究竟何在呢？这里我们仅就藏经洞丰富的文化内涵作一简要的介绍。

1. 关于佛教等宗教经典

在敦煌藏经洞的古文献中，以佛教经典为最多，约占全部文书的 95% 左右。因此，从数量上说，敦煌遗书也可以称之为"佛教遗书"（图 17）。我们知道，佛教的经典可以分为经、律、论三部分，合称三藏。在这里，不仅各部典籍和大

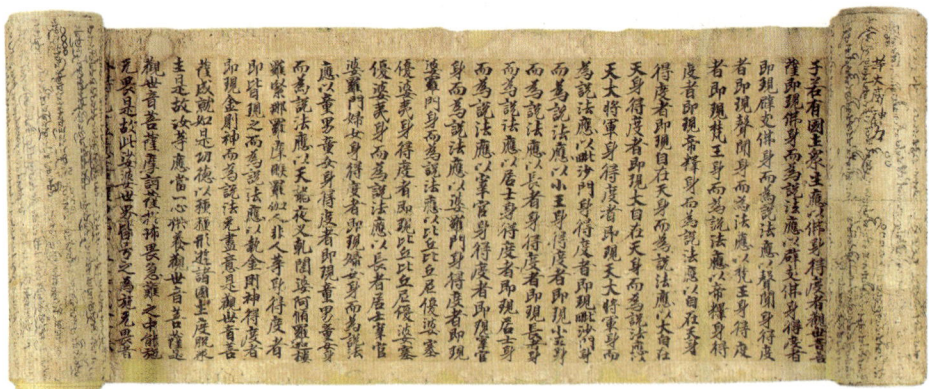

图 17　大英图书馆藏《妙法莲华经》写本（背面有藏文占卜）（S·155）

小宗派的东西都有，而且同各宗派相关的语言文字的资料也都具备了。一卷佛经正面写的是佛经，背面往往写着这个佛经的原文，也就是古代印度的梵文，或者是窣利文、巴利文等，使我们可以据此探索这本经典是从哪里翻译过来的。

在这些经典中，有许多是早已失传，为世人所不知的三藏以外古佚佛经。据80 年来中外学者的考证，已知敦煌佛经中的古佚经有 368 种之多，其中有的经典，在印度和中国都早已失传，如《佛说延命经》《诸星母陀罗尼经》等。这批古佚佛经，是研究中国佛教史的一种特殊的文献资料。其他如记载中国佛教史迹，各地佛教情况，吐蕃统治沙州时的佛教源流，敦煌佛寺的规矩等卷子，也为数不少。

唐、宋两代均崇奉道家的始祖老聃，因而敦煌写本中道教典籍也为数不少，据统计约在 60 种以上。除老子《道德经》以外，还有演绎性质的小说。这些写本，多以《德经》为上卷，《道经》为下卷，与今天我们流传的《道德经》上下二卷不同。20 世纪 70 年代出土的银雀山竹简和马王堆帛书《老子》为汉文帝十二年（公元前168 年）以前的写本，比敦煌本早八九百年，也都是《德经》上，《道经》下。可见《老子》以"德""道"分上下是战国以来的旧传。敦煌写本保持了这个真面目，是研究《老子》的绝好材料。此外，敦煌道教典籍中还有很多《老子》注本，如唐朝著名的道家学者成玄英（608～669 年）写的《老子道德经义疏》，为后世失传的佳本，保存了许多古代的见解，具有较高的学术价值。

其他宗教的材料，则有景教和摩尼教。景教是西方早期基督教的一派，唐贞观九年（635 年）传入中国以后，流行了二百多年时间，与政治的关系极为密切。但景教古经传世的极少，文献上的记载也不多。在敦煌卷子里面，则保存有《大秦景教三威蒙度赞》等典籍以及景教画像一幅，前经还附有景教经典的目录 30 种。这对于研究唐代景教在中国的流行情况是珍贵的第一手资料。

摩尼教是公元 3 世纪时波斯人摩尼（Mani，216 ~ 274 或 277 年）创建的一个宗教。该教以波斯的拜火教为基础，参酌基督教和佛教的教义而自成一体，流行于中亚及地中海沿岸一带，为中世纪时亚洲的大宗教之一，对人类文明及传递东西文化有较大的贡献，对回鹘民族在政治上、文化上有特殊的影响。唐武则天延载元年（694 年），摩尼教经新疆传入中国大陆腹地，先在长安建"大云光明寺"，以后又在江陵、江都、南昌、绍兴、太原等地建寺，可见当时流行之盛。唐武宗会昌三年（843 年），摩尼教被禁，寺院被毁废，教徒被处死，经典荡然无存。

《摩尼光佛教法仪略》是在藏经洞发现的唐朝遗书，也是摩尼教在敦煌发现的汉语三经之一，是阐述摩尼教教义的写本，由波斯传教士拂多诞于唐玄宗开元十九年（731 年）撰写。这件写本分两卷，上卷于 1907 年斯坦因发现，现藏伦敦大英图书馆，由三纸粘成，全长约 150 厘米，写字部分高约 21.4 厘米（图 18）。下卷于 1908 年为伯希和所得，今藏巴黎法国国家图书馆，全卷完整一纸，长 52 厘米，高 26.2 厘米，写字部分高约 21.4 厘米。它不是译作，而是奉诏直接用汉语写成的。全文主要介绍该教的创始人摩尼，以及教会的经书典籍、教阶制度、寺院建筑、组织结构和基本教义等，是对摩尼教的一个全面简介，也是认识摩尼教的入门文献。因此，该写本无疑是研究摩尼

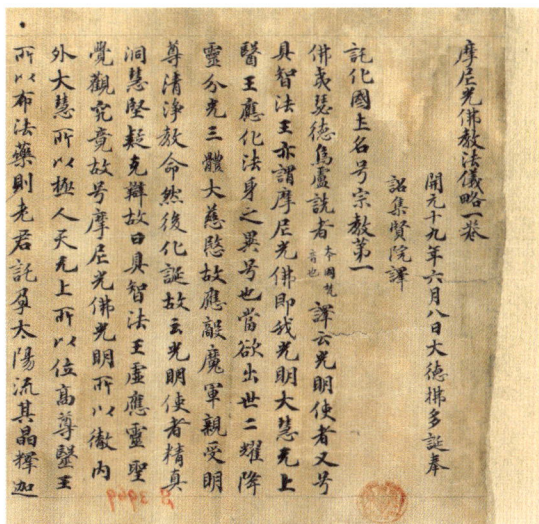

图 18 大英图书馆藏《摩尼光佛教法仪略》上卷部分（拂多诞写于 731 年）（S·3969）

教很有价值且稀有的原始文献。

2. 关于儒家经典和社会经济资料

敦煌文书中的儒家典籍总数约在百卷以上。儒家所称"五经"中的《诗》《书》《易》《礼》《春秋》以及《论语》等的古写本，都有发现。在这些古写本中，以《尚书》《诗经》和《论语》最为重要。这些经典在今天的版本多有历代改动或伪造的成分在内，有的古版本已长期失传。因此，在历史上判定其中语句是否真伪的事例就有很多。而敦煌藏经洞中的儒家经典保存了古代版本的本来面目，有的著述经千百年的失传又在这里重返人间，这对于儒学研究的价值之大，就可想而知了。

在敦煌文书中还有许多户籍、名籍、名牒、地亩和契约类的文书，它们的内容包括人口、物价以及借贷、税赋、土地关系等方面，反映了当时社会关系和社会经济等多方面的情况，为研究隋唐时代的社会生活提供了崭新的资料。特别是这些文书所反映的情况，都是真实的民间材料，为唐史《食货志》等官书所不记载，因而尤为可贵可信。

3. 关于文学与语言文字材料

敦煌文书中与文学有关的可以分成曲子词、变文、一般文学理论和文学作品

图 19 法国国家图书馆藏《降魔变相》手卷画与背部的变文（P·4524）

等三大类。曲子词是词的早期名称之一。在隋、唐至五代时期，中国民间有一种广为流传的曲调，被称作"曲子"。这种曲子可以填词歌唱，所填的歌词就被称作"曲子词"。敦煌的曲子词里，有与现在不同的字，还有些现在本子里找不出的亡佚了的内容。中国古文献学家、敦煌学家王重民先生（1903～1975年）的《敦煌曲子词集》是这方面研究的一个范例。

　　变文，是中国唐朝佛教兴起的一种通俗文学体裁。由于佛经经文都是用文言文翻译的，过于晦涩，一般受教育程度较低的人看不懂。僧侣们为了向普通民众传讲佛经，就将佛经中的道理和故事用通俗易懂讲唱方式表现出来，并且写成稿本，成为讲唱的底本，以一段诗一段文的夹杂形式出现，这就是"变文"。根据变文的内容而描绘的图像，就叫作"变相"。在藏经洞所出的文书中，有的则是变文与变相相结合的形式，即在一个长手卷的一面画变相，在另一面与画面对应之处写上变文，便于文字和图像的对照。例如，被伯希和拿走的变文写卷 P.4524 号《降魔变相》图卷较完整，就是在正面彩绘变相图，背面写有相对应的有关唱词片段。画卷共有六个回合，与之相应的配有六幅变相，展示了外道劳度叉与释迦的弟子舍利弗先后六次斗法的故事情节，是敦煌文献中唯一的彩绘《降魔变文》（图 19）。

　　唐朝以后，变文的写作方式和应用时的讲唱方式被民间的说唱艺术家们接受

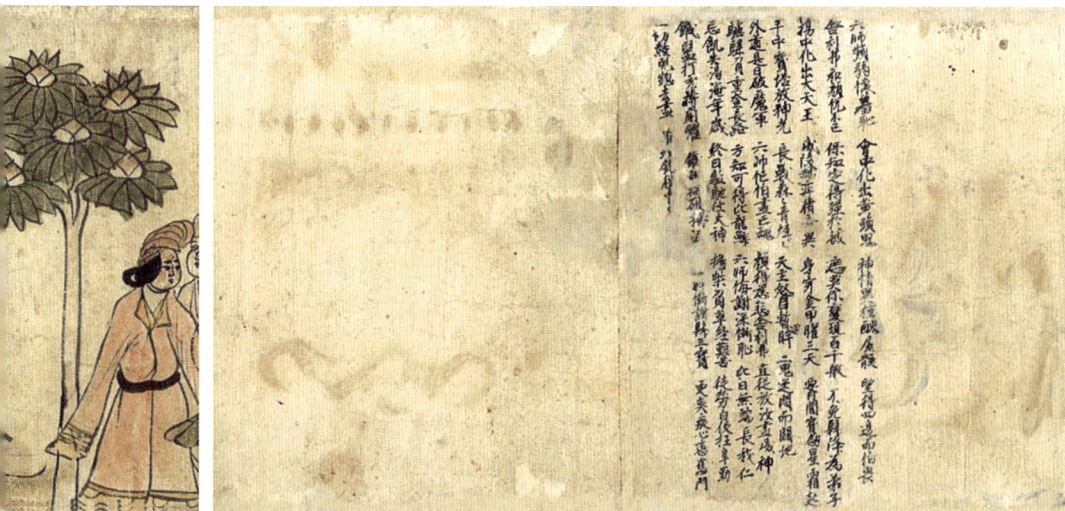

了，用来创作与佛教无关的世俗内容。于是，就是唐末五代时期说书、唱书等艺人们使用变文的形式来创作自己用的底本，内容就不限于佛教了。变文里面有一种叫作"讲缘起"，缘起相当于现在唱曲子的开篇，就是用一首词或几句话先把内容梗概简要地唱出来，声调也特别有魅力。还有一种叫"联章词"，就是这个调子唱完后，再接着去唱。世俗变文里面也包含了许多佛教思想，它对于中国古代诗词、小说、戏曲和民间说唱文学的发展起着重要作用。

藏经洞中还发现了许多唐末五代人作诗的稿子，甚至许多古代文章和文学理论的东西。如唐朝诗人岑参（715～770年）的《玉门关》诗，南朝文学理论家刘勰（约465～约521年）的《文心雕龙》、梁朝诗人和文学家徐陵（507～583年）编辑的诗歌总集《玉台新咏》、刘宋文学家刘义庆（403～444年）撰写的文言志人小说集《世说新语》等，与现在的本子相比，都有很大的出入。敦煌通俗的文学作品中，还包括敦煌歌辞、敦煌诗歌、敦煌话本小说和敦煌俗赋等多种文学形式。由于这些文学资料提供了唐代民间文学的丰富蕴藏和一些长期失传的作家作品，不仅使学术界得以初步澄清中国文学史上一些难以解释的文学现象，也为中国民间文学源流方面的探讨，提供了真实与独一无二的资料。

4. 关于历史地理资料

敦煌文书中有关历史、地理的资料，数量虽少却很重要。几乎每一个讲历史地理的材料都可以补充正史的不足。尤其是一些关于西北边陲史地的资料，显得特别珍贵。比如西汉史学家与文学家司马迁（公元前145～约公元前86年）的《史记》、东汉史学家班固（公元32～92年）的《汉书》等，是中国最早的正宗史书。敦煌也发现了《史记》《汉书》的卷子，同今本出入很大，有很多文字不相同，都可以与今本相互对证。还有，如苏瓌（？～710年）等于唐神龙元年（705年）奉敕删定的《散颁刑部格》，可以弥补唐代律令制度的不足；《唐代帝后国忌日表》《田令程令表》《官令》《职官品阶食品表》等，可补《唐书》《唐会要》等书之缺，是研究唐代典章制度的好材料。《朝散大夫殿中侍御史王赐劝大蕃与唐息兵书》等文，则是与西北历史有关的重要文献。

有关中古时代的地志著作，约有十多种。如《沙州都督府图经》，应当是敦煌地方政府的档案，它详细记载了沙州有多少县，每县有多少乡，每乡有多少人，多少土地，以及土地如何分配等等。再如唐代地理学家贾耽（730～805年）的《贞元十道录》、唐朝官员韦澳于大中九年（855年）撰的《诸道山河地名要略》、《唐书地理志》、唐代中央政府颁行的水利管理法规《水部式》、研究唐西州（今新疆吐鲁番）交通及地理的重要文献《西州图经》、唐光启元年（885年）的《瓜州伊西残志》、五代天福九年（945年）《寿昌县地境》等。唐代的寿昌县，就是现在敦煌市南湖乡寿昌故城址。这些文献既有全国性的区域志，也有而且大部分是有关西北边地的地志，多不见于正史记载，对于中国方志的起源、舆地以及汉唐地理的研究，都是十分有价值的。

5. 关于科学技术方面的材料

这方面大体有两类，一是医学，一是日历，都是与人民生活密切相关的东西。敦煌发现的最早医学卷子，是唐开元六年（718年）九月抄写的梁朝医学家陶弘景（456～536年）的《本草》。这部《本草》有注，是未经人改篡过的古代写本。现在流传的所谓神农《本草》、北宋医药学家唐慎微的《证类本草》、和唐代孟诜开元年间（713～741年）撰写的《食疗本草》（图20）等，名目很多，但都比这部《本草》的年代晚。汉代人的《本草》虽然也流传下来了，但它是否可靠还是个问题。而敦煌的这个卷子不仅是中国古代医学的瑰宝，而且在世界医学界也

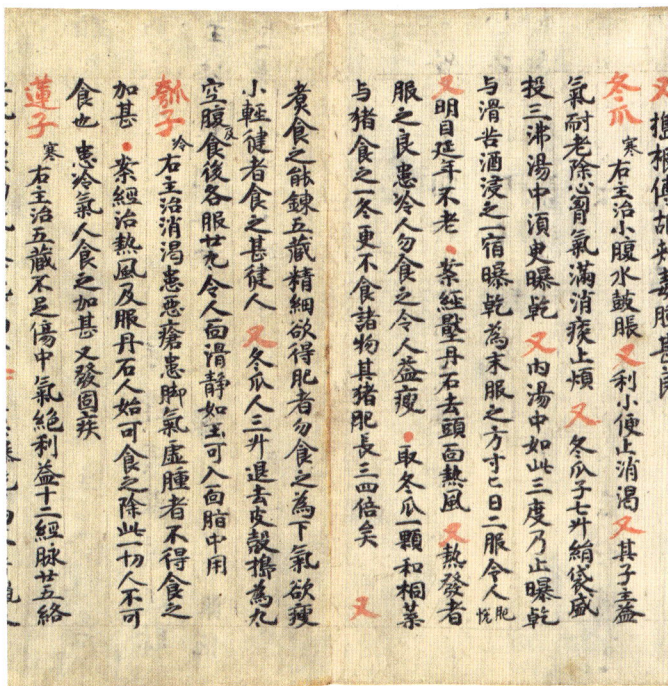

图20 大英图书馆藏唐孟诜撰《食疗本草》写本（唐，S·76）

倍受重视。另外一种是李勘写的《本草》，有五六件之多，是唐代人自己著的书。再比如《食疗本草》，专讲一些通过饮食，利用食物治病的办法，这是古代中国人的一大发明。《食疗本草》在民间已经失传，但是在敦煌却发现了好几个卷子。还有，医方大概有六七个卷子。讲针灸的，约有三四个卷子。

敦煌的历书"七曜历"，大约有八九个卷子。七曜是日月金木水火土，即五大行星同日月。据此可以证明，世界上有的国家所使用的"七曜"名称，如日本及西亚诸国，有可能是从中国来的。敦煌历书还有一点很特别，历史上所有皇历都是中央政府颁发的，唐代也是如此，可是敦煌却自己搞日历。它们不仅可以帮助我们考见那个时代的政治力量情况，而且也可以使我们了解到这些历书同中国旧历书是相配合的。还有就是占星术，即旧史书中的《天文志》。再就是日历，日历带动着占星术以及当时的民间风俗。

敦煌文书中能反映古代科技史的远不止这些。广义地说，敦煌保存的一切，都是科技材料，如卷子纸张是怎样制造的本身也是古代科技的体现。

敦煌藏经洞所出的六朝和唐代的写本，虽然不是出于名家手笔，但一般都行列严整，笔致挺秀，表现了这一时期中国书法艺术的造诣。除了汉文写本外，还有许多藏文、回鹘文等古代少数民族文字的卷子，都是研究这些民族居住区的政治、经济、文化的重要资料。

藏经洞文物的珍贵之处实在太多了，上文提到的只是粗线条的勾勒。如果说敦煌文书概括了大部分的中古文化，也并不过分。正是由于这些古文书中的丰富内涵，经过人类的不懈钻研，才在世界文化史上培育了一朵学术奇葩！

珍贵的佛画

藏经洞中还出了300多件唐宋时代的纸本、绢本、麻布本的绘画作品，更是敦煌乃至中国艺术史上的光辉成就。唐五代宋绘画，传世的没有多少，但被美术史学者青睐，反复研究，发表与出版的成果无数。藏经洞中发现的这些绘画作品，无疑就是一笔丰厚的国宝了。其中斯坦因拿走的有200多件，现藏伦敦大英博物馆；

伯希和拿走的有 100 多件，现藏巴黎吉美博物馆。

在斯坦因带走的画中，题材从特定的菩萨许愿画，到描绘西方极乐世界的净土图，应有尽有。有些画是以幡的形式来表现的，形状窄长，并配有三角形的幡头和自由飞舞的长方形飘带，飘带的尾部一般坠有重物。在这些旌幡上，一般绘有本生故事画，或是描绘单尊佛或菩萨像。观音的形象最为常见，因为在佛教徒的眼里，他是能够拯众生的大菩萨。有的则是挂轴画，面积最大的几幅描绘佛教中的极乐世界，特别是阿弥陀佛所在的西方极乐世界的盛况美景。这些画的题材可与某个佛经相对应的故事得到验证。这些绘画中的佛教主要人物莫不雍容大方、庄严富丽，可以推见当时有名画师的作风。有的是以手卷画的形式，来表现富有故事情节的内容，如描绘众鬼魂们依次接受地狱阎王们审判的情景。下面我们来选择其中的几例加以说明。

在大英博物馆的藏经洞绘画中，有很多表现单尊菩萨像，其中的《引路菩萨》（图 21）是代表作之一。在画中，一位长相丰满富态、身着华丽的菩萨，脚踏莲花与祥云在空中行走。他有着男女兼有的性别特征，即面容与体型像女子，但却有髭与须。他右手执一柄香炉，左手持幡，回首望着身后的一名女子。这名女子是典型的盛唐胖美人形象，表情肃穆，双手并于腹前，恭敬地站立着。她象征着一位刚刚去世的女子的魂灵。由于她生前多做善事，死后才会被菩萨接引，度她去西方极乐世界往生。画面右上

图 21 大英博物馆藏敦煌藏经洞的盛唐《引路菩萨》挂轴画（8 世纪，高 80.5、宽 53.8 厘米）

角的榜题上还有残字"引路菩"，可知这幅画的题材是描绘引路菩萨的，而他的身份很可能就是观音，那位帮助西方极乐世界的教主阿弥陀佛引度善良人的菩萨。

炽盛光佛，是能够蛰伏日月星宿、消灾解难的佛。古代中国人认为，日月星宿能导致天变，而天变会造成地上的风雨灾害。炽盛光佛有本领来降伏日月星宿，可以给众生消除由它们带来的灾害。炽盛光佛的信仰开始于唐朝，盛于宋元时期，直到明朝仍然不绝。斯坦因从藏经洞带走的一幅《炽盛光佛并五星》画有纪年，是反映唐代炽盛光佛信仰的精品（图22）。此画由主尊炽盛光佛和五星组成，都乘着同样的五彩云。位于画面中央的炽盛光佛周身放射着巨大光芒，象征着他具有震慑星宿的巨大力量。炽盛光佛所坐雄牛牵的车朝着左侧行进，上有伞盖，后有彩旗，五星环绕在车的周围，按照逆时针方向，依次排列如下。妇人形象、头戴猿冠、手持纸笔的是"木星"，官人形象、身着青衣、戴猪冠、手捧花和水果的是"水星"，婆罗门形象、戴牛冠、手持锡杖的是"土星"，妇人形象、戴鸟冠、着白色练衣、弹奏琵琶的是"金星"，力士形象、戴驴马冠、四只手持武器（矢、弓、剑和三叉戟）的是"火星"。牛车前方的祭坛上摆放着一套精美的祭器。画面左上角的题记说："炽盛光佛并五星神，乾宁四年（897年）正月八日，弟子张淮兴画表庆光"。

图22 大英博物馆藏敦煌藏经洞的唐乾宁四年（897年）《炽盛光佛并五星》挂轴画（绢本设色，高80.4、宽55.4厘米）

在藏经洞所出的绢本绘画中，有不少是反映经变内容的。经变，就是

图 23 大英博物馆藏敦煌藏经洞的唐代《药师经变》挂轴画（9 世纪，绢本设色，高 206、宽 167 厘米）

以图像的形式来表现某种佛经的内容。其中的《药师经变》画反映的就是《药师经》的主要内容，以及药师佛所在的净土世界（图 23）。药师佛的净土为"东方净琉璃世界"，所以，他又被称作药师琉璃光佛。这幅画的中部绘药师佛的净土世界，上方有千手观音和千钵文殊，中部是药师如来和他的两位胁侍菩萨——日光菩萨和月光菩萨，以及众多的眷属举行法会的盛况，他们的旁边和后方是亭台楼阁、院落等建筑。下方还有佛与众菩萨接引信众往生药师净土的场面。下方是净土世界欢迎往生者的歌舞欢乐场面，以及莲花水池的场景。舞乐台的两侧，分别坐着药师佛的护法——十二神将，每侧台上坐六位。中部的最下方描绘当时观音信仰中的如意轮观音和不空羂索观音及其眷属。画面左侧边缘长条幅所绘的是完整的"药师十二大愿"，描绘药师佛解脱众生苦难的十二种愿望，目的是为了众生生活在安乐无病苦之中，这是他的主要宗教功能。画面右侧边缘长条幅自上而下绘有"九横死"。所谓九横死，指的是九种不好的死亡方式，如病死、饿死、溺死、烧死、被杀、自杀等。药师有能力解救众生的这些非正常死亡。

　　大英博物馆还有一幅藏经洞的《地狱十王图》手卷画。"十王"一词最早出现于唐人造的一部伪经——《佛说十王经》中。所谓伪经，就是中国人自己造的经，不是翻译自印度梵文的真经。虽是伪经，但对中国民间传播佛教十分有用，因为伪经一般都会与中国传统的信仰与思想密切结合。《佛说十王经》假托"佛说"，描绘出一个较为完整的地狱结构。十王中的很多王并没有印度原形，而是来自中国民间信仰，如泰山府君等，反映了10世纪以后的佛教界接受民间神灵崇拜、将民间诸神大量地纳入佛教体系的特点。对十王崇拜的正式出现大约在公元10世纪，敦煌藏经洞就曾发现于926年写成的《十王经》。藏经洞的这幅《地狱十王图》，便是依据这样的中国信仰绘制于五代时期，描绘来到地狱的鬼魂们依次接受地狱十殿阎王的审判（图24）。他们中的大部分由于生前作恶而接受酷刑与折磨，少数免刑者都是在生前敬佛且多行善事的。画面的最后还展示了众鬼魂在十王的审判之后而前往六道重新投胎转世，以及能解救六道众生的地藏菩萨即将对他们进行救度。

图24 大英博物馆藏敦煌藏经洞的五代《地狱十王图》手卷画局部（10世纪，彩绘纸画，总高27.8、总长240厘米）

这里的地藏菩萨作沙门形（即僧人样），肩扛能叩开地狱之门锡杖，手执能救度众生的宝珠，以度化地狱众生为己任。这样的绘画，无疑会对人们产生强烈的宗教震撼。

斯坦因从藏经洞拿走了很多幡画。在古代，有时用幢幡旌旗作为战斗打胜仗的象征，有时也用作帝王出行的仪仗。幡被佛教吸收以后，用作供养佛、菩萨的一种庄严之具，象征佛、菩萨的威德，也作为降魔的象征。在佛教经典中，常常鼓励人们造立幡幢，以获得福德，消除灾难，还可以获得佛教的觉悟。幡的形状，一般是由三角形的幡头、长方形的幡身、置于幡身左右的幡手，以及幡身下方的幡足组成，有大有小。幡通常是以布制成的，也有金铜、杂玉、纸质的。至于悬挂幡的场所，可以把幡挂在堂内的柱子上，也可以树立在佛堂的前庭，或者附着于一个天盖的四隅。按照作用或宗教功能，可分为命过幡（人死时，为死者积福）、续命幡（为祈延命而立）、送葬幡、施饿鬼幡等几种。幡的上面一般画立姿的佛、菩萨，或弟子、力士、天王等，还可以画一些别的护法神像。大英博物馆所藏的幡画就有多种题材。其中一幡上画着西方广目天王，持剑，站在夜叉身上（图 25）。悬挂这样的幡，无疑会借用这位天王之力，来达到功德主的愿望。

法国汉学家伯希和拿走的藏经洞绘画虽然没有斯坦因的多，但这两个收藏可以起到互补作用。伯希和的 100 多幅绘画年代也是从唐到北宋的 8 ~ 11 世纪。其中有不少尊像画，表现弥勒、千手千眼观音、水月观音、救苦救难观音、不空羂索陀罗尼、普贤菩萨、

图 25 大英博物馆藏敦煌藏经洞的五代《西方天王》幡画（10 世纪，绢本设色，高 64.5、宽 17.5 厘米）

图 26 吉美博物馆藏敦煌藏经洞的晚唐《行脚僧图》（9 世纪，彩绘纸本，高 55、宽 31.8 厘米）

北方天王等，也有表现佛传故事、经变、地藏菩萨与地狱十殿阎王的。这些画大部分绘在绢上，有的画在麻布上或纸上。画着菩萨的供幡也是数量可观，大约有 50 幅，大部分使用麻布。

在一幅画上画着一位以虎为伴的行脚僧。他面容消瘦，头戴斗笠，背着沉重的行囊，脚穿麻鞋，手持拂尘，正在不畏艰险地长途跋涉，似乎是前往印度求取真经。但他的脚下却有祥云，他不是在行走，而是腾云驾雾而来的。他的头部前方飘着一朵云，云上有一尊坐佛，佛下题记写的是"南无宝胜如来佛"（图 26）。宝胜如来又叫宝生如来，佛典说他居于西方。但他又是密教的五方佛之一，在密教中，他是南方佛，以摩尼珠宝的福德聚积着众多的功德，能满足一切众生所愿。从题记可知，这里的宝胜如来当指这位行脚僧前方飞飘着的坐佛。在唐代，从印度取回真经的法师中，就有一位叫宝胜的僧人。与此同时，宝胜如来又有护持西方的宗教功能，前往印度取经的僧人供奉这位如来，就在情理之中了。这是一种从唐代首都长安传来的图像，因为根据唐代文献记载，长安的著名画家有在寺院中绘制行脚僧壁画。到了晚唐五代、北宋之时，人们逐渐将行脚僧本人称为"宝胜如来"了，行脚僧就成了宝胜如来的一种变化身了。至于他为何以虎为伴，一种解释是：白虎是汉人传统中的四神之一，位于西方。所以，往来于西域的行脚僧就以白虎相伴了。

在伯希和带到法国的藏经洞绘画中，有一幅十分精彩的绢本《千手千眼观世音菩萨》挂轴画（图 27）。根据题记可知，这幅画是官居三品的"节度押卫知副后槽使、银青光禄大夫、检校太子宾客"马千进为母超度，于公元 943 年农历七月十三日盂兰盆会的前二天而做的。画面构图巧妙，既主题突出，主次人物的排列层次分明，还有鲜丽如新的色彩，是研究敦煌五代时期佛教艺术的珍贵资料。在画面上部中央的圆轮内有千手千眼观世音菩萨，结跏趺坐于大莲花座上，他的 42 只大手分别持各种法器或宝物，一双上举的大手分别托着日、月；胸前还有双手合十。圆轮内绘有无数只掌中有眼的小手。圆轮外四周由上而下对称地画出观世音的部众眷属，都有榜题标明他们的身份：最上层两侧为四大天王，下部是大辩才天女、婆薮仙，圆轮下部的供桌上安置着香炉，桌两旁是日藏菩萨、月藏菩萨持供盘，再两旁是火头金刚、碧毒金刚、大神金刚、密迹金刚等。金刚左右下方两身小像为象头毗那耶哥、猪头毗那也哥。

画面下部主要是供养人区域。中间有长篇发愿文，从其中的内容可知，上部的主尊是大

图 27 吉美博物馆藏敦煌藏经洞的五代天福八年（943 年）《千手千眼观音菩萨》挂轴画（绢本彩绘，高 123.5、宽 84.5 厘米）

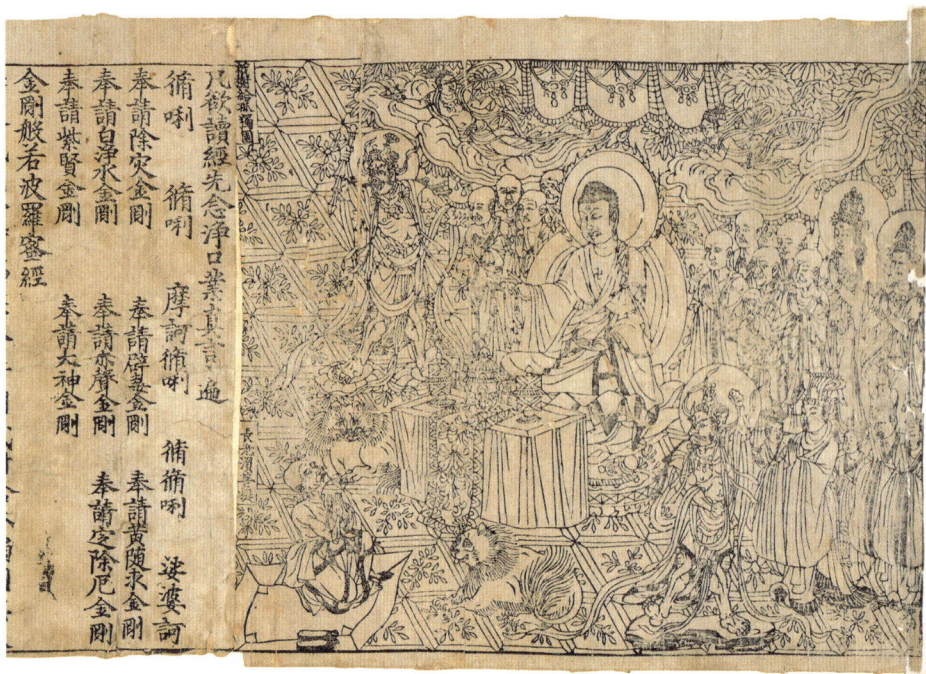

图 28　大英博物馆藏敦煌藏经洞的唐咸通九年（868 年）刻本《金刚般若波罗蜜经》卷头佛说法图（纸本版画，总高 27.8、总长 240 厘米）

悲观世音菩萨，而画此画的目的是为了"救国护民，救拔沉沦"。右侧绘着水月观音像，为半跏趺坐之姿，悠闲自在地坐于五色山岩之上，左脚踩莲花，手持杨柳枝，背后有紫竹林，头部略下低，眼望着身前的荷花池，作沉思之状。这是少有的有明确题记的早期水月观音画像。发愿文的左侧为女供养人，坐于榻上，身后立有一侍女。女供养人身着白衣，戴白色头饰，右手持长柄香炉，左手拂香烟。她旁边的绿地墨书榜题上写着"亡妣三界寺大乘顿悟优（婆）姨阿张一心供养"。这应该是功德主马千进的亡母阿张的模拟肖像，以此画的宗教神力为她做功德。盂兰盆会就是专门了救度亡灵而办的法会。在此法会的前两天绘制此画，为母超度的意义就更大了。

　　在斯坦因和伯希和带走的敦煌藏经洞佛画中，还有一批雕版印刷的版画作品，主要是佛经中的插图，内容也相当丰富。这些佛教版画，不仅对研究书籍刊印史有很大价值，还对研究佛教图像帮助极大。其中有一件是唐咸通九年（868 年）的刻本《金刚般若波罗蜜经》，世界上还没有发现比它年代更古更完整的印本书。这个刻本卷头有一幅佛说法图，从上面的题记可知，该图表现的是佛在舍卫国祇树给孤独园讲说《金刚经》的场面（图 28）。佛的头顶有伞盖，伞盖两侧各有一身飞天。佛的身后是众弟子、菩萨、二护法力士，还有一个俗家官员形象的男子。佛的前面有供桌，桌上摆放着供品。供桌的前面有一老年僧人胡跪合掌，他是长老须菩提，正在向佛提问，从而引出《金刚经》的内容。精舍的地面铺有方砖，砖上刻有花草纹样。该画线条精细有力，可以看出高超的刻版技术。这个刻本在 1907 年被斯坦因拿到了英国，现收藏于大英博物馆。

"敦煌学"的诞生

敦煌藏经洞文物显世之后，立即轰动了中外学术界。此后，人们对敦煌产生了浓厚的兴趣，在世界上掀起了一股敦煌热。中国的学者对此十分重视，首先刊布资料，开始研究。以后，英法等国也开始研究。中外学者们对敦煌艺术和敦煌遗书，以及与敦煌有关的文化遗存和文献，从宗教、艺术、历史、考古、语言、民俗等各种专门学科的角度加以研究，形成了一个以敦煌为研究对象的学术领域。在 20 世纪 30 年代，中国著名历史学家陈寅恪先生（1890～1969 年）提出了"敦煌学"一说（图 29）。这个"敦煌学"之称，是因地而命名的，它约定俗成，并不是一门有系统成体系的学科，而是学科群的综合。从此，敦煌学便跻身于世界学术之林，逐渐成为一门国际性的热门学科。

那么敦煌学究竟起始于何时呢？按西方学者的观点，把 1907 年斯坦因首次获取敦煌遗书的时间，定为敦煌学的起点。这种看法显然是不全面的。因为我们对敦煌的研究，并不是仅仅局限于敦煌遗书。藏经洞文书的发现，只不过是扩展了敦煌研究的视野和范围，并对这一研究发生了一定的推动作用。

尽管敦煌莫高窟地处西北边陲，但这里丰富的古代文化遗存的历史价值，很早就引起了中国学者的注意。清代雍正年间（1723～1735 年），督修沙州城的光禄少卿汪漋（1669～1742 年），对莫高窟就十分注意，他写的《游千佛

图29 陈寅恪、唐筼夫妇合影（民国时期拍摄）

洞》诗，对敦煌艺术推崇备至。嘉庆年间（1796～1820年），著名的西北史地专家徐松（1781～1848年）游历了千佛洞，对敦煌的历史和碑刻进行了研究和记录，道光年间刊行的徐松撰《西域水道记》记载了许多有关敦煌和莫高窟的材料。道光十一年至十四年（1831～1834年）间在敦煌任县令的许乃谷（1785～1835年），也曾至莫高窟巡礼，写了《千佛岩歌》，称赞莫高窟壁画雕塑之美。到公元19世纪中晚期，一些外国探险家和考古学家如匈牙利洛克齐、俄国尼古拉·普热瓦尔斯基（Nikolay Przhevalsky，1839～1888年）、英属印度军官鲍尔（Hamilton Bower，1858～1940年）等人，先后到过敦煌，有人参观过莫高窟。洛克齐还在欧洲详细介绍了敦煌石窟的艺术和历史价值。但这些中外人士在莫高窟的活动以及他们的诗文和演讲，都不能看成是对莫高窟的学术研究，自然也与后来兴起的敦煌学没有什么实质性的学术联系。

发现并不能代表研究，不论是王圆箓，还是斯坦因。早在1903年，即藏经洞文书发现后的第四年，中国的金石学家叶昌炽就对他所得到的敦煌写经、佛像和碑刻拓片进行了考订，在他的《语石》一书中发表了独到的见解。他的另外一部著作《缘督庐日记》中，还扼要地叙述了藏经洞的发现和敦煌文物的情况。可以说，叶昌炽是第一个对敦煌文物进行研究的学者，他为敦煌学的发展起了先导作用。

《法国远东学院学报》1908年8卷314号，发表了《甘肃再发现的一个中世纪书库》。这篇文章是伯希和（图30）于1908年3月26日写给他的上司西奈信件的一部分，详细叙述了伯希和在莫高窟的情况。这是欧洲最早报道敦煌文献的文章。

  1909 年 7、8 月间，伯希和在北京向罗振玉（图 31）等人出示敦煌遗书，从此引起了中国学者对敦煌遗书的关注。同年 8 月下旬，罗振玉发表了《敦煌石室书目及其发现之原始》。这是中国学者最早的敦煌学论文。同时，日本文求堂书店老板田中庆太郎（1880～1951 年）在北京拜访了伯希和，见到了部分伯希和带去的敦煌遗书，于 11 月 1 日发表了《敦煌石室中的典籍》，刊在 11 期《燕尘》杂志上。也就是在这一年，以罗振玉为代表的一批中国学者，开始整理研究敦煌藏经洞文物。从 9 月起，中国学者们陆续整理出版了《敦煌石室遗书》（罗振玉、蒋斧合编）、《敦煌石室遗迹录》（王仁俊编）等专集，这是中国刊布敦煌文献最早的印刷出版物。11 月 12 日，日本东京、大阪两地的《朝日新闻》，刊登了日本近代中国学的重要学者内藤虎次郎（1866～1934 年）（图 32）写的《敦煌石室的发现物》，这是日本新闻界对敦煌遗书最早的报道，被日本学术界称为日本敦煌学研究的"第一篇历史性文献"。11 月 24 日，《朝日新闻》又载内藤虎次郎《敦煌发掘古书》。从此，日本学术界以京都为

图 30 伯希和（Paul Pelliot，1878~1945 年）

图 31 罗振玉（1866~1940 年）

图 32 内藤虎次郎（1866~1934 年）及其手迹

中心，开始了敦煌学的研究。

可以看出，中外学者对敦煌文物的研究，发端于 1903 年，勃兴于 1909 年。中国学者也不愧为这项事业的开山辟路人！ 1931 年，陈寅恪先生在总结敦煌学的研究时说："敦煌学者，今日世界学术之新潮流也。自发现以来，二十余年间，东起日本，西起法英，诸国学人，各就其治学范围，先后咸有所贡献。"时至今日，敦煌学的研究已走过了一百多个春秋，世界上的敦煌学者研究的内容越来越广泛，越来越深入，著作层出不穷，成绩斐然。当前的敦煌学，已不再是单纯的敦煌遗书和敦煌石窟艺术的研究了，它已经与整个丝绸之路的历史联系起来，如与丝绸之路相关的藏学、西夏学、吐鲁番学、龟兹学和中亚学等，从而发展成为社会科学、自然科学交叉的边缘科学，颇受国际学术界的重视。

如今，新的敦煌学研究中心已经在中国成立。敦煌，这颗镶嵌在沙漠古道上的明珠，日益散发着耀眼的光芒。我们在《前言》中已经谈到，鸣沙山崖面间这一座座神秘的洞穴，实际上就是古代的和尚们赖以讲经、修行的寺院，它们的功能和性质与我们经常可以见到并游览的地面上的木建筑佛寺是相同的。因此，历朝历代的僧人们在这里开凿的众多石窟，以及石窟内所保存的极其丰富的雕塑、绘画，这些古代珍贵的艺术作品，才应该是"敦煌学"研究的真正主体。

近代以来藏经洞古老文书的流散，使敦煌这个响亮的名字传遍了世界各地。但如果要在这里讲述一下敦煌石窟造型艺术的内涵，还要从敦煌古代的灿烂文化，以及佛教的最早涉足谈起。

大漠明珠

敦煌莫高窟

禅观宝地

丝路咽喉　沙漠明珠

　　已知敦煌最早的历史，大约开始于原始社会末期。那时，生活在敦煌地区的是苗黎，传说他们是在中原部落战争中失败，被上古时代的五帝之一舜驱逐来此。他们的子孙后代到了夏商周时期，就是中国古代史上西北地区著名的游牧民族——羌戎。秦代的敦煌，又被月氏等民族占据。汉代初年，强悍的匈奴族攻破月氏，迫使月氏人向西迁徙，河西走廊地区都被匈奴人所控制。汉武帝元狩二年（公元前121年），匈奴与汉朝军队作战失败，昆邪王（？～公元前116年）率众4万人来投降，汉朝于是全部占领了包括敦煌在内的甘肃河西地区。

　　古代阳关在今敦煌城西南70公里处，它的北面还有一道关隘叫玉门关，地理方位在今敦煌城西北，三者恰好形成一个三角形。从长安通往河西走廊的大路，到了敦煌就分开岔，然后各自通过阳关和玉门关分道而去。出玉门、阳关通往西域有两条道路，一为南道，一为北道，实际上敦煌正位于两道的咽喉要地。当初，汉武帝（公元前141～公元前87年在位）为合击匈奴，派张骞出使大月氏，虽然没有成功，却开通了这条漫长的古道，这就是"丝绸之路"（图33）。从此，中国和西方各国文化交流源远流长的历史，被越来越多地记载下来了。鉴于这种重要的地理位置，公元前115年，汉朝在河西置武威、酒泉二郡，而酒泉郡的治所就设在敦煌。公元前111年，又分置张掖、敦煌二郡，玉门关和阳关始终在敦煌的辖区之内。

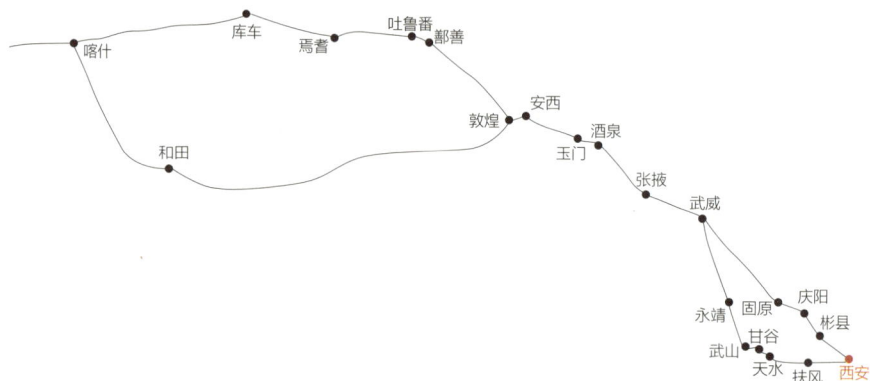

图33 丝绸之路中国段示意图

出于扼守河西、开发西域的战略需要，西汉王朝不断向敦煌大量移民，他们之中，有发配的罪犯，流落在此的田卒；也有关内的豪族大姓，如敦煌历史上的张、索、翟、阴、氾、令狐、阚、曹等姓都是由中原迁来的。他们在举家西迁时，都带有大量的部曲、佃户，其中也不乏能工巧匠。这样，不仅为敦煌地区增殖了人口，发展了农业生产，积累了社会财富，而且带来了中原先进的文化

图 34 敦煌莫高窟外景

和科学技术，使敦煌成为西汉时期西疆的重镇。到公元 2 世纪初，敦煌便是西域都护的治所，开始在驰誉中原的凉州文化中初露头角，人物芸萃，人才辈出。东汉人应劭（约 153 ~ 196 年）解释"敦煌"一词时说："敦，大也；煌，盛也。"形象地概括了敦煌在当时的繁盛面貌与重要性（图 34）。

公元 1 世纪初，在东、西汉交接之际，天下扰攘，扶风平陵人窦融（公元前 16 ~ 62 年）联络周边羌胡民族，占据了河西。当时，中原骚乱频仍，河西就成了内地流民的避难地，保持了相对的安定局面，充实了原有的文化成果和生产技术。敦煌是这段时期的河西五郡之一。到了东汉末年，黄巾起义，诸侯战乱，马腾（？ ~ 212 年）、韩遂（？ ~ 215 年）曾一度割据河西。

西晋永嘉（307 ~ 317 年）丧乱，中原北方出现了大分裂的混乱局面。当时张轨（255 ~ 314 年）任凉州刺史，河西比较安宁。他接纳了大量的流民，建立了

许多新的郡县，许多敦煌人士，如宋配、阴充、阴澹、氾瑗等都是他的主谋股肱。不久，张轨的儿子张寔（271～320年）建立了前凉（318～376年）政权，接下来的是前秦（351～394年）、后凉（386～403年）、后秦（384～417年）、西凉（400～421年）相继更替着在敦煌的统治权。

公元5世纪初，西凉国王李暠（351～417年）临死前告诫他的儿子说："此郡（敦煌）天下全盛时，海内犹称之，况复今日，实是名邦。"（《晋书·李玄盛传》）由此可见，敦煌已经是经济文化相当发达的地方。公元421年，北凉王沮渠蒙逊（368～433年）率军攻西凉，包围了敦煌城，三面筑堤，以水灌城，围攻数十日不能攻下。西凉王李恂（？～421年）遣壮士一千余人出城决堤失败，宋承等开城投降，李恂自杀，敦煌遭到了屠城之灾，这无疑摧残了敦煌固有的传统文化。公元439年，北魏灭北凉，统一了中国北方。魏太武帝拓跋焘（424～452年在位）在逐走北凉的残余势力以后，就积极地安抚地方，再通西域，置敦煌镇，迎来了璀璨文化发展的新时代。

敦煌地接西域，是中国汉地最早接触佛教的地区之一。汉晋时期的汉族僧人西行求法，异域高僧入关弘扬佛教，敦煌是他们的必经之地。在西晋时期，敦煌地方已经有了自己的寺院和佛经的翻译大师。号称"敦煌菩萨"的竺法护（231～308年），其祖上是月氏人，世居敦煌。法护在敦煌组织译场，有众多的弟子做他的助手，还有更多的当地劝助的信士。经他之手译出的佛教经典就有《不退转法轮经》《正法华经》等多部，说明西晋敦煌的佛教已经具有了相当的规模。

那么，莫高窟究竟创始于何时呢？学者们根据不同的文献记录存在着多种说法。唐代咸通六年（865年）正月十五日书写于莫高窟第156窟前室的《莫高窟记》中说：西晋司空索靖（239～303年）曾于莫高窟"题壁号仙岩寺"。另外，敦煌遗书伯希和编号的P·2691《沙州土镜》上称：沙州于东晋穆帝"永和八年癸丑岁（353年）创建窟"。对于这两条记载，我们现在还没有其他的文献证据来予以证实。至于索靖的题壁，也可能是写在寺院之中，似乎与石窟的开凿无关。

前秦建元二年（366年），有个名叫乐僔的和尚，很具有佛学修养，他游化到敦煌的三危山下（图35），忽见山上夕照辉映，发出灿烂的金光，仿佛有千佛显现。他不禁欢喜赞叹，于是就在鸣沙山麓的崖面上开凿了第一个石窟。接着又

图 35 莫高窟对面的三危山

有法良禅师来到此地，开凿了第二所窟。莫高窟"伽蓝之起，滥觞于二僧"。这个被今天多数敦煌学研究者所认可的，揭开敦煌石窟营造史第一篇章的生动记载，见于唐武周圣历元年（698 年）的李克让《重修莫高窟佛龛碑》。但是，我们还没有找到这两所洞窟的具体位置。据有的专家猜测，最早开凿的这两个洞窟，只是供僧人们静坐修行的禅室，很可能并没有塑绘任何佛像。乐僔与法良都崇尚凿窟修禅，因此选择了这个流水萦回、草木葱茏的山谷。由于它具有既远离尘嚣又近人间烟火供应的优点，为僧人们提供了良好的修行环境。实际上与莫高窟的艺术发展史关系不大。

十六国时期，河西走廊与陇山东西一带佛教香火空前，后秦麦积山石窟、西秦炳灵寺石窟、北凉凉州石窟相继开凿。然而，我们还无法拿出更多的证据来证明敦煌也保存有这段时期的艺术作品。但数百年间所积累的丰厚的汉晋文化基础，高度发达的西域文明的素养，佛教思想对人们精神生活的渗透，以及悠久的农业经济文明发展史，都为敦煌莫高窟艺术提供了滋生的土壤和哺育的摇篮。

敦煌，终于掀起了她的辉煌艺术篇章的第一页。

平城佛音　沙州余韵

　　敦煌莫高窟第 268、272、275 三窟左右毗连，是大家公认的莫高窟现存最早的一组洞窟（图 36）。遗憾的是，这组洞窟本身没有给我们留下任何纪年题记材料，和它们接近的其他莫高窟早期洞窟也没有纪年题记。因此，关于这组洞窟的年代问题，一直被研究中国石窟的学者所关注。对此，在 20 世纪 80 年代初期，敦煌研究院的专家们提出了属于北凉时代的观点，已基本上得到国内外学者的承认并引用。但是，我们认为这个"北凉说"的疑点还是比较多的，有许多方面仍值得进一步商榷。针对这方面的研究，北京大学考古系宿白教授（1922～2018 年），以他深厚的学术功底，精辟翔实的论证，提出了"北魏"新说，并日益引起学术界对这三所最早洞窟的重新认识。概而言之，"北魏说"就是认为敦煌现存最早的三窟，开凿于北魏佛教最为发达的孝文帝太和时代（484～494 年）。那么，我们还是从建立北魏的鲜卑族拓跋氏和他们的佛教事业谈起吧。

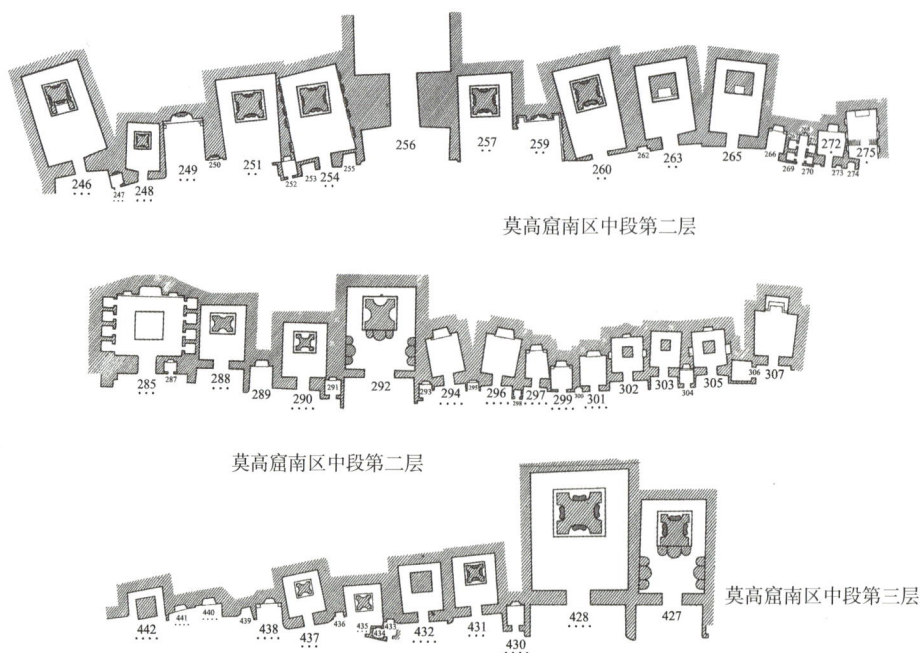

莫高窟南区中段第二层

莫高窟南区中段第二层

莫高窟南区中段第三层

图 36 莫高窟北朝期石窟连续平面图（图例：▪北魏中期；▪北魏晚期；▪北魏末年到西魏；▪北周）

拓跋氏是中国古代北方地区游牧民族鲜卑族的一支，他们的游牧地区原在黑龙江上游额尔古纳河和大兴安岭北段之间。公元 1 世纪末，匈奴统治集团分裂，拓跋鲜卑由东北向西南迁移。西晋以后，在与各部族之间的长期战争中，拓跋氏的势力日益壮大，控制了黄河流域以北的大部分地区，建立了北魏王朝。魏道武帝拓跋珪（386～409 年在位）于天兴元年（398 年）从盛乐（今内蒙古和林格尔境内）迁都平城（今山西大同市）。从此，平城作为北魏的统治中心延续了近一百年之久。

北魏从盛乐迁都平城，两地间来往频繁，大同西郊的武州山正当交通要冲。北魏皇帝自明元帝拓跋嗣（409～423 年在位）起，曾先后 7 次到武州山祈祷，可见这里已经成了北魏统治者祈福的胜地。著名的云冈石窟就选择在这里。据北齐史学家魏收（507～572 年）撰写的《魏书·释老志》记载，魏文成帝（452～465 年在位）和平（460～465 年）初年，沙门统昙曜向皇帝奏请在京城西的武州山开凿 5 座石窟，各镌建一尊巨大的佛像，"雕饰奇伟，冠于一世"。这 5 所石窟，就是现云冈石窟中的第 16 至 20 窟（图 37）。当时的平城及其附近已集中了大量的财富和接近百万的人口，其中包含有来自中原北方各地的各种人才。另外，北魏的皇室权贵在云冈兴建石窟寺初期，平城内外的佛寺修建已持续进行了半个多世纪。因此，我们可以设想当时平城的佛教艺术基础已是相当雄厚了。到北魏孝文帝于太和十八年（494 年）迁都洛阳时，云冈石窟的第二期工程业已完成。凡是有幸参观过云冈石窟的人，只要看到那些规模宏伟、雕刻富丽、具有无限艺术魅力的高大洞窟与庄严的佛像，无不会联想到当年佛教香火的盛况。

毫无疑问，北魏中期的首都平城，已经是统一了的北方佛教中心了。云冈石窟就是当时佛教艺术风格形成与发展的集散地。由这里向四方扩散，去影响北方其他地区石窟的开凿与佛像的制作，就是很自然的了。那么当时的敦煌情况又如何呢？

敦煌地处沙漠中的绿洲，人口与物产都受到这种自然地理条件的限制。公元442 年，北魏占领敦煌以后，在这里设置军镇，主要是为了经营西域和防御柔然族的进攻。接下来的就是公元 446～452 年魏太武帝拓跋焘在北方毁佛废法，这时的柔然正处在强盛时期。所以，鉴于西部少数民族军事力量的威胁，公元 474 年，

图 37 山西大同云冈石窟第 20 窟（北魏，5 世纪中期，20 世纪 20 年代拍摄）

北魏朝廷曾经一度打算放弃敦煌而退守凉州。公元 487 年，柔然与高车作战失利。公元 492 年，北魏军队又大败柔然，从此柔然势力渐趋衰微，敦煌的疆界才得以安宁。由此可以看出，自北魏据有敦煌到攻破柔然这段时间，敦煌所务的重心在于军事，人力与财富并不充裕，且经常在军备方面应接不暇，在佛教寺院的建置方面也很难有什么大规模的发展。

到孝文帝太和初年，敦煌镇升格设置了都大将，通往东西方的商路也重新开通了。《魏书·高祖纪》记载，在太和十一、十四、十五年（491 年），都曾有来自中亚的粟特使者入平城朝献。之后不久，就出现了宣武帝景明、正始年间（500 ～ 507 年）葱岭东西、波斯、印度等数十个国家和地区遣使东来与北魏通好的盛况。这时的敦煌日趋安定，北魏政权也开始较多地向敦煌谪遣重要犯人，他们之中有的来自盛行佛教的徐州，还有来自洛阳的北魏宗室显贵。敦煌经济的发展也引起了统治者的重视。商业的繁荣，又促进加强了东方佛教隆兴的地点，特别是首都平城与敦煌的密切关系。所以，莫高窟现存最早三窟应开凿于这种历史

图 38 莫高窟第 275 窟内景（北魏，5 世纪下半叶）

背景之中，并且又是在平城佛教及其艺术影响下的产物。这点，我们还可以从它们的内容本身进一步得到明确的答案。

敦煌这组最早洞窟的许多特征都和云冈第二期石窟相似。首先，这三所洞窟形制，275 窟为平面长方形，盝顶（图 38、39）；272 窟为平面方形（图 40），穹顶有藻井；268 窟为长方形平面，两侧各附两个方形小禅窟，平顶，有平棊（图 41）。它们都属于内部空间比较宽敞的佛殿窟。类似的洞窟形制在云冈最早见于献文帝（465～471 年在位）与孝文帝时期开凿的第二期石窟之中。只具有一个方形或长方形窟室的佛

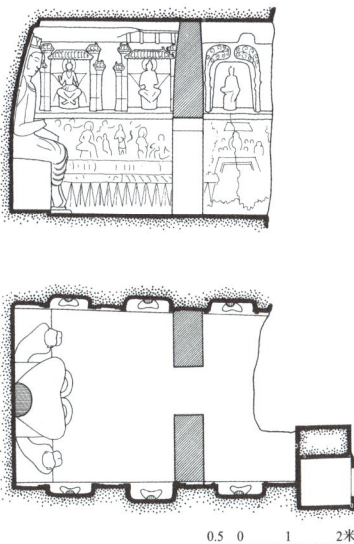

0.5　0　　1　　2米

图 39 莫高窟第 275 窟平、剖面图

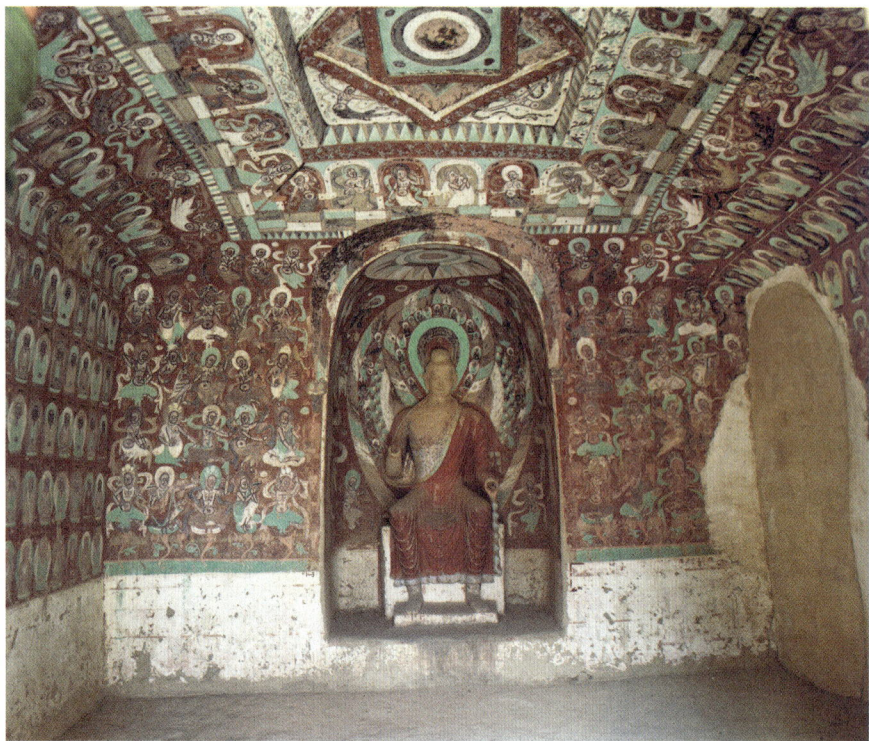

图 40　莫高窟第 272 窟内景（北魏，5 世纪下半叶）

殿窟，便是云冈第三期，即孝文帝迁都洛阳以后修建的流行窟式。

　　其次，在造像题材上，275 窟主像是交脚菩萨，272 窟是倚坐佛像，268 窟是交脚佛坐像。272、268 窟左右壁满壁绘有成行排列的千佛像，275 窟左右壁则开凿了交脚菩萨像龛、思惟菩萨像龛等。这些题材都可以在云冈一、二期的石窟中找到相同或相似的形象，特别是第 17 窟高达的主尊交脚弥勒菩萨像。再者，275 窟的左右壁面分三栏，上栏塑列龛，龛内有交脚弥勒菩萨像或思惟菩萨像；中栏分段绘有佛本生和佛传故事壁画，本生与佛传画面中附有长条框式的原书写有壁画内容的文字榜题，其中左壁（北壁）画本生，右壁画佛传；下栏画供养人像一列，再下为三角垂饰。

　　另外，275 窟左右壁上栏还影塑出带有子阙的高阙，下栏壁画中绘出了汉民族式的建筑庭院（图 42）。分栏分段附有榜题的壁面布局特点，是延自汉代画像石以来的传统的艺术表现手法，在云冈石窟始见于第 7、8 窟的左、右、前壁。

与莫高窟第 275 窟类似的内容与
布局，则见于云冈第 9、10 窟前
室壁面和第 1、2、6 窟的左右壁面。
汉式建筑装饰出现在云冈，以第
二期的第 7、8 窟前室侧壁为最早。

总之，这些众多的可与云冈相
互对比的敦煌早期石窟特征，在年
代上都比前者晚。那么它们之间影
响与被影响的关系就显而易见了。

1965 年，敦煌文物研究所在
莫高窟第 125 窟与第 126 窟之间崖
体裂缝中的沙土内发现了有（太和）
十一年（487 年）广阳王发愿文的

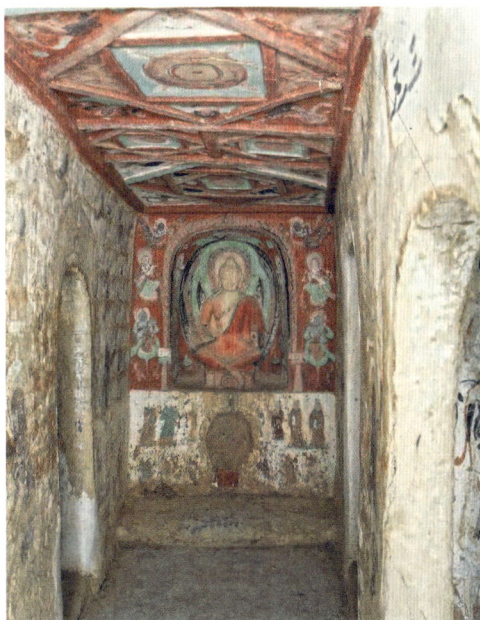

图 41 莫高窟第 268 窟内景（北魏，5 世纪下半叶）

图 42 莫高窟第 275 窟南壁（北魏，5 世纪下半叶）

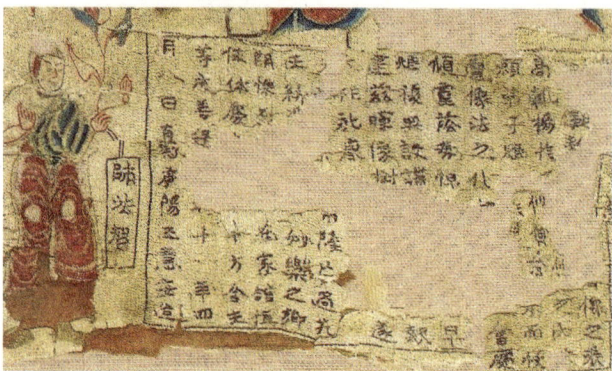

图 43　敦煌研究院藏莫高窟发现的北魏太和十一年（487 年）广阳王发愿的残绣品

残绣品一件，刺绣的主体部分应为一佛同二菩萨式的佛说法图，下有供养人行列，其中就有广阳王和家属、僧人的模拟肖像与榜题（图 43）。这件绣品的艺术风格、表现手法都与莫高窟北魏洞窟中的小型说法图有着同类型的特征，特别是现存最早的三座洞窟。该绣品的研究者认为，它应该是平城一带人带到敦煌来的。这样，就为我们论证莫高窟接受平城影响增添了有力的实物证据。

是平城传来的佛教香火造就了敦煌现存最早的石窟艺术。但是这三所中小型洞窟还远谈不上属于典型的北魏作品。敦煌石窟的大规模开凿，以及北魏型代表洞窟的出现，则是孝文帝迁都洛阳以后的事了。

入塔观像　功德无量

公元 5 世纪末期，很有作为的孝文帝即位后，进行了一系列有利于鲜卑族社会发展的汉化改革。其中包括任用南朝儒士制定礼乐制度，仿效南朝建立士族制度，改革鲜卑旧俗，采用汉姓，与汉族通婚，禁穿胡服，改穿汉装等项。这么大

图 44 河南洛阳龙门石窟宾阳中洞内景（北魏，6 世纪初）

力吸收南朝文化的政策，无疑促进了北方社会经济的发展，各民族间的互相融合，使北魏呈现出一派兴旺景象。

迁都洛阳以后，北魏的政治、经济、文化中心也随之南移，改革的成果也得到了巩固和继续发展。京都洛阳已成为当时中国北方新的佛教中心，龙门石窟与巩县石窟也相继开凿起来了。由于北魏统治集团的提倡，传统的中原汉族服装风行北方各地，南朝的思想和艺术为北魏佛教的发展注入了新鲜血液。这时，以龙门、巩县以及云冈第三期为代表的中原石窟艺术，普遍流行瘦削的"秀骨清像"造型，衣带宽博的"褒衣博带"式服装（图 44）。这种造像艺术风格的形成，显然是孝文帝推动的汉化政策以及吸收借鉴南朝汉文化的结果。在这种政治与文化形势下，敦煌的佛教也比过去更为繁荣。《魏书·释老志》上说："敦煌地接西域，道俗交得，其旧式村坞，相属多有塔寺。"可见公元 6 世纪初的敦煌在佛教方面有了长足的

图 45 莫高窟第 251 窟北壁前部说法图（北魏，6 世纪初）

发展，石窟的开凿也大规模地兴起了。

　　根据敦煌研究院樊锦诗、马世长、关友惠三位先生的研究成果，继前文所述的三窟之后，敦煌第二批开凿的洞窟有 8 所，它们是第 259、254、251、257、263、260、487、265 窟，称作北朝第二期。这些洞窟中的艺术形象绝大部分仍继承了云冈石窟第一期的传统，没有普遍出现形容清瘦的"秀骨清像"，以及"褒衣博带"的服装。但是个别的现象仍使我们可以看到新的社会风尚渗入敦煌的迹象：

251 窟壁画胁侍菩萨的面相已呈清秀的瓜子状（图 45）；257 窟壁画《沙弥守戒自杀缘品》中的长者，263 窟的男供养人，以及部分洞窟的女供养人等，已经很明显地穿上了汉民族传统的交领大袖长袍或长裙的服装。这应该是太和十八年（494 年）"壬寅革衣服之制"以后着新服饰的思想在敦煌的艺术表现。敦煌地处边陲，而边远地带受中原地区文化的影响，总要略晚一些，总是从片面局部走向全面整体。因此，我们认为这 8 所洞窟的年代，在北魏太和十八年至正光六年间（494 ～ 525 年）。这一时期，敦煌的主要洞窟形制，就是中心塔柱窟。

敦煌北魏的中心塔柱窟的形制特点是：窟室平面呈长方形，在后部中央凿出了通连窟顶与地面的中心塔柱。柱身的四面凿龛造像，正面为一大龛，其余三面都是两层龛，除两侧面上层作阙形龛外，其他都是尖楣圆券形龛。柱身上部贴有供养菩萨等影塑。在窟室后部，中心塔柱与窟室侧壁、后壁之间形成了绕塔右旋的礼拜道。通道上方为平顶，影作出仿木构建筑的平棊。窟室前部顶作人字披形，上面浮塑出脊枋、檐枋和椽子。人字披檐枋两端，有的装有木质丁头拱（图 46）。254、251、257 三窟的前壁门道上方，还凿有通光的方形明窗。综合起来看，这种窟形的主要功能，是前部为可供"礼拜"的殿堂式空间，后部为可供"绕行"的甬道式空间（图 47）。

北魏以后的西魏与北周，也同样流行中心塔柱式洞窟，塔柱也都是四面开龛，但多数侧壁变成了单层龛。

这种有中心塔柱、把全窟布置成前后两个空间的形式，是同当时的宗教活动密切相关的。很显然，洞窟的前部可以聚集僧徒，后部是专为僧徒们作环绕中心塔进行礼仪活动而设计的。佛教认为，崇敬佛塔和绕塔礼拜都是获取无上福报的功德之一。大约在东晋翻译的《菩

图 46 莫高窟北魏中心柱窟结构示意图

图 47 莫高窟第 254 窟内景（北魏，6 世纪初）

萨本行经》中说："若人旋佛及旋佛塔所生之处，得福无量也。" 西晋法炬、法立共同翻译的《法句喻经》里面还讲述了这样一个故事："山中有五百猕猴，见僧绕塔礼拜供养，即共负石学僧作塔，绕之礼拜。"后来山水暴涨，五百猕猴都被淹死了，但它们却都转生到了天堂，永久地享受快乐。由此可见佛教信徒们对于绕塔礼拜这种宗教仪式的重视。

另外，中心塔柱窟的设置，还与佛教徒的禅观有一定的关系。"禅"是梵语的音译，它的意译是"思维修""静虑""弃恶"等等。"禅"又叫"定"，或合称为"禅定"，是佛教的六种修行方法之一。所谓"禅定"，就是要求禅僧灭绝一切尘世间的杂念，把思想高度集中在对佛全身各个细部的苦思冥想之中，从而使自己的精神进入虚幻的佛国世界。这一方面的问题，又叫作"观佛"。佛经中所说的"观"含有"看""念""想"等意思。在当时，莫高窟的这些塑绘像除了提供给那些善男信女们礼拜、供养外，对于僧侣而言，主要是为观像用的。刘宋朝来自中亚罽宾国的三藏昙摩蜜多（356～442年）翻译的《五门禅经要用法》上讲，和尚们观佛像，就如同见到了真佛。观像的真正目的，是为了追求所谓来世的成佛。唐代僧人道世编写的《法苑珠林》里讲述了许多佛，都是由于在前世能观像，积下了功德，来世才成了佛道。佛祖释迦牟尼也是如此。所谓"观像"，就是先到佛像前仔细观察佛的"三十二相""八十种好"，这些超人的体态特征，在头脑里留下深刻的印象，然后到僻静处（窟内禅室或窟外禅房）闭目思维，系心在像，不令他念。"是时便得心眼见佛，像相光明，如眼所见，无有异也。"（后秦鸠摩罗什译《坐禅三昧经》卷上）这样一来，禅僧们的眼前就会浮现出佛的幻影。敦煌北朝的中心塔柱窟，就具有这种使禅僧们在静修之前先谛观佛像的功能。

修行禅观，要先从"入塔观像"开始。东晋佛陀跋陀（359～429年）译《观佛三昧海经》卷九《观像品》说：欲观佛像者，先入佛塔，烧香散花，供养佛像，礼佛忏悔。敦煌中心塔柱的正面龛内，都塑有一尊正在说法的佛像，侧面上层龛内多数塑交脚弥勒菩萨像，少数塑思惟菩萨像；下层龛多数塑佛的禅定像，少数塑佛苦修像（图48）。这

图48 莫高窟第257窟内景（北魏，6世纪初）

些中心塔柱窟应该就是代表了"入塔观像"的塔。除此之外，中心塔柱窟的侧壁还经常绘满了佛传、本生、因缘故事题材，这些也都是有关修禅的经典里面明文规定的禅僧们必须观想的内容，更可以说明中心塔柱窟与坐禅观佛的密切关系。

众所周知，中国的佛教传自印度，同样，佛教中的"绕塔礼拜"与"入塔观像"的思想也不例外。印度佛教的塔堂窟出现在公元前2世纪，其后一直到公元7世纪仍有开凿。它的特点是窟的平面呈狭长的马蹄形，也分前后两个空间：前部是长方形平面的"礼堂"，后部半圆形平面的中心凿有圆形平面的覆钵式塔，环塔周围可形成一礼拜道。窟的左右壁和塔的后部有一圈石凿的列柱，整个窟顶凿成筒拱形（图49）。在印度，当公元前后犍陀罗造像艺术在今巴基斯坦北部地区兴起以前，还没有佛像的雕塑，佛教徒们尊崇的对象是佛的遗物、遗迹，以及代表佛生前经历的纪念物，如菩提树、宝座、足迹、佛塔等。塔是佛涅槃的象征，尊崇佛塔，就是对佛敬重的直接体现。印度早期的覆钵形大塔，如巴尔胡特大塔、桑奇三塔等，在塔的周围做出圆形礼拜道，就是体现绕塔礼拜的佛教思想的重要

图49 印度阿旃陀石窟第19窟内景（约5世纪）

建筑形式（图 50）。

东汉末年，印度人对佛塔的尊崇习惯，随同佛教一起传入了中国。据《魏书·释老志》及东魏杨衒之的《洛阳伽蓝记》等书记载，东汉明帝（公元 57～75 年在位）时营建的中国第一寺——洛阳白马寺，系因白马负佛经东来的传说而得名。南朝梁僧祐（445～518 年）编撰的《弘明集》记载白马寺中绘有"千乘月骑，绕塔三匝"的壁画。这种信仰曾对中国早期佛寺布局产生过深远的影响。以塔为寺院的中心建筑，四周以廊庑围绕，这种布局盛行于早期佛寺。如洛阳白马寺、徐州浮图祠、洛阳永宁寺、荆州河东寺等。

中心塔柱窟可以说就是以塔为中心的佛寺的缩小形式，不同的是它较多地采用了雕塑与绘画的艺术手法。新疆拜城的克孜尔石窟约开凿于公元 4 世纪，它的中心柱窟虽然没有通顶方柱，但在长方形主室正壁大龛或大像后部凿出环形礼拜甬道的做法，与印度塔堂窟的性质仍然是相同的（图 51）。云冈第二期石窟是以中心塔柱窟为主的，它们多具有前后两室，而且规模宏大（图 52）。中心塔很类

图 50 印度桑奇 1 号大塔（公元前 3～前 2 世纪）

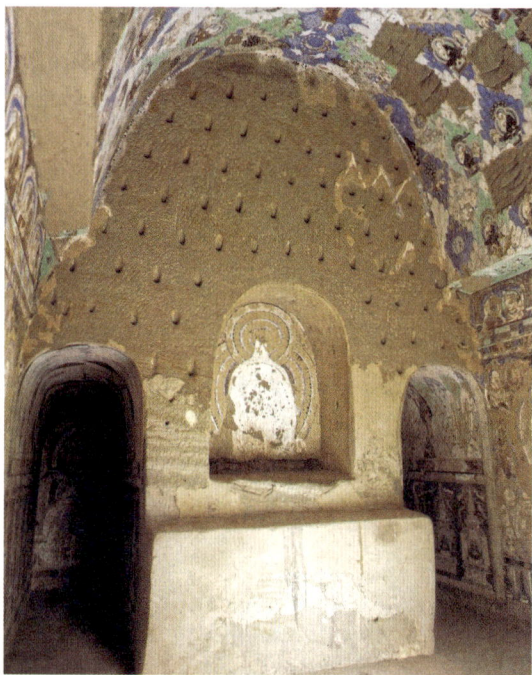

图 51 新疆拜城克孜尔石窟第 38 窟内景（4~5 世纪）

似当时中国寺院中流行的木塔，这是源于印度的石窟形式逐渐中国化的重要标志。敦煌的中心塔柱式洞窟在形制与内容布局上，与云冈石窟大致上是相类似的，塔上虽然没有像云冈那样雕出塔檐与柱枋斗拱，但它仍然是模仿了本国的木塔形轮廓，而并非照抄印度的圆形覆钵式塔。我们可以从中看出，中外文化和中国内部各地区之间文化上的流汇融合、交光互影，在敦煌中心塔柱窟的形制上

图 52 山西大同云冈石窟第 6 窟主室中心柱（北魏，5 世纪下半叶）

也有着颇为生动的表现。

佛经里关于凿窟室居住与习禅的记载，屡见不鲜。中国北方一些著名石窟的开凿也多与禅僧的修行有关。北魏时期，朝野上下对于坐禅静修，以便求得解脱成佛的思想是非常崇信的。主持开凿云冈石窟的昙曜，就是很擅长习禅的高僧。相传在有的云冈石窟寺内外，可以容下 3000 人修习禅定。《洛阳伽蓝记》卷二里还记载了洛阳宝明寺的和尚智圣，生前坐禅苦行，死后得升天堂。这些神奇的佛教灵异故事，无疑会对那些努力为净化自己心灵的佛教僧俗们去身体力行地探索成佛的途径，起到强烈的驱使作用。十六国与南北朝时期，敦煌地区涌现了不少著名的僧人，其中就不乏"专精禅业"的禅学高僧。

正是在这种历史与文化背景之下，来自域外的佛学思想，同中国本民族的传统建筑艺术形式，以及信徒们为求得在未来世界成无上道的艰苦实践，在敦煌这个古代商路的咽喉要地，非常巧妙地结合在了一起。

如来菩萨　魏晋风度

莫高窟第 285 窟北壁东起第一铺滑黑奴造无量寿佛发愿文有明确的纪年，可以证明 285 窟完成于西魏大统五年（539 年）或稍后。这是我们迄今为止所发现的莫高窟最早的纪年题记。根据这个珍贵的材料，可以确定第 437、435、431、248、249、288、285、286、247、246 窟大约开凿于北魏孝昌元年以后至西魏时期（525 ~ 545 年）。这些洞窟的结构仍然以中心塔柱式为主，但形制独特的 285 窟是这段时期的代表作。该窟主室平面呈正方形，约 6 平米见方，窟顶凿成覆斗状，以壁画的形式装饰成华盖式藻井；后壁中间开一大龛，两侧各开一小龛；南北两壁各开四个方形的小禅室，都只能容纳一僧坐禅（图 53、54）。然而，与前期比较而言，更奇特、新颖的变化，还是表现在融智慧的内心和脱俗的风度于一体的造型艺术上。

敦煌北魏末至西魏时代的塑像中，面貌清瘦、眉目疏朗、身体扁平、脖项细长的形象已经蔚成风气（图 55）。在服饰上的变化也很明显，很多佛像内穿交领襦，

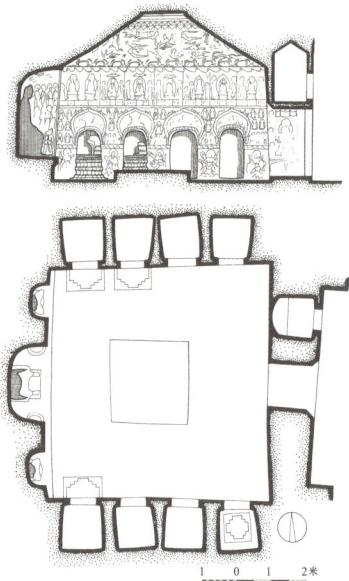

图 53 莫高窟第 285 窟平、剖面图

胸前束带作小结，外套对襟式袈裟，这就是所谓的"褒衣博带"装。菩萨像中仍有上身半裸、下穿长裙的形象，但是头戴大冠、足着高履、身穿交领长袖衣裙、帔帛自双肩垂下在腹前交叉的菩萨像也在285窟壁画中出现了（图56）。这正是自北魏太和十八年革衣服之制以来，早已在中原石窟中流行的"秀骨清像"特征。从这些被佛教徒们顶礼膜拜的形象上，我们可以清楚地看到当时风靡于士大夫阶层中的通脱潇洒的风貌。

秀骨清像的艺术风格，创始于东晋画家顾恺之（348～409年）、戴逵（326～396

图 54 莫高窟第 285 窟内景（西魏）

年），成熟于南朝刘宋的画家陆探
微（？～约485年）。这一美术风
尚的形成，是以魏晋南朝士大夫的
生活、思想和审美情趣为基础的。

魏晋与南朝时代，思辨智慧的
玄学已在当时的哲学思潮中占据了
主导地位。文人雅士和门阀世族的
风度神貌成了一代美的风尚。它不
是一般的、世俗的、表面的、外在
的，而是要表达出某种内在的、本
质的、特殊的、超脱的风貌姿容。
他们享有世袭的高官厚禄，拥有大
量的田园奴婢，追求长生，服药炼
丹，饮酒任气，高谈老庄，双修玄

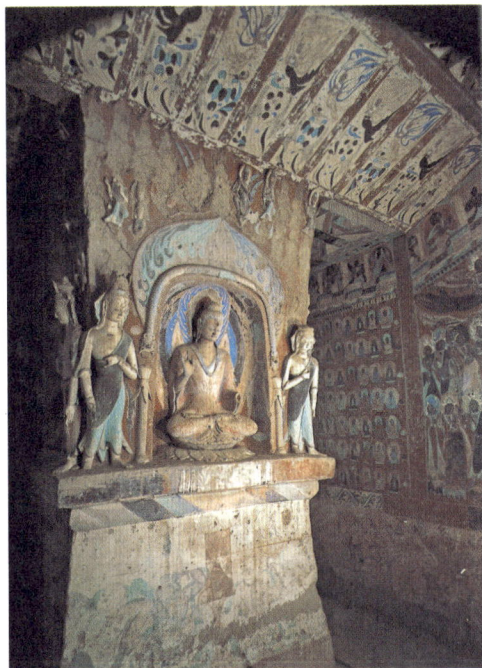

图 55 莫高窟第 248 窟内景（北魏，6 世纪初）

图 56 莫高窟第 285 窟北壁上层部分说法图（西魏）

图 57　国家博物馆藏河南邓县学庄出土的画像砖（南朝，5 世纪下半叶）

礼，既纵情享乐，又满怀哲意。这就构成了似乎是那么潇洒不群、超然自得、无
为而无不为的所谓"魏晋风度"。学神仙，穿宽大的衣服，保持清瘦的形体，是
这种风流的外在体表。其实，当时的人们并不一定是专学那种放浪形骸、饮酒享
乐，而是被那种内在的才情、品貌所吸引、感召着。内在的思辨风神和精神状态，
普遍受到了人们的尊敬，并成为这一时期哲学和艺术的主要审美时尚。褒衣博带、
大冠高履、熏衣剃面、傅粉施朱、身体羸瘦、弱不禁风的社会审美风气，深深影
响着美术界的创作风格。这种画风在北魏迁洛以后即风靡北方各地，成为南北统
一的时代风格。

　　秀骨清像风格的南朝艺术作品，近几十年来在江苏南京、丹阳等地发掘出土
的一批东晋南朝墓葬中多有发现。在墓葬出土的大量砖刻画像中，有竹林七贤、
骑马乐队、羽人戏龙、羽人戏虎、羽化升天、羽人飞仙等一系列造型清秀的顾恺之、
陆探微一派风格的作品（图 57）。孝文帝太和以后，这类南朝风格在北方艺术中
引起了普遍的反响。河南邓县彩色画像砖墓中的孝子故事、骑马乐队等，便是南
朝艺术风格在中原墓室中的反映。这些都是秀骨清像风格的典型。出世的释尊风
貌，也披上了世俗崇尚的外衣。太和十八年以后的云冈石窟和龙门石窟的雕刻中，
面貌清瘦，着褒衣博带装，神情飘逸的形象，代替了北魏中期面相丰圆、肢体肥壮、

神态温静的风格（见图 44）。甘肃天水麦积山、永靖炳灵寺等同时代的石窟也是如此。敦煌北魏末年与西魏时期洞窟中的佛与菩萨像被冠以潇洒的"魏晋风度"，正是这种社会审美情趣风行的结果。

与清秀型佛、菩萨像相伴随的，是主要画在249、285窟顶部四披的汉民族传统神话题材壁画。这两窟的顶部中心为倒斗形藻井，在四面斜坡上部画神仙云气以表示天际，下部画山林野兽以表示大地，从而形成了一个具有空间感的画面。249窟南顶画三凤驾车，车中坐一女神，高髻大袖长袍，旁立一持缰御者，这是西王母（图 58）。北顶画四龙驾车，车中坐一男神，着笼冠大袖长袍，也有持缰御者，是为东王公。车顶均置重盖，车前有乘龙骑凤扬幡持节的方士引导，车旁有鲸鲵文鳐腾跃，车后旌旗飞扬。人头龙身的"开明"神兽尾随于后，形成了浩浩荡荡的行进行列。关于这种题材，有学者认为他们只不过是借用了东王公、西王母的形象来表现佛教中的帝释天、帝释天妃。但不论怎样，它总是与汉民族传统的神话题材有较多的关系。

285窟的东侧顶部画伏羲与女娲，南北相对，都是人首蛇身，头束鬟髻，着交领大袖襦，胸前分别画有日月，肩上披长巾（图 59）。其中伏羲一手持规，一

图 58 莫高窟第 249 窟窟顶南披壁画（西魏）

图 59　莫高窟第 285 窟窟顶东披壁画（西魏）

手持墨斗；女娲双手擎剪，两袖飘举，奔腾活跃。此外，画面中还有龟蛇相交的玄武，昂首奔驰的白虎，振翅欲飞的朱雀等守护四方之神；还有旋转连鼓的"雷公"，挥舞铁钻的"辟电"，头似鹿、背有翼的"飞廉"，兽头鸟爪嘴喷云雾的"雨师"等古代神话传说中的自然神；还有人头鸟身的"禺强"，兽头人身的"乌获"，竖耳羽臂的"羽人"等等，也是中国传统神灵，与仙鹤共翱翔，随彩云而飞动。

　　在 249 窟窟顶的下方一周，画山峦树木和各种动物。有奔驰的野牛，饮水的黄羊，嚎叫的白熊，带仔的野猪，攀缘的猕猴，惊悸的麋鹿，贪馋的虎，拴缚在树上的马，以及射虎、追羊、杀野猪、射野牛等地上人间的狩猎活动（图 60）。

　　图画天地、山川、神灵、怪物、野兽，很早就已经见于中国古书的记载，如战国屈原（约公元前 340 ~ 前 278 年）的《楚辞·天问》，东汉王延寿（约 140 ~ 约 165 年）的《鲁灵光殿赋》。在考古发掘的墓葬出土物中，还可以清楚地

图 60 莫高窟第 249 窟窟顶北披狩猎图（西魏）

看到许多与之有关的具体而生动的形象，如湖南长沙马王堆西汉墓出土帛画中的各种神怪，河南洛阳西汉卜千秋墓中的伏羲女娲，东汉画像砖画像石中的东王公、西王母，甘肃河西走廊魏晋墓壁画中的四神和伏羲女娲等题材，酒泉丁家闸十六国壁画墓中的东王公、西王母、神兽、羽人以及山林野兽等，洛阳地区北魏墓志表面的线刻乌获、辟电等神兽形象等。这类传统神话题材，从祠堂、宫殿而进入坟墓，成了引导死者升天的仙人与保护死者安宁的神异。在敦煌，它们又与佛教中的人物和故事画组合在了一起。第249、285窟顶部画着赤身四目，手擎日月的四臂阿修罗王，阿修罗背后有高耸的须弥山，山上有"天城"，雉堞巍峨，宫门半开，是佛教中的"忉利天宫"（图61）。将这种佛教题材与传统的道家神灵合为一体，正是魏晋南北朝以来外来的佛教逐渐民族化，和道家、儒家思想互相融合的反映。

图 61 莫高窟第 249 窟窟顶西披壁画（西魏）

　　佛教在汉代初传入中国时，当时的崇信者是把它看作传统的黄老道术的一种形式来加以理解的。翻译佛经时也很自然地渗入了道家思想。两晋南北朝时期的高僧名士，有很多就深受佛道融合思想的影响。佛道结合的理论，在一些僧侣中还付诸了实践。北魏佛教的发展与南朝的影响有关。不仅南方重视研讨佛教义理的风气传入了北方，既博览经史又好老庄哲学的北魏统治者，还经常召请沙门与善谈玄学的名士一起探讨，促使佛教与中国传统思想进一步融合。与此同时，南方的佛教与神仙思想相结合的艺术也不断地影响着洛阳一带，然后，再沿着丝绸之路向西传播。这方面，有一位历史人物曾起过重要作用。

　　武周圣历元年（698 年）《重修莫高窟佛龛碑》中，记述了"东阳王"曾在敦煌修建了一所大窟。这里的东阳王，指的是北魏明元帝拓跋嗣的第四代孙元荣（？~ 542 年）。他于北魏孝昌元年（525 年）以前出任瓜州刺史，来到敦煌。孝庄帝永安二年（529 年），元荣被封为东阳王。元荣本人很崇信佛教，到敦煌后亲自抄写了不少经卷。公元 534 年，北魏政权落入军阀宇文泰（507～556 年）和高欢（496～547 年）手中，他们分别在邺城（今河北临漳县）和长安（今陕西西安）建立了东魏、西魏。敦煌属于西魏的管辖范围。元荣的影响，绝不会仅仅局限于修一所大窟。应该说，这段时期所开凿的 10 所洞窟，都和元荣有着直接或间接关系。

东阳王是第一位由中原王朝委派的皇室成员牧守敦煌的官员。他自洛阳而来，于是中原的秀骨清像艺术造型就在这里出现了。此时的敦煌艺术，使典雅高洁的格调充分贯穿于天地人间的神灵之中。南朝高士的风流飘逸，也开始跃然于佛窟壁间。

仁慈忠孝　佛儒共宣

公元 557 年，北周取代了西魏政权，仍以长安为都城。敦煌从此在北周宇文氏王朝的统治下经历了 24 年。宇文氏政权在文化思想方面，从宇文泰以来就"崇尚儒术"，重用儒者苏绰（498～546 年）、卢辩（?～557 年），命令他们按照儒家的经典著作《周礼》来改革官制，置六官，并于西魏恭帝三年（556 年）施行。权臣宇文护（513～572 年）专断北周朝政时，曾以"周公"这位西周圣人自居。但与此同时，宇文氏集团对佛教也是颇为崇信的。周武帝宇文邕（560～578 年在位）即位后，曾摆出"谈论儒玄"和重视祭祀的姿态来防止专权的晋公宇文护猜忌。他还多次召集臣僚、沙门、道士来共同讨论儒、释、道三教问题，研究何者对维护统治和富国强兵最为有利。建德元年（572 年），周武帝杀宇文护，开始亲政，励精图治，整军练武，最后出兵灭北齐，统一了北方。在建德三年（574 年）五月，周武帝开始毁废佛、道二教。可见中国传统的儒家学说一直被宇文氏作为治国的根本。基于这种政治上的需要，敦煌的北周石窟艺术也开始散发着浓郁的儒学芳香。每当看到这些新型的北周佛教艺术，凡是熟悉敦煌的人士，便会自然地联想到曾经担任过瓜州刺史的建平公于义。

于义（534～583 年），字慈恭，河南洛阳人。他的父亲于谨（493～568 年）当年跟随北魏孝武帝元修（532～535 年在位）来到长安，效力于宇文氏政权，官至太师。于义在北周朝被晋封为建平郡公，以后"数从征伐，进位开府"。根据敦煌研究院施萍婷的考证，大约在保定五年至建德五年间（565～576年），于义任瓜州刺史。李克让《重修莫高窟佛龛碑》在追述当年莫高窟的佛教时，特意提到了建平公曾在敦煌开凿了一所大窟，并说他弘扬发展了莫高窟的佛教事业。概观敦煌北周的石窟艺术，出现了许多新因素，主要表现在壁画的内容与题材、洞窟形制、彩塑造型三方面。而新风格的形成，应该同建平公于义将长安地区新的文化艺术形式引入敦煌有直接或间接的关系。

敦煌北周时代的洞窟约有15所，它们是第432、461、438、439、440、428、430、290、442、294、296、297、299、301、441窟。个别洞窟的上限可在西魏末年，下限约至隋初开皇六年（586年）之前。与前代比较而言，这些洞窟壁画中的故事画题材和数量有显著增加，宣扬布施和杂糅了儒家忠君孝养思想的本生、因缘故事画，都是前期所不曾见到的，如睒子本生、须阇提太子本生、须达拏太子本生、善友太子因缘等。本生与因缘故事的具体内容，将在下文简要说明。佛教宣扬以"仁慈"为怀，所以在佛经里有时候直接称呼佛为"仁者"。儒学的始祖孔子讲"仁学"，故儒家称有道德的人是"仁人"。另外，佛教和儒家都提倡"静"。可见"仁"和"静"是两教共同的修养准则。在敦煌人的生活与习俗中，儒家的思想素来根深蒂固。当时敦煌的学者刘昞就非常提倡儒家的品德修养，主张为人要有淳厚的仪容、恬静的心灵。这类思想会在很大程度上教化着敦煌人的情操。那么来自北周长安的尊儒之风，就会很容易同敦煌本土固有的道德思想互相融合，再通过他们自己的理解方式，转而反映在本属于佛教的石窟艺术之中。这就是敦煌北周壁画儒家色彩浓厚的思想根源。

北周石窟形制也较前代发生了显著变化。方室单龛窟已居于主流，中心塔柱窟数量渐趋减少，但仍然在开凿。方室单龛窟是一种平面方形的覆斗状顶的洞窟，在后壁开凿出较大的佛龛，以安置这所洞窟的一组主要崇拜偶像（图62）。前朝的第272、249窟与这种类型比较接近。这种窟形我们也可以称为佛殿窟，因为它的宗教功能同寺院里的佛殿是大体一致的。在中原地区，开凿于北魏晚期的龙门石窟宾阳三洞、皇甫公窟应是这类具有民族建筑特色的窟室之楷模（见图44）。这才是真正的中国本民族的佛教石窟形制，它一经形成，便显示出了强大的生命力。

图 62 莫高窟第 297 窟内景（北周）

在敦煌，隋唐时期的石窟大多数继承了这一崖壁建筑传统，并成为以后各时期洞窟的基本形制。从这个方面来讲，北周石窟具有划时代的意义。

莫高窟北周时期的塑像造型产生了富于内在生命力的新形象：面相丰圆，方颐，头部显大，身体胖壮，下身略短。佛像都穿上了汉式褒衣博带（或双领下垂）式服装，下身的衣摆层次重叠；菩萨一般头戴矮花鬘冠，没有宝缯装饰（图 63）。这

图 63 莫高窟第 290 窟中心柱东向面彩塑倚坐佛并二弟子二菩萨（北周）

就是南北朝晚期所流行的"面短而艳"的造型艺术新风貌。这种艺术形式同样也是根植于南朝，发扬于江北，而再次反映于敦煌石窟艺术之中。

与秀骨清像迥然不同的、追求人物造型丰满健康的艺术风格，兆始于南朝梁（502～557年）的大画家张僧繇（479年～？）。张僧繇的人物画，深受后世美术评论家们的赞誉。如唐代的美术理论家张怀瓘说他画的人物是"张得其肉"，宋代书画家米芾（1051～1107年）讲他画的天女与宫女像都是"面短而艳"，可见张僧繇非常注重于描绘人体肌肤的丰满。张僧繇的成就开启了一代画风，并深深影响着后代人物画的创作。唐大中年间（847～860年）张彦远（815～907年）撰写的美术史名著《历代名画记》，系统地分析了唐代及其以前的历朝画家的创作风格，认为张僧繇的人物画具有举足轻重的地位，在他以后的北齐、隋、唐诸大名家的人物画用笔，多是在他的影响下才逐渐形成了自己的特色。加之美术作品的风格又是与社会风尚息息相关的，所以生活在当今社会中的人们，大都晓得

图 64 甘肃永靖炳灵寺第 172 窟西壁佛帐内南壁彩塑坐佛并二胁侍像（北周）

唐代人喜欢丰满肥胖的身材，殊不知真正创作丰满人物造型的鼻祖，却是早于唐朝约一百年的萧梁画家。

然而，张僧繇的画，我们今天已经看不到了，受他的画风影响的美术作品在长江以南也很少保存下来。与此形成鲜明对比的是，分布于北方大部分地区的北朝晚期石窟艺术中，却很容易见到这种丰满的人物造型。年代比较早的有北魏晚期的龙门石窟与巩县石窟雕刻，稍晚的有北齐的河北邯郸响堂石窟、东魏与北齐的山西太原天龙山石窟。与敦煌同位于北周境内的著名石窟则有甘肃永靖炳灵寺（图 64）、天水麦积山、武山拉梢寺和宁夏固原须弥山石窟。在这些北周的石窟之中，与敦煌保持了相当多的艺术风格的时代共性，特别是雕塑佛、菩萨等形象。

敦煌北周新型塑像风格的形成，并不是来自北魏传统造像的逐渐演变，而系南朝张派画风影响所致。自西魏末年以来，江南的僧人、学者进入关中的渐渐增多，南朝萧梁的具有张僧繇画风的新型造像样式也就直接被带到了关中。公元 553 年，

图 65　西安博物院藏西安市北郊六村堡中官亭出土的青石佛立像（北周，高 73 厘米）

西魏的军队攻克了原属梁朝的成都与剑南，第二年又平定江陵，这对于促进南北的文化交流有一定的积极意义。于是史书中就记载了许多巴蜀的僧人学者北入关中，以及自益州向北周首都长安传送佛经与造像的事情。很显然，北周长安的佛教艺术较多地融汇了南朝因素，从西安地区出土的一些北周石雕佛像的丰满硕壮风格就可以领略到（图 65）。那么，把北周长安的佛教艺术再向西传播到敦煌，自然就是往还于两地之间的官吏、僧人、学者们的功劳了。他们之中的代表人物，也是对于这种文化间的交融贡献最大的，应首推建平公于义。从此，敦煌的佛教艺术之中所散发出的社会生活气息就愈来愈浓厚了。

妙手神工的塑造——北朝彩塑艺术

敦煌莫高窟是建筑、彩塑、壁画三者相结合的寺院统一体，石窟的主题就是以彩塑的形式所表现的主要崇拜偶像。莫高窟现存各时代的彩塑约有三千余身，包括圆塑像二千余身，浮塑（影塑）一千余身。其中属于北魏、西魏、北周等早期的彩塑有三百多件。像莫高窟这样保存彩塑数量之多、时代延续之长，塑绘技术之高的石窟，确实是很少见的，它不愧为世界雕塑艺术宝库中的珍贵遗产。

敦煌早期的洞窟形制，是以中心塔柱窟为主体的。中心方柱四面开龛，左右两壁有的排列小龛，塑像就位于龛内和龛外两侧（见图 47、48、55）。北周时代，方形覆斗顶窟逐渐增多，这时的塑像就主要在正壁主龛之中及龛外两侧，洞窟的主题更加突出了（见图 62）。

早期的塑像内容比较简单，主体偶像都采用圆塑手法。主要有释迦、弥勒、释迦与多宝佛并坐像、佛的说法像、佛的禅定像、菩萨思惟像，以及中心柱四面宣扬释迦牟尼生平主要事迹的苦修、降魔、成道、说法等所谓"四相"内容。佛像的两侧一般都有侍从菩萨，组合成一佛二菩萨的形式（见图 55）。北周时期增加了胁侍弟子，一铺塑像就成为五身了（见图 63）。

呈交脚姿势的弥勒菩萨像，是早期洞窟中流行的题材，这可能与僧人修禅时需要弥勒决疑有关。弥勒像一般都在中心柱和南北侧壁上层的阙形龛中，表示弥勒高居兜率天宫。最早的 275 窟可称为弥勒窟，因为它的主像和壁龛中的塑像都是交脚弥勒菩萨（见图 38、42）。主像头戴化佛宝冠，长发分披两肩，袒胸露臂，装饰项圈缨珞，下身穿羊肠裙，座两侧各塑一狮子；它仅存左手，施与愿印。该像神情庄静，体魄雄健，是敦煌早期彩塑的代表作。弥勒是佛教里的"未来佛"，是兜率天宫的主宰。佛教认为只要信奉弥勒，忍辱苦修，等到弥勒下世成佛的时候，就可以到无所不有的"弥勒佛国"里尽情享乐。

苦修的关键是禅定，于是澄心静虑，参禅入定，在圆拱龛内结跏趺坐、双手重叠腹前作"禅定印"的佛像，就成为早期塑像中的重要题材。还有身穿百衲衣，闭目沉思的禅定僧人像。这种塑像几乎遍布于各窟，都是为坐禅者提供的典范形象。北魏第 263 窟的禅定佛像值得一提，它神态宁静冷漠，恰到好处地表现了禅定所要求的精神境界。这尊像原被西夏时加砌的墙壁所封闭，剥出后色彩如新，形象完好无缺。北魏第 259 窟北壁下层东侧龛内的禅定佛像，不愧为这类题材的最佳作品。该像双目前视，嘴角上露出一丝发自内心深处的微笑，神情恬静和悦，被誉为"东方的维纳斯"（图 66）。

早期的菩萨像较多地表现为思惟菩萨像，它们和交脚弥勒一样高居于天阙，呈半跏坐式，右足叠放于左膝上，右手支颐，俯首下视，沉浸在冥思苦想之中（图 67）。

出现在北周时期的弟子像（阿难与迦叶），是一对具有鲜明性格特征的塑像。雕塑家根据佛经中有关这两位释迦大弟子的记载，创作出了从外部特征到精神世

图 66 莫高窟第 259 窟北壁下层东侧龛内禅定佛像（北魏，6 世纪初）

图 67 莫高窟第 257 窟中心柱南向面上层思惟菩萨像龛（北魏，6 世纪初）

界截然不同的两个僧人形象。阿难面相丰圆，少年聪俊；迦叶饱经风霜，状似胡人，高鼻深目，笑中带有沉思（图 68）。

　　作为附属塑像的影塑，尺寸都不大，主要在中心柱四面龛外两侧，内容有千佛、供养菩萨、飞天和化生童子。它们一般是采取模制的做法，形象虽小，但却颇为生动。248 窟的影塑供养菩萨为现存的北朝影塑精品（图 69）。其次，在龛楣和龛柱上还装饰有交龙羽人、飞天、饕餮、龙首、凤首等。297 窟龛楣上的羽人像，头生双角，两臂生翼，鸟爪，一足跨于龛梁龙背之上，这种形象与西魏时期的羽人应有一定的承袭关系。这些影塑形象，与主体的圆塑佛、菩萨像的配置都能做到统一和谐，并且突出了主像，充分起到了陪衬和烘托的作用。

　　敦煌的早期彩塑，特别值得珍视的是它们至今还保留着当时的敷彩。这样，可使彩塑和壁画形成一个谐调的整体，达到当时提倡的完美的"塑绘一体"艺术效果。

　　早期彩塑的着色，大部分以朱砂、土红、黑、白、石青、石绿、金等色为主，

图 68 莫高窟第 439 窟西壁龛内北侧迦叶局部（北周）

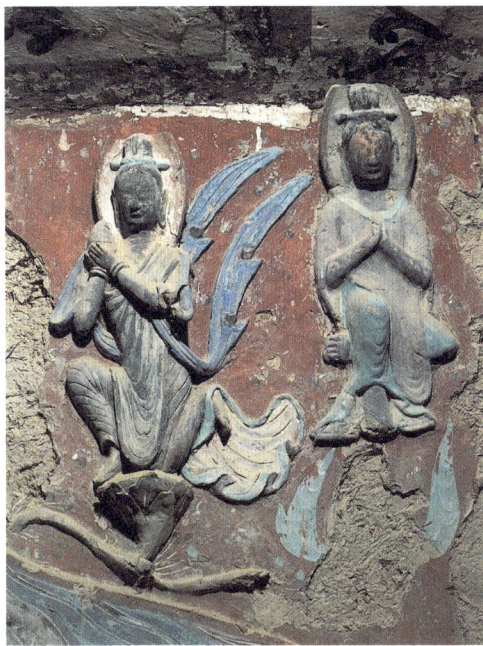

图 69 莫高窟第 248 窟中心柱东向面龛上影塑供养菩萨（北魏，6 世纪初）

色调单纯质朴、庄重而沉着。比如，259 窟北壁东侧小龛的北魏禅定佛像，在袈裟表面涂土红，手、面部则上淡橘红色，再以石青色染发髻，然后在佛像身后衬托以土红、黑、石青、石绿等色组成的火焰纹，使整龛形成了暖色调子，既热烈又庄严（见图 66）。而 432 窟中心柱东向龛外的胁侍菩萨，则以石青、石绿色涂于帔帛表面，面部及上身的袒裸部位着以白色，头光处的火焰纹也以石青为底色，产生了一种宁静而典雅的色彩效果（图 70）。敦煌彩塑主要使用石青、石绿、朱砂等矿物质颜料，因此基本上保持着当时的色彩效果。可见敦煌的艺术家们早已熟练地掌握了雕塑的敷彩方法，审美素养极高。敦煌早期彩塑的成功之处在于塑与彩的紧密配合，即在塑造时给敷彩留有恰当的余地，对一些造型上的细部不都一一塑成，而是留给敷彩时以线描、着色来表现。如在许多菩萨白净的脸上画着青绿色的眉毛、胡须，用石青染头发等等，它的目的是为了保持塑与彩的完整性。

塑像人物的服装，由于时代的不同而千变万化，各具特色。但要透过衣服看到人物的体形以及表现衣服不同的质感，衣纹的塑造是其中的关键所在。敦煌早

图 70 莫高窟第 432 窟中心柱东向龛南侧彩塑立菩萨
（北周）

期彩塑的衣纹塑造主要运用了三种方法，即阴刻线式、贴泥条式和阶梯式。

259 窟北壁东龛的坐佛像，是运用阴刻线法表现衣褶的范例（见图 66）。它的衣纹组织主要是浑圆的下垂形状，线条比较细密，刻工流畅，并具有粗细、深浅的变化。阴刻线是中国古代雕塑史上的一种传统技法，如汉代的画像石、南北朝时期的石刻造像等，多有阴刻线。敦煌早期彩塑运用这种方法比较普遍。同上，259 窟北壁另外两身坐佛像也用阴刻线衣纹，但组织排列方式各异，它们以三条并行的阴线组成一条条衣纹，有的还在衣纹的分叉上方加刻半圆形小褶，使阴刻线衣纹更具有装饰性。

另一种是贴泥条式衣褶，在早期泥塑上的运用也比较普遍，有时候它还与阴刻线并用。275 窟的主像交脚弥勒菩萨（图 71），259 窟的释迦与多宝佛以及 257 窟龛内佛像，都是运用贴泥条式的衣褶。它是在人物大体造型基本塑造完成时，用一条条宽窄大体相同的软泥条贴于泥塑衣服表面，再在泥条表面及泥条之间的平面上刻划阴线，使衣褶变化更趋丰富。贴泥条法比阴刻线所表现的衣褶更接近于实际衣褶的写实感。

塑像身体表面使用宽平的阶梯式衣纹，流行于北周石窟之中。如 432 窟中心柱的一组塑像，衣褶就像建筑物的台阶那样一层高于一层，转折处棱角分明（见图 70）。这种衣纹在组织方面已经不像前两种那样并行、密集，而是疏密有致，主次分明，并且注意了衣褶的发生与消失点的细节变化，使得服装的造型更趋于写实。隋唐以后彩塑衣纹的制作，基本是继承发展了这种方法。

通过这三种传统的衣纹塑造技法，使我们可以透过一条条衣褶清楚地看到人物坚实的体形变化，给人以薄纱透体之感，这就是美术史上所谓的"曹衣出水"式。其实这种出水式的人物造型并不是古代中国人的发明，早在公元2～3世纪时，印度北部的秣菟罗艺术，以及其后发展起来的笈多王朝（319～550年）佛像艺术，人物雕刻也无不具

图71 莫高窟275窟的主尊交脚弥勒菩萨（北魏，5世纪下半叶）

有薄衣贴身如出水的作风。它们都是中国雕塑家所学习的样板（图72）。同时，敦煌早期彩塑结构严谨，身体饱满，装饰典雅，充分体现了中国佛教塑像艺术的独到之处。

敦煌早期彩塑在制作时所选用的材料，都是很简单廉价的东西。有很少加工的圆木骨架，随处可取的芦苇、芨芨草，以及河床里水流干涸后沉淀下来的澄板土、细砂等。但是经过雕塑家们的创造，却赋予这些冰冷的泥土以生命。关于人物塑像的制作技巧，从一些业已残破的彩塑上，我们可以了解些许其中的奥妙。小型彩塑往往先用木头削成人物的大体结构，再塑上薄薄的一层细泥。比较大型的彩塑骨架大多用圆木，根据形象的需要扎制。如可以按照塑像的动态选用适当的弯曲木料；可以用木板为胎来制作手掌，以戈壁滩上的红柳枝条做手指，然后敷泥；还有以圆木削制成有榫的手臂形状构件，外面包上麻布，再加泥塑。用圆木搭制

图 72 印度新德里国家博物馆藏笈多朝石雕立佛像（高 216 厘米，5 世纪）

的骨架在上泥前，须用芨芨草或芦苇捆扎出人物的大体结构，这样既省泥又可减轻圆木立柱的负重。骨架上还有横向的木桩楔入背后壁上凿出的孔里，把塑像固定在壁上。彩塑的用泥是澄板土，质细而无胶性，制泥时需要加入适量的细砂和纤维。加细砂的比例不等，用在塑像表面的泥有时不加砂。为了防止泥塑完成后开裂变形，在其干燥过程中需用塑刀反复按压收紧，同时，还采用边塑边刷水的方法，以求得造型的准确与饱满。这样就保证了描线敷彩时能够笔触流畅。于是，栩栩如生的佛教世界中的人物，就可以展现在人们面前了。

艺术来源于现实生活。同样，宗教的偶像，也是雕塑家以自己周围环境里的各种人物作为模特儿的。因此，佛的尊严、慈祥，菩萨的温柔美丽，弟子的虔诚憨厚，都各具自己的性格。古代雕塑家在表现这些神灵时，按照当时人们的审美观念、理想进行创作，同时也加入了雕塑家自己的思想感情。再经过夸张、渲染，塑造得有血有肉，栩栩如生。在当时充满着宗教狂热的年代里，它们给予了佛教徒以无限的精神寄托。再比如，弥勒菩萨居住的"兜率天宫"，我们谁也没见过。可是生活中的人们却看惯了宫、阙、殿、堂等汉式传统建筑。既是天宫，就应该有阙有楼，于是一种由大屋顶连着一对阙楼的佛龛，就在洞窟里出现了，弥勒菩萨就坐在这里俯视着下界众生（见图 42）。

艺术与宗教都需要想象力。有了想象力才能产生神的观念和神的形象。当艺术与宗教结合的时候，宗教艺术的美就变成了信仰的对象。这时，它们就背离了真实地反映现实的本能，而得到了超人间的夸张、神秘、幻想的气质，从而在历史上发挥着自己应有的作用。敦煌早期的彩塑就是这样。当年艺术家们的造诣和技巧，至今仍然能紧紧扣住观者的心弦，具有强烈的艺术魅力。

从西方走来的圣像尊容——北朝壁画艺术

佛教壁画，就是画在石窟和寺院墙壁上的宗教宣传画。通过前文的描述，我们已经知道塑像是信徒们参拜的主要偶像，但这些单独的偶像对表达佛教所宣扬的"因果报应""轮回转世"的内容显然是不够的，因此，壁画就起到了辅助塑像表达佛经内容的作用。敦煌莫高窟保存的北朝壁画，堪称古代绘画中的精品，它们不仅具有构图、线描、色彩等方面均衡、调和的形式美，而且使所在的洞窟有着明显的庄严、神秘的宗教气氛。

北朝石窟壁画大体上都有一个整体布局。一般来说，在四壁的中层画佛像和带有一定情节性的故事画，构成壁画的主题；下层画供养人和药叉（或金刚力士）行列；墙壁上方画天宫伎乐；壁面中部的空隙处则布满小千佛；洞窟顶部画装饰性图案和平棊藻井（见图 47、48、55）。它们的底色多采用赭红色。

如果按照壁画的性质来区分，可以划分为八类，即说法图、千佛图、故事画、建筑画、山水画、动物画、装饰图案、供养人。下面，我们分别就这八类壁画作一些简要介绍。

1. 说法图

说法图的主体是佛像，敦煌北朝石窟一般都有这类图像。有的绘三世佛（过去、现在、未来三世）或三身佛（法身、应身、报身），有的绘佛在不同地点、时间向不同对象说法的形象。说法图是修行观十方佛中不可缺少的题材，因为《思维略要法》中说："念十方诸佛者，坐观东方……唯见一佛，结跏趺坐，举手说法。"它大部分画在贤劫千佛壁画的中间或中心柱窟的人字披顶下部。说法图的画面大多呈方形，由于以佛为中心，因而主佛的形象就特别大，非常突出，佛身旁的菩萨、弟子、飞天的组合都很对称而富有变化。北魏时期的 263 窟北壁说法图，是从后代重抹的泥壁下剥出来的。画中释迦牟尼佛身穿朱色袈裟坐在金刚座上，神态安详，座前中心画有法轮，法轮两边画两只相对卧鹿，这表明佛在得道以后第一次在鹿野苑说法。西魏249窟的说法图佛像庄严肃立，头上有双龙华盖，足下有宝池莲花，显现了西方净土世界的意境。288窟北壁说法图中的人物也以主体佛像为中心，形成对称式构图形式。在这里，佛像及华盖、背光、宝座占据了画面的大部分，两侧听法菩萨、弟子都站在莲花上作各种手势，飞天的体态多姿，在人物之间微小的空隙中有飞花徐徐下落。这幅壁画在色彩上用明快的石青、石绿、赭石、白、土红等色与黑色均匀地相配合，呈现出一种清新、柔和、幽雅的装饰性格调（图73）。

侍立在佛两侧的菩萨生动活泼，绰约多姿，也是引人注目的形象。他们有的交头接耳窃窃私语，有的举臂翩翩起舞，有的虔诚献花，有的挽臂嬉戏，已冲淡了宗教的庄严气氛，增添了浓厚的人间情趣（图74）。

金刚力士是佛教的护法神，绘制在四壁与中心柱的下部。它们当中有的可能代表了药叉与神王（图75）。这些形象都裸露着上身，大头胖体，粗壮孔武，但又稚拙可喜。它们有的举臂承托，有的交手比武，有的弹琴奏乐，有的挥巾起舞，有的倒立，有的相扑。从组合情况看似乎经常是成群结队，以乐舞的姿态出现，既富有喜剧色彩，又起

图73 莫高窟第288窟北壁前部人字披下说法图（西魏）

到了护持佛说法的作用。

制作精美的西魏285窟西壁，画有在北朝石窟中非常奇特的题材内容。在西壁的中央开有一个圆券形大龛，龛内塑一尊倚坐的佛说法像。在它的南北两侧各开一圆券形小龛，龛内各塑一禅僧像。在这三龛之间，绘制诸天神王像。佛教认为：诸天神王不仅可以除妖降魔，保护僧尼禅修，还管善男信女的避凶就吉。这里的诸天神王像有以下几种（图76）。

日天：画在西壁南上角。菩萨装，乘四马驭车，马头分两左两右。下面又画三凤驭车载日天，以表示日天当空运行，光明普照生民大地。日天北侧画六身坐姿的菩萨式人物。

月天：画在西壁北上角，已经漫漶不清。下部画三狮驭车载月天，形状、用意与日天下部之三凤车相同。月天南侧画婆罗门、外

图74 莫高窟第285窟西壁正龛内南侧众菩萨（西魏）

图75 莫高窟第288窟中心柱北向面下部西侧力士（或夜叉）（西魏）

图76 莫高窟第285窟西壁正龛两侧诸天壁画（西魏）

道、天女式人物八身。

摩醯首罗天：画在中央大龛北侧。三头、六臂，手托日月，持铃、捉矢、握弓。发际中画伎艺天女，乘牛。佛教密教认为，供养此天，可以得到无所不能、无所不有的"如意宝珠"。

毗那夜迦天：画在摩醯首罗天北下侧。相传他是摩醯首罗天与雪山女神婚后所生，象头人身。密教说他"行诸恶事"，但是只要把他供养好，就可以"作法无碍，皆得成就"。

鸠摩罗天：画在摩醯首罗天南下侧。传说他也是摩醯首罗天的儿子，又说他是大梵天的化身。他呈现童子相，蓄髻无冠，四臂，手持戟，拿莲蕾，捉鸡，乘坐孔雀。密教说供养此天者，可"消灾灭难，国泰民安"。

那罗延天：画在中央大龛南侧。三头，八臂，手托日月，持法轮，握法螺贝，坐在地上。密教说供养此天，可以"消诸奸恶，摧灭邪见"，"所求皆得如愿"。

帝释天：画在那罗延天南下侧。三只眼睛，戴宝冠，交脚坐姿。密教说供养此天者，可以得到诸天的卫护，一切欢喜。

四天王：画在中央大龛外南北两侧下部。北侧一身右手托塔，左手持戟，应是毗沙门天王。密教典籍记载，僧尼修行的时候，如果遇到鬼神捣乱，四天王就派遣使者，手拿金刚杵，去砸烂鬼神的头颅。其中的北方毗沙门天王又是一个无所不为的万能之神。

婆薮仙：又叫婆薮天，画在南小龛外南下角。为一白发老翁的形象，身躯枯瘦，右手握一小鸟，他因为反对杀生，被密教尊为"善神"。又传说他是观音菩萨的化身。此神也可能是尼乾子，就是耆那教教徒。他曾用鸟问佛生死，佛不答。因为佛明白，如果答生，他将杀死鸟；如果答死，他将放生鸟。尼乾子的存在，体现着佛的智慧。

可以看出，这是一组与佛教密教有关的图像，它们在总体布局上可成为一幅比较严谨的大画，包含着一定的宗教思想。佛教可以分为显教与密教两种。显教是释迦牟尼（应身佛）所说的种种经典；密教是毗卢遮那（法身佛，又名大日如来）所直接传授的深奥大法。显教主张公开宣道弘法、教人修身近佛；密教则重在秘密传法，承传真言（密语）、密咒，以求得即身成佛。密教又有杂密和纯密之分。唐代开元（713～741年）以前的密教可称为杂密，开元以后的称为纯密。早在东汉时期，就有许多杂密的经典传译到了中国。杂密典籍一般缺乏深刻周密的哲学思想体系，它的传教主要靠念诵各种陀罗尼咒语。据说这些咒语颇为灵验，可以退敌降妖，消灾免难，祈求子女，增福益寿，甚至夫妻感情不和，咒语也可以使他们破镜重圆。在敦煌藏经洞的文书中，也有相当数量的西魏以前的杂密写经，这就足以证明在西魏以前敦煌地区已有杂密信仰流行。

西晋永嘉年间（307～313年），西域龟兹（今新疆库车）僧人帛尸梨蜜多罗翻译的《佛说灌顶经》中曾一再讲到僧尼们在深山坐禅修行，遭到了妖魔鬼怪的破坏。于是僧尼们求救于释迦牟尼，释迦就念诵咒语调遣诸天神王前来降伏妖魔，保护僧尼们静心禅观。北凉僧人法众翻译的《大方等陀罗尼经》中也有类似的记载。敦煌研究院的贺世哲先生（1930～2011年）依照这些经文，认为285窟中央大龛内的主尊像应当是释迦牟尼佛正在宣讲杂密经典，南北二小龛内的禅僧像是表现禅僧们正在静心修禅，龛外壁画中的主要图像表现的是释迦调遣来的诸护法神王。那么，整个285窟西壁就是一幅规模颇大的说法图了。另外，它也是敦煌艺术中最早的一组密教图像。

2. 千佛图

这是禅观的重要题材之一，几乎占据了北朝每个洞窟的大部分壁面。在纵横成行的一朵朵莲花上画一尊尊坐佛，造型大小都一样，姿态也相同，每行八个一组，或四个一组，横向组成连续图案的形式。在土红底色上各以青、绿、朱、白、黑和其他混合色相间，分别涂染千佛的袈裟、头光和背光，背光的外轮廓上加勾白线，上下各行以一色相错，横看四、八个一组，斜看同色相连，这样就组合成霞光万道的效果。这些本来显得枯燥乏味、千篇一律的千佛，一经画师们的妙手进行均衡构图和有规律、有变化的色彩排列，不但使佛经上所要求的"见有千枝莲华……金色金光大明普照"的内容得以表达，而且也给整个洞窟笼罩上一层宗教的神秘感（图 77）。

3. 故事画

是向信徒们灌输佛教思想的壁画，在内容上比佛像画更有吸引力。北朝石窟的故事画现存约二十种，近三十幅，大体可分为三类：宣扬释迦牟尼生平事迹的佛传故事；宣扬释迦牟尼降生以前各个世代教化众生、普行善事的本生故事；宣扬与佛有关的度化众生皈依佛教的因缘故事。故事画的思想多与禅修有关，但不同时代的故事画又各有不同的艺术表现形式。故事画最早的构图形式，是通过表现故事中的一个情节来反映故事的全貌，称作单幅单情节画。如 275 窟的"快目

图 77 莫高窟第 263 窟北壁东侧千佛局部（北魏，6 世纪初）

王施眼""月光王施头""尸毗王割肉贸鸽""虔阇尼婆梨王剜肉燃千灯""毗楞竭梨王身钉千钉"等本生故事。由于只有一个画面，画家必须选择一个最典型、最有代表性的情节来表示，使人一望就明白故事的前前后后。这样就需要把次要情节省去，同时也省去很多次要人物，从而使主题更加突出。如"月光王施头"仅画了两个人物，月光王坐在凳子上，一人跪在月光王前，手托一盘，内盛三颗七宝头，哀求国王以此代替。画面简单，意义明确。

大概在北魏晚期，随着敦煌故事画题材的发展，产生了在一个画面中来概括同一故事中的几个情节，这些情节可以发生在不同的地方、不同的时间，称为单幅多情节画。如254窟的"萨埵那舍身饲虎"，在一个画面中描绘了七个情节，但对于各情节的处理是有主次轻重之分的。饥饿、凶狠的老虎大口地吞噬着萨埵那，是故事发展的高潮，这一场景占据了中心大部分画面，突出表现了萨埵那舍身求道的崇高精神。再如254窟南壁的"降魔变"，是描写悉达多太子（释迦）出家六年苦行，魔王波旬率领魔军、魔女进行捣乱和破坏的场面。这幅画采用主体人物为中心的对称构图形式。穿朱色袈裟的释迦镇静地坐在中央，形体高大，两侧是一片骚乱的青、绿色裸体的魔军，形体较小，他们向佛进攻的箭矛都被折断，紧张惊恐；下部一边是魔女们献媚的娇姿，一边是魔女们被佛变成发白面皱的老妪。这幅画通过人物造型大小对比，静与动、美与丑的对比，色彩上冷与暖的对比，揭示了善与恶的主题，具有使人们同享胜利喜悦的感染力（图78）。

北魏末年至西魏时期，敦煌的故事画开始由单幅画向长卷式连环画过渡。257窟的《九色鹿本生》采用的是长卷式构图，使多个情节并列，但又互相衔接，从而反映出全部故事内容。值得一提的是，这幅画采用两头向中间发展的顺序，最后的情节交汇于画面中部（图79）。同窟南壁的《沙弥守戒自杀缘品》、西壁至北壁的《须摩提女因缘》都是长卷式构图，每一个场面都有明确的意义，情节发展顺序明了，场景之间又有相对的独立性。

敦煌北周时期的故事画达到了空前的繁荣阶段，现存北周洞窟中有9个窟绘有故事画19幅，大多采用长卷式连环画形式，所占幅面之大、表现情节之多则远远超过了以前几个时期。除了描绘在洞窟侧壁，还往往画在洞窟顶部的四面披处。一幅故事画的每一个场面只表现一个情节，具有相对的独立性，各情节相互连贯组成一卷完整的画面。有的故事用一条长卷不够，还需用两段或三段横卷相连，最长的可达六条横卷相接，规模颇为壮观。如 428 窟东壁的《萨埵那太子本生》共画了 14 个场面，把单幅画所省略的情节都一一补充出来。290 窟的佛传故事，是北周连

图 78 莫高窟第 254 窟南壁降魔变壁画（北魏，6 世纪初）

图 79 莫高窟第 257 窟西壁《九色鹿本生》壁画（北魏，6 世纪初）

环故事画的代表作，绘制在人字披顶东西两披的长达六段的画卷中，共描绘了 87 个情节，详细地表现了释迦牟尼从出生至成佛的全过程，内容丰富，情节复杂，刻划精细。这组连环画的情节之间都有一定的分界线，或以房屋、树木的直线分开，或直接以横隔画卷的榜题分开，造成每一场景的相对独立性（图 80）。

在北朝故事画中，绝大多数的主题思想是宣扬忍辱与施舍，到了北周时期，才又加入了忠君孝亲的题材内容。融汇于主题情节之中的，还有另外一些现实生活场面，如耕地、狩猎、捕鱼、屠宰、造塔、修庙、汲水、相扑、治病、迎亲、出殡、奏乐、舞蹈、占卜、胡商往来等等。这些片断画面，客观而生动地反映了当时现实社会生活的某些侧面。

4. 建筑画

指的是与宗教内容相结合的建筑绘画，借以表达特定的地点、环境。如 257 窟的《须摩提女因缘》中的建筑，有一座只能看见三面的斜方形低矮城墙，墙上有整齐的堞、堞眼和向上斜挑的墩台，不讲求透视与比例。城内只有一栋四楼一堂的宅第，没有前后墙，室内人物活动一目了然（图 81）。为了突出主题，室内坐着的人物可谓顶天立地。另一个独特之处就在于花草比城墙高，宅第比城墙高，堂比楼高，人比室高。建筑的造型、比例、透视都在似与不似之间。在土红的底色上，画有橘红色城墙、白色山墙、绿色屋顶、青色屋瓦，色彩明快醒目。在城墙上面

图 80 莫高窟第 290 窟人字披顶东（上图）西（下图）两披的佛传壁画（北周）

又加上两道粗壮的黑色轮廓线，如同一幅趣味性很强的装饰画。

建筑与内容相结合又能起到间隔故事画情节的作用。如 290 窟人字披顶部的佛传故事，全画的大部分情节用宫室、城门等建筑作为间隔，距离均匀。屋门都是斜向，屋顶都是斜面，石绿色的台基，黑色或白色的边墙，石青色的屋顶，建筑都是两两相对或相顺，将人物活动及环境按故事情节安置在建筑内外，既相互分隔又紧密联系。由于这幅画是在白底色上用赭红色勾线，仅在人物衣服上使用浅赭和黑色，大部分是白描，看上去非常雅洁，更加突出了建筑在画面上的规整和节奏感。北朝壁画中的建筑画还有很多，它们都是研究当时社会生活中建筑类型的珍贵形象资料。

5. 山水画

北朝石窟壁画中的山水，一般是山多水少，山都是作为长条形画面的近景。敦煌石窟现存最早的山水绘画，在北魏时期的中心柱窟里，一般是画在四壁下部金刚力士的下面。形状简单，以近乎三角形的山头，很有规律地排列，颜色有赭红、石绿、黑等，造成了一种装饰效果。有的佛说法图的上部也画了一排山峦，以比喻所在的场景，如 254 窟西壁的白衣佛等。257 窟的《九色鹿本生》故事画中，斜向画出了一条大河，除了下部的一列山峦外，还在中部画了两排斜向延续的山峦，造成了一种纵深感，为人物情节提供了开阔的背景，同时也起到了间隔故事发展情节的作用。

在西魏石窟中，山水画的装饰作用得到了更大程度的发展。尤其是249窟顶部西披的阿修罗王像下的山，从两边一直延伸到南、北、东三披连成了一圈，峰峦只用简单的曲线画出一个面，面上以线或不同的颜色来表现峰峦的层次。青、绿、红、黑、白几种色相间的叠染，统一谐调的造型，会再配合群峰间的树木，与阿修罗王周围的神怪、流云、飞花、人物、动物互相陪衬，把现实中的山林狩猎和想象中的神怪合为一体，使整个窟顶显得更加气势磅礴（见图60）。北周时期，由于故事画大量涌现，山水一方面可以表示野外环境，又可以作为故事的间隔。由于故事画采用的是长卷式构图，画家们就利用山峦的起伏蜿蜒，分隔出一个个小的空间，成为每一个情节的小环境，而在全图中又联成一气，使故事画获得了一种活泼的韵律。428窟东壁的《萨埵那太子本生》《须大拏太子本生》等都属这

图81 莫高窟第257窟西壁《须摩提女因缘》壁画局部（北魏，6世纪初）

图 82 莫高窟第 428 窟东壁《萨埵那太子本生》壁画局部（北周）

一类型。《萨埵那太子本生》是在三条平行的画面上呈已形构图，用一座座山顺序排列组成圆弧形、梯形、三角形、斜方形等状的空间，让故事中的人物反复在这些空间出现。山峦一起一伏很有规律地排列着，用土红、青、黑、赭等色相间涂染，在白底色上特别明显，群山包围中的各个情节也十分突出。山峰空隙间还穿插了一些不同形状的树，葱翠繁茂，随风摇动。寂静的群山，衬托得人物活动更加悲壮惨烈（图 82）。

　　当今的许多学者在研究魏晋南北朝时期的山水画时，往往以敦煌壁画为例，这是因为敦煌北朝山水画始终保持了能真正体现南北朝山水画成就的那种稚拙而古朴的画法。唐代张彦远的《历代名画记》在谈到当时的山水画技法时说："其画山水，则群峰之势，若钿饰犀栉，或水不容泛，或人大于山"。这些都是与敦煌北朝山水画的实际情况相吻合的。

　　6. 动物画

　　指与宗教内容相结合的起陪衬作用的动物画。257 窟《须摩提女因缘》中赴会比丘所乘的牛、孔雀、金翅鸟、龙、鹄、虎、狮、马、象等，都采用变形的手法描绘出昂头扬尾、伸翅展翼的图案化造型。青、绿叠染的牛、龙和孔雀；白色的马、鹄和金翅鸟；黑与土色的虎和狮；白色与土红色的象等。它们有的在轮廓边上勾出粗壮的白色，在土红底色衬托下更加鲜明、生动。它们五个或六个一组，大小相同，方向一致，其中牛、龙、狮、马、象中各有一个回头盼顾，似乎在飞行中前后呼应，相互衔接，使整个画面在统一中又有变化。另一种动物是以写实手法穿插在画中，以加深宗教内容的意境，

图 83 莫高窟第 249 窟窟顶西披山林动物局部（西魏）

前述 249 窟顶部的狩猎场面，就是西魏描绘动物形象的代表作品，将野猪、牛、猴、鹿等动物在山林中的活动描绘得惟妙惟肖（图 83、84）。北周 301 窟《萨埵那太

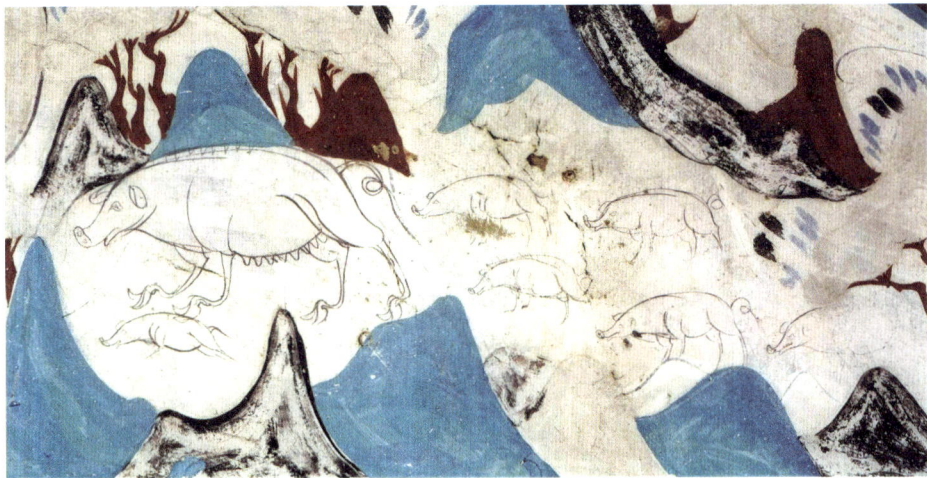

图 84 莫高窟第 249 窟窟顶北披白描野猪群（西魏）

子本生》中的动物，多用赭红线白描，在萨埵那三兄弟骑马出游狩猎的情节里，他们惊动了山前山后的动物，有吃草的群羊，惊悸的小鹿，以及三兄弟休息时遇到的饿虎等，它们无不紧密地联系着内容中宁静、骚动、紧张、惊险的情节，从而加深了故事的感染力。同时也反映了作者对生活的熟悉。

7. 装饰图案

为了洞窟建筑、壁画和塑像的需要，敦煌北朝石窟中采用了大量的装饰图案。这些图案主要作为不同壁画题材之间的分界、仿木构建筑中的平棊、藻井、人字披脊梁（图 85）、椽间，以及龛楣、禅窟门楣和塑像背光上的装饰。石窟顶部画的藻井，宛如一个大华盖，四边还装饰着富丽的纹饰和玉佩、流苏等等，装扮得洞窟既高贵又庄严。龛楣、边饰和人字披椽间的图案，主要有莲荷纹、忍冬纹、云气纹、火焰纹、星象纹、鸟兽纹，以及神怪、飞天等。莲花在佛教世界里是清净乐上的象征，忍冬是一种植物的变形纹样，它们同其他图案一起进行主次分明、变形巧妙、赋彩明快的搭配，充分起到了对窟内主要思想形象的陪衬作用。

图 85 莫高窟第 251 窟窟顶平棊图案（北魏，6 世纪初）

8. 供养人

供养人，就是出资开凿洞窟、制作彩塑像、绘制壁画的人。他们出钱做这些艺术活动，是为了给自己和家人造功德，可以把他们叫功德主。供养人像一般画在壁面的下方，是供养人的模拟肖像，并非写实，而是按照当时每个阶层人们的典型形象绘制的。所以，每个时代供养人的形象很程式化，主要表现民族特征、性别、等级身份等，还要符合一个时代的审美习惯，就是以当时人们认为最美的形象来表现每一个

图 86 莫高窟第 288 窟东壁门南侧的男供养人和东壁门北侧的女供养人（西魏）

供养人，有千人一面的倾向。他们一般排列成行，少则十几人，多则数十人，最多的第 428 窟的供养人达到了 1200 多身。每一身像旁都有墨书榜题，写着供养人的姓名，有的还署明职衔和籍贯。在供养人的行列中，一般以僧侣前导，象征着由某些僧人引导着众俗家弟子前来礼佛的场景。

供养人穿的都是他们所在时代的服装，因此，莫高窟的供养人像谱写着有形的中国古代服饰史。北朝是多民族融合时期。着汉装的男供养人一般头戴笼冠，身穿大袖长袍，足登笏头履。凡是地位高的男供养人，身后还有侍者举着伞盖，并有多名僮仆跟随，以展示他们的高贵身份。汉装的女供养人头束高发髻，穿大袖襦、长裙，有的还有侍婢相随，以表示来自豪门望族（图 86）。少数民族的供养人则戴毡帽，穿裤褶，腰束鞢鞢带，挂水壶、小刀等生活用具。榜题上也写着他们的少数民族姓名，如滑黑奴、殷安归、史崇姬、在和、难当、乾归等姓名，多是北方少数民族人物。一般头后垂小辫的是鲜卑族，史称索头鲜卑。汉族与鲜卑族供养人像都可以在北魏洞窟以及西魏第 288、285 窟中见到。北周供养人较前代更加丰富多彩了，第 297 窟出现了舞乐图，应该是供养人们为佛奉献的弹琴歌舞。

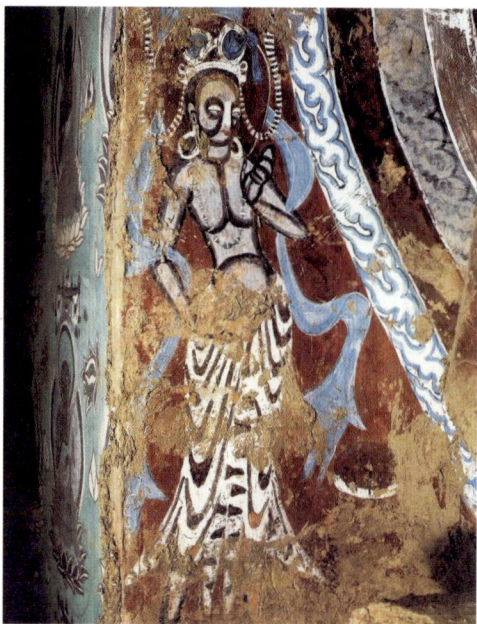

图 87 莫高窟第 263 窟北壁龛内胁侍菩萨（北魏，6
世纪初）

凡是参观过莫高窟的人们，都会对早期壁画中的人物产生一种怪怪的感觉，因为这些人物大部分都使用了西域式的晕染法。说是西域式，其实它的真正起源地仍然是印度。这种晕染法在中国古代画史上也叫"凹凸法"和"天竺遗法"，因为它远看是凹凸不平，近看却是平的。在描绘人物裸露的肌肉时，使用由深到浅层层叠晕的方法，最后再在眼、鼻处涂白色以表示高光点，便给人一种活生生的立体感（图 87）。遗憾的是，因为颜色中含有铅粉，当时人物面部与肢体上晕染的肉红色，经过千百年的风日侵蚀，大部分变成了灰黑色，于是展现在我们面前的人物脸上与肌肤表面都有一些奇怪的黑圈。但在另一方面，这些变化了的灰暗色调，又给我们带来了许多古雅的情趣。

大约从北魏晚期开始，莫高窟内就出现了主要以线描手法来表现的人物形象，它们一般都用粗壮有力的土红线勾出头部和肢体轮廓，然后再上色，最后描墨线完成。249 窟顶部的野牛和猪群都是没有上色的土红色线描画稿，更具有一种生动自然之趣。这种线描法是中国古代传统的绘画技法，在人物的面部只染两团红色，以表示红润的脸蛋，是与北魏晚期中原地区的一些传统绘画题材一同来到敦煌的。

在莫高窟，西方的宗教思想与东方的伦理道德，佛教世界的圣人与汉族人传统的神灵，就这样巧妙地以壁画的手法结合在一起，组成了新的教化模式。就连东西方的两种截然不同的绘画技法也能长期同存，直到隋朝统一了大江南北以后，才逐渐融合成了一种新的画法。莫高窟的北朝壁画，正形象地体现出了生活在敦煌的古代各族人民对外来文化的借鉴、扬弃，再吸收、转化为自身机体的营养。

也正是这条汇集了若干外来支流的艺术长河，才滋润培育出了这朵世界艺术史上的奇葩。

释迦佛祖的经历

释迦牟尼是佛教的创始人，也是一位真实的历史人物。他名叫悉达多，族姓乔达摩，释迦牟尼是佛教徒对他的尊称，意思是释迦族的"圣人"。相传他是释迦族净饭王的太子，出生在尼泊尔境内的迦毗罗卫（今尼、印交界之罗泊提河东北部）。关于他的生卒年月，一般认为是公元前565至公元前485年，差不多和中国的圣人孔丘是同一时代的人。

乔达摩出身于比较高贵的刹帝利种姓。出生不久，母亲摩耶夫人就死去了，他是由姨母摩诃婆阇波提抚养长大的。少年时代的乔达摩曾经系统地接受过当时印度最高贵的婆罗门教的教育，后来与觉善王的女儿耶输陀罗结婚，生下了儿子罗睺罗。

乔达摩29岁时开始出家，到处寻师访友，探索着解脱人生苦难的道路。经过了6年的艰苦修行，在35岁时终于通过独立思考完成了自己的哲学思想体系，被后来的佛教徒们叫作"成道"了。因为在佛教徒的心目中，释迦的思想能够解释人世间所存在的任何苦难现象，也能够引导众生摆脱现实的苦难世界，到达人们无限向往的幸福彼岸。

从此以后，得道的乔达摩便时刻以解脱众生为己任，在印度的恒河流域进行了长达45年的传教活动，逐渐得到了统治者的支持，在一般人民群众中也拥有越来越多的信徒。释迦牟尼80岁时，在拘尸那迦城（印度北方邦境内）附近的希拉尼耶伐底河边的娑罗林中涅槃了。佛教认为，释迦的涅槃，并不是我们一般人所想象的"死"，它是一种彻底的解脱，永远不再有任何现实中的苦难，也是人们所追求的最终归宿。相传释迦的所有思想，都是由长期追随左右的弟子阿难口述出来，再由信徒们用古代印度的梵文、巴利文记录整理成经典的。中国古代的汉文佛经，就是从梵文佛经中翻译来的。

　　对于释迦牟尼的事迹，佛经里面的记载就神奇多了，里面有许多内容都是神话般的虚构。因为在佛教徒的眼里，释迦与我们平凡人是不同的，他不但具有超人的体格特征，还应该有超人的特异功能，做出惊天地泣鬼神的离奇事情。于是，释迦的非凡经历就深入到了信徒们的心中，他们不但自己相信，还希望用语言与艺术形象去感染所有的人，使众生都拜倒在佛祖的脚下。北朝时代的莫高窟，既然是当时敦煌一带弘扬佛教的基地，也就很自然地把释迦的故事用雕塑与绘画的手法表现出来了。

　　莫高窟在早期的石窟中表现佛传题材的时候，往往是侧重于某一个场景，以概括释迦牟尼的主要经历。例如，275窟的南壁中层画出释迦太子在出家之前游四城门，遇见了老人和修行的人，感到人生无常，只有出家才能走向解脱之路（图88）。257等窟中心柱上层龛内塑的支腮担一腿的半跏坐思惟菩萨像，是释迦在出家之前沉思人生苦难的形象（见图67）。248窟中心柱西向龛内的羸瘦的

图88 莫高窟第275窟南壁《悉达多太子出游四门》之"遇见修行者"壁画（北魏，5世纪下半叶）

佛像，表示释迦在成道之前的苦修（图89）。260、263、254窟的侧壁前部，都绘制了大幅的释迦正在降伏众魔成就佛道的场面，丑陋的张牙舞爪的天魔军众与释迦泰然高大的形象形成了鲜明的对比，这也是释迦传记中的最高潮（见图78）。比较而言，北周时代的290窟主室前部窟顶东西两斜坡上绘制的佛传题材壁画，是内容最丰富、场面最多的一幅了（见图80）。东西两坡的画面各分为上、中、下三段，总长度达27.50米，组成了一幅具有87个情节画面的长卷式连环画。在每一个画面中，都是以人物活动为主体，以建筑、山峦、树木等作为景物，这样一来，既表现了每一

图89 莫高窟第248窟中心柱西向龛内悉达多太子苦修像（北魏末年，6世纪上半叶）

情节的特定环境，又间隔区分了不同的画面。原来在每个画面上都有墨书题榜，把故事情节书写得明明白白。画中的故事是这样的：

释迦的母亲摩耶夫人在一天夜里梦见一位菩萨骑着白象，在音乐声中从天而降，夫人突然惊醒。第二天，国王请相师占卜吉凶，这位相师说："这是大喜的事情，因为有神圣之人来向夫人投胎了！"摩耶夫人果然怀了孕，于是邻近的小国国王都来祝贺。十月怀胎即将分娩了，按照当时印度的风俗，夫人应该回娘家去生产。但刚走到半路上，夫人便手攀无忧树，太子从她的右胁出生了。这是不平凡的贵人出生方式，印度教中第二种姓刹帝利的出生方式即如此。太子刚一落地便会走路，他行走了七步，步步都生出一朵莲花。这时只见他一手指天、一手指地，说了一句"天上地下，唯我独尊！"有九条龙飞来，从上方喷水给太子沐浴。摩耶夫人怀抱太子乘坐交龙车回宫，一路上有天人奏乐、诸神护送，国王率领百官列队出迎（图90）。相师为太子起名叫悉达多。有一位阿私陀仙人来预言他：

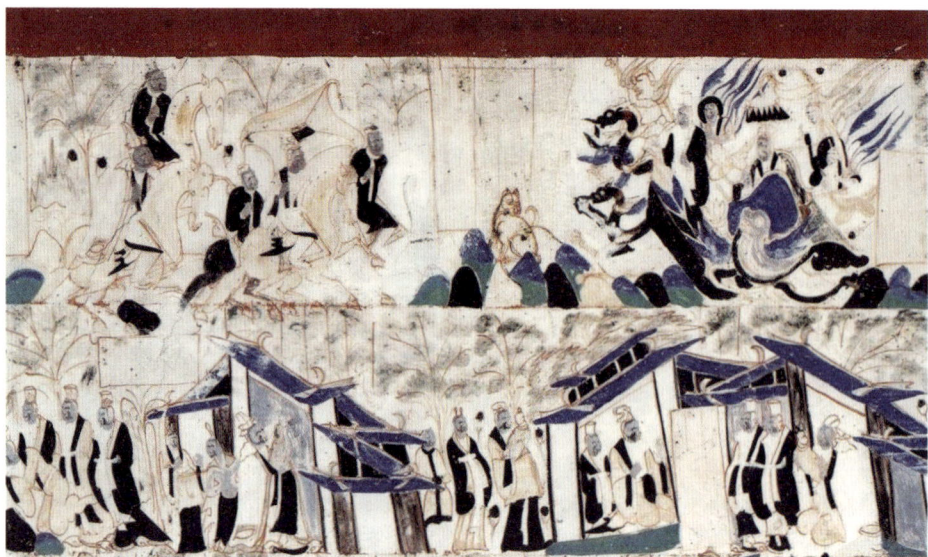

图 90 莫高窟第 290 窟人字披顶西披上栏中栏佛传壁画之 "太子回宫"（北周）

如果继承王位，必定成为威震天下的一代霸主；如果出家修行，就将成为佛，也就是能使众生觉悟的人。

国王当然不希望太子以后出家。于是，在太子长大后，特意选派了 500 名美女来弹琴歌舞、娱乐太子，500 名仆人陪伴太子读书。可不知怎么，太子在宫中整日闷闷不乐。国王又召集大臣们为太子议婚，聘娶了一位公主为妻。公主希望让众国太子们来一次大比武，谁优胜她就嫁给谁。悉达多携带着弓箭出城去比试，这时有一头大白象堵住城门无法通行，太子毫不费力地把白象扔到了门外。在比武时，悉达多相扑胜了从弟难陀，又挽弓射穿了七重铁鼓，最后将珠串抛到了公主的身上，两人喜结良缘。

谁知婚后的太子仍是闷闷不乐。国王又为他娶了漂亮的妃子，还让他出城游玩散心。太子出东门，遇见了一位步履蹒跚的老人。出南门，遇到一位疾病缠身之人。出西门，看见一伙人正在办丧事。出北门，看到了一位出家修行人。太子感到生老病死，都是人生的痛苦。在城外，太子坐在树下，静静地观看农夫耕地，那些刚刚从地里翻出的虫子就被鸟飞来吃了，使太子陷入了沉思之中（图 91）。回宫以后，他辗转不能入睡，决意出家修行，去探索解救众生脱离苦海的道路。于是，太子立即命令马夫车匿备马出行，这时自有天神前来护卫，他们手托马蹄带太子飞出了城外。

太子出城后，就让车匿牵马还宫，去报告他已出家的消息。国王、夫人、公主以及宫里所有的人都禁不住失声痛哭，国王命令五位随从前去追回太子。他们赶上太子时，太子已经在山林进行苦修了。这五人在太子的劝说下也开始出家修行了。但不久之后，太子认为苦修并不能解脱，就放弃了。这五人以为太子放弃了修行，他们就纷纷离开了太子，到别处修行去了。悉达多经过了长时间的磨炼与思考，最后终于成道了。成道之后，他首先想到的是那五位随从，听说他们都在鹿野苑修行，悉达多就来到鹿野苑为这五人第一次宣讲自己的大法，这五人就成为悉达多成佛以后最早的信徒。莫高窟第 263 窟北壁原来被西夏壁画覆盖的壁画表现的正是释迦为五弟子第一次说法（即初转法轮）的场景（图 92）。从此，悉达多就踏上了解脱众生出苦海的道路，并被信徒们尊敬地称呼为"释迦牟尼"。

290 窟的佛传图内容丰富、完整，在中国早期佛传题材绘画中是很少见的。它所依据的经典，是东汉西域三藏竺大力和康孟详共同翻译的《修行本起经》，这部经详细地记述了释迦牟尼神奇的经历，而古代敦煌的艺术家又使它形象地展现在人们眼前。信仰佛教的人，首先应该了解释迦佛祖的事迹。290 窟的作品，不但能使不识字的人受到佛教的启蒙教育，也为出家修行的僧侣们树立了视觉上的学习榜样。

如果就艺术风格而言，290 窟佛传图里的人物已经明显中国化了。印度的净饭王很像一位中国皇帝，摩耶夫人也穿上了汉族后妃的服装，人物的线描画法也

图 91 莫高窟第 290 窟人字披顶西披中栏佛传壁画之"树下观耕"（北周）

完全是中原式的（见图 90）。这种西为中用、中西结合的手法，更能使释迦牟尼这位西方的圣人与东方民众之间缩短距离，也更能使佛教深入人心。

万世舍命求真理

当人们步入莫高窟第 275 窟时，都会看到在北壁的中层画着五幅故事画，每个故事都是一个单独的画面，这是在用故事中最主要的情节来概括全部内容。它们在向人们讲述着一个个悲壮惨烈的故事。

在北壁中层的左端，画一站立的男子正在给其右侧一坐着的王者身上钉钉子。这是毗楞竭梨王身钉千钉的本生故事画（图 93）。古代印度有一个国王，名叫毗楞竭梨，他为人慈悲，对待臣民如同自己的孩子，也乐好正法。为了求得正法，国王便诏告全国：如果有人能为我开示经法，我将随其所愿，供给他一切想要的东西。不久，有位名叫劳度叉的婆罗门听到这个消息来到了王宫门前，扬言他能讲正法。国王一听非常欢喜，将他迎请至宫内。婆罗门却说："多年以来，我非常辛苦地拜师求学，四处寻求正

图 92 莫高窟第 263 窟北壁《初转法轮》壁画（北魏，6 世纪初）

法，国王您现在却能如此轻易请法听闻，岂不是得来太容易了吗？"国王回答："我愿意提供您一切所需。"婆罗门便说："您若能在身上打上千根铁钉，我便答应传法给您。"慈悲的国王为了让大众能听经闻法，决定牺牲自己的性命来换取，于是和劳度叉约定七日后完成这项承诺。毗楞竭梨王国王深受人民爱戴。大众得知这个消息后，都来恳求国王不要这样做。但国王心意已决。到了约定的时间，国王请求婆罗门先说法，再给他身上钉刑，希望能在命终前得闻佛法。于是劳度叉便说了一首偈语："一切皆无

图 93 莫高窟第 275 窟北壁《毗楞竭梨王身钉千钉本生》壁画（北魏，5 世纪下半叶）

常，生者皆有苦；诸法空无生，实非我所有。"恭聆法语后，国王立即命人在自身钉上千根铁钉。大众目睹这个悲惨情景，无不悲恸号泣。这时，帝释天来到国王面前，试探了他确实是诚心舍身闻法之后，国王诚心就使自己的身体得到了恢复。

在毗楞竭梨王本生的右侧，画一坐着的王者（多已残损），他的左下侧有一跪姿男子，右侧站立一男子，似正在给他的身上安放蜡烛。这似乎是在表现虔阇尼婆梨王身剜千洞燃千灯的故事。虔阇尼婆梨王也是一位圣王，统领着有八万四千个城邦的大国，国家康乐富足，百姓视他如慈父。这位国王也是希望能听闻佛法，就算付出倾国的代价也值得。于是就诏告天下，寻觅能讲经说法的人。有一位叫劳度差的婆罗门进宫求见，自称能说法。国王立即迎接他进宫。婆罗门说："我的法是费尽一生，走遍天下才得到的，不能随便讲给人听"。国王诚恳地说："我是诚心希望听闻佛法的，即使只有一偈半句，都愿意付出任何代价"。于是，婆罗门回答道："既然如此，希望您能在自己的身上剜千洞注油燃灯，以灯供养，我就为您宣说法。"国王满口答应了。但他的臣民却请求国王不要这样做。然而

国王求法的心愿已定，就让人在自己的身上剜洞置油烛。婆罗门就高声宣说法：
"常者皆尽，高者亦堕；合会有离，生者有死"。国王闻法之后，心中欢喜，就
点燃了身上的油灯，来供养法宝。刹那间，大地震动，人天悲叹。这时，帝释天
从天上降下，问国王是否诚心，是否后悔。国王便立誓说："如果我从没有悔意，
就让我身上的众疮平复如初吧"。他的言语刚落，身上的创伤便都痊愈了。

再右，正中也画一位坐着的国王，他的身边有一人正在用刀割他大腿上的肉
（图94）。这是尸毗王割肉贸鸽的故事。佛经里讲：古印度时，有一只小鸽子被
饥饿的老鹰追赶，逃到了尸毗王的怀中求救。尸毗王请求老鹰放了小鸽子，可是
老鹰却说："我如果不吃这只鸽子就要饿死，你为什么不可怜可怜我呢？"尸毗王
于是找来了一个天平秤，把鸽子放在一端，然后从自己的腿上割下鲜肉，想用自
己同等重量的血肉去换下鸽子的生命。但是很奇怪，尸毗王把腿上臂上的肉都割
尽了，也仍然没有小鸽子重。最后尸毗王竭尽全部力气把自己的整个身体投在秤
盘上，拿自己生命的一切来抵偿。这时，大地突然震动，鹰和鸽子都不见了，原
来这是神在特意试探他施舍的诚意。

在尸毗王本生的右侧，画一位国王当中而坐，他的面前有一人单腿下跪，双
手捧着三颗人头（图95）。这个故事是讲的是古代印度有一位月光王，他心肠仁慈，
很乐于救济穷困的人民。当时有另一国的国王叫毗摩斯那，很妒忌月光王的威望，
于是就悬赏招募能杀害月光王的人。有一位外道（佛教对其他教派的贬称）叫劳
度叉的前来应募，然后来到宫廷，乞求月光王把自己的头施舍给他。月光王是乐
善好施的，所以满口答应。这时文武大臣和王后太子都来劝阻，无奈国王的心意
已定。劳度叉举刀正要向下砍，却被树神用神通力对他进行了惩罚，使他的阴谋
不能实施。月光王立即向树神说："我在这棵树下已经用头施舍人九百九十九次了，
再施一次，将满一千，望你能成全。"然后又对劳度叉说："你用刀来砍我的头，
堕在我手中，然后你就从我手里把头拿走。"最后，劳度叉终于满意地持头而去，
王后太子及臣民们同声号哭，来哀悼这位贤德的国王。

在月光王施头本生的右侧，画有一人正在挥刀割右边男子的眼睛，表现的是
快目王施眼本生（图95）。根据《贤愚经》卷六记载，古人印度有一位快目王，
以仁慈治理自己的国家，他自己还依佛法修行，常常向贫苦的人们布施财物。敌

图 94 莫高窟第 275 窟北壁《尸毗王割肉贸鸽本生》壁画（北魏，5 世纪下半叶）

国的国王为了陷害他，就派了一个双目失明的婆罗门来向他乞讨眼睛。快目王不但没有忧虑，还满心欢喜，就剜掉自己的双眼，放在手掌中，立誓说："如果我应该成就佛道，就令这个盲人因为安了我的眼睛而得以复明"。说罢，就令人把眼睛安在盲人的眼眶中，果然使他重见光明了。这时，天帝下凡来问快目王，是否后悔？王说从不后悔，并且发誓说："我剜眼布施，毫无悔恨，是为了求得佛道。如果我真的成功，就使我的两眼平复如故"。他的誓言刚一发完，两眼就复明了，而且视力远胜于前。

这些故事中的主人公其实都是释迦牟尼的前身，它们展示给信徒们的，是以释迦前世的经历为样板，来宣扬佛教中的忍辱与施舍思想，以及求法的诚心。这类故事也叫"本生故事"。有很多经典都记载着这样的故事，著名的如北魏太平真君六年（445 年）凉州（今甘肃武威）沙门慧觉等翻译的《贤愚经》等。佛教认为，众生都是在生死世界中像车轮回旋一样循环不停，如果在今世多做好事、积善德，下世就可以转世为高贵之人，或上升到天界；相反如果今生作恶多端，那下辈子就要下地狱或去投胎作畜生了。如果一个人想成佛，单靠一辈子的修行、做好事是远远不够的。他需要累世不断地无私施舍、忍辱修行，严格地按照佛教中的道德观念去生活处世，才能最终到达涅槃的彼岸。

释迦牟尼就是这样做的。在有关佛本生的经典中，释迦的前世曾为国王、太子、婆罗门、商人、女人、象、猴等，但无一不是广行善事、乐于助人的楷模。新疆拜城克孜尔石窟的早期壁画中，就有很多释迦前世为人为动物的本生故事画。在石窟里绘制本生故事画，就是为了让信徒们学着佛的样子去做，这样才会一步

图95 莫高窟第275窟北壁《月光王施头》和《快目王施眼》（右）本生壁画（北魏，5世纪下半叶）

图 96 莫高窟第 254 窟南壁《萨埵那太子舍身饲虎本生》壁画（北魏，6 世纪初）

步接近幸福的彼岸。

　　敦煌莫高窟的北魏本生故事画中，释迦的前世多为国王或太子，上述第 275 窟的五幅本生故画就是的。此外，北魏开凿的第 254 窟的萨埵那太子舍身饲虎本生壁画也很有代表性，以单幅多情节的形式表现了故事发展的全过程（图 96）。这个故事出自《贤愚经》卷一《摩诃萨埵以身施虎品》。经中说，印度宝典国国王大车的三个太子，有一天同到山中去打猎，看见一只母虎带着数只小虎，饥饿难忍，母虎都想要把小虎吃掉来充饥了。三太子萨埵那见状，将二位兄长支走，独自来到母虎面前，躺在那里，让母虎吃他。但母虎已经饿得没有力气吃他了。萨埵那就爬上山岗，用利木刺伤身体，然后跳下山崖，让母虎舔他的血。母虎舔血后，恢复了一些气力，就和小虎们一起食尽了萨埵那身上的肉。二位哥哥不见弟弟，沿路寻找，见到萨埵那的尸骨，万分悲痛，赶紧回宫禀告父王。国王和王后赶到山中，抱着萨埵那的尸骨痛哭，然后命人收拾遗骨，建塔供养。

　　在释迦前世为动物的本生故事中，最美丽动人的莫过于"九色鹿本生"了。

这幅画位于北魏第 257 窟的西壁中层，它以中国传统的横卷式绘画手法描绘出了
六个故事场面，从两头开始，到中间结束（见图 79）。佛经里说：有一男子堕入
了恒河中，即将被水淹没，他拼命地挣扎呼喊求救。这时有一头长着九色皮毛的
美丽的鹿从河边经过，听到喊声，便不顾自身安危，跃进水中将溺水之人驮上岸来。
溺水人为了感谢九色鹿的救命之恩，跪地请求愿意终生作它的奴仆，听它使唤。
九色鹿说："你不用报恩，但只请你做一件事：千万不要向别人泄露我的住处。"
溺水人发誓之后，就离开了九色鹿。当时，这个国家的王后在梦中见到一头鹿，
身上有美丽无比的九色皮毛，两只鹿角闪着银光。第二天，王后就请求国王派人
抓捕九色鹿，希望能剥取鹿皮做一件漂亮的衣服。于是国王到处张贴布告悬赏：
谁要是能捕到九色鹿，国王原意分国土与财宝的一半作他的奖赏。可是谁也不知
道九色鹿到底在哪里。这时溺水人进城看见了布告，在金钱的驱使下，他完全背
弃了对九色鹿发过的誓言，急忙来到宫廷向国王告了密，并引导国王进山去抓九
色鹿。九色鹿正高卧山中毫不知觉，它的好友乌鸦在高处看见国王带领大兵来了，

图 97 莫高窟第 257 窟西壁中层《九色鹿本生》壁画局部（北魏，6 世纪初）

便当空长鸣，以唤醒九色鹿。当九色鹿从熟睡中惊醒过来时，四面已被官兵包围，无法脱身了。九色鹿在士兵中一眼就认出了背信弃义的溺水人，便在国王面前控诉溺水人贪图富贵、出卖救命恩人的丑恶行径（图 97）。国王被九色鹿的善心深深感动了，他放走了鹿，并下令全国严禁捕猎九色鹿。不义之人遭到了上天的报应：溺水人浑身长满了烂疮，王后也羞愧恚愤而死。在这幅九色鹿本生画中，画家倾注了自己特殊的感情，它如同一则优美的民间寓言，世代向人们诉说着佛祖前生行善的感人故事。

北周的莫高窟本生故事画有了更多的连环情节。第 428 窟有须大拏太子施舍百战百胜的白象故事（图 98）。西秦国沙门圣坚翻译的《太子须大拏经》说，古印度叶波国太子须大拏，乐善好施，凡是来求物的，有求必应。他的父王有一头大象，叫须檀延，是这个国家战无不胜的武器，保卫着叶波国太平无事。敌国国王买通了几个婆罗门，让他们去向太子乞求大象。太子便毫不犹豫地把大象让婆罗门骑走了。父王闻讯大怒，就将太子驱逐出国。太子和自己的妃子、儿子、女儿一起乘车而去。在路上，不断有婆罗门前来乞讨，有的要马，有的要车，有的要衣服，太子都给了他们。当太子一家人步行到了山中，看见有仙人在那里学道，就决定住在山里。不久，又有一婆罗门来要他们的子女作奴仆，太子立即把一儿一女交给婆罗门带走了。帝释天见太子如此舍施，便想试探一下太子。他变化成一个丑陋的婆罗门，向太子祈求把太子妃给他做老婆。太子居然也答应了。帝释天见太子如此诚恳，就交还了太子妃，消失不见了。后来，得到太子一儿一女的婆罗门把孩子带到城里街上卖钱，被国王发现了，把他们买回了宫廷。老国王见到孙子，百感交集，也得知了太子下落，便派大臣迎接太子回国，一家人终于团圆了。

北周时期开凿的第 296、299 窟中有两种和儒家孝养思想相关的连环本生故事壁画。296 窟一幅讲的是须阇提王子割自身的肉来奉养父母亲的故事。古印度特叉尸提利国大臣篡国弒君，王子修婆罗提致夫妇携带幼儿须阇提逃往邻国，不想在山林中迷了路，粮食也吃完了（图 99）。王子就想杀掉自己的妻子，来救他和儿子的命。儿子须阇提虽然只有七岁，但却十分明事理。当他看见父亲要拿刀杀母亲时，便阻拦父亲，恳求道："你把我杀掉吧，不要加害母亲。"当他得知父亲想杀母亲的原因时，就对父亲说："你可以割我的肉来充饥。但不要直接杀掉我，

图 98 莫高窟第 428 窟东壁北侧《须大拏太子本生》壁画局部（北周）

可以每天割一点肉来吃。你如果把我杀掉了，所有的肉就很快腐烂不能吃了。"
于是王子夫妇就天天割儿子身上的肉来吃，才得以保全生命。当他们每次吃儿子
的肉时，内心都十分痛苦。割完了须阇提身上的皮肉，接着剔下骨头上的肉。最
后，当他身上的肉基本被割完时，须阇提就劝父母前去邻国，不要再管他了。王
子夫妇离开后，须阇提的孝行感动了天宫中的诸天神。帝释天为了试探他的孝心
是否真诚，便变化成狮子、老虎、狼、虫子等，去啖食他身上剩余的肉。须阇提
毫不犹豫地施舍给它们。帝释天被他彻底打动了。须阇提的真诚孝心和施舍精神，
帮助他恢复了原来的身体。逃出荒野的修婆罗提致夫妇，带着邻国的人回来找到
须阇提。邻国国王也被须阇提的孝心感动了，便决定派兵帮助修婆罗提致回国，
消灭叛乱势力。须阇提父子相继成为特叉尸利国的国王，使国中人民过上了太平
富足的生活。

　　299 窟的一幅连环壁画讲的是忠孝的睒子在山中修行侍奉盲父母的故事（图

100）。在很久以前，有一位名叫一切妙的菩萨，他看到迦夷国有一对善良的盲夫妇没有子女，便转世投胎成了他们的儿子，名叫睒子。睒子七岁时，心地就很善良，很孝顺父母。到了十岁那年，睒子便向父母说想入山修行，父母同意后，全家就

图99 莫高窟第296窟北壁中层《须阇提本生》壁画局部（北周）

图100 莫高窟第299窟窟顶北披《睒子本生》壁画局部（北周）

一同迁入山中。进山之后，睒子依然全身心地照顾父母，他的孝行，连山里的鸟兽们都被感动了，从来不去侵扰他们的生活。父母如果渴了，睒子就披上鹿皮衣到溪边汲水，动物都和他和平相处，一同在河里饮水。有一次，迦夷国的国王进山射猎，误以为披着鹿皮的睒子是头鹿，就用箭射伤了他。睒子临死前，将他的盲父母托付给国王，请他代为照顾。国王深深悔恨自己的行为，便到睒子家里，告知了他的父母这个不幸的消息。盲父母来到溪边，抚尸恸哭。睒子孝心感动天神，天神就用神通力量使他复活了，还让其父母的眼睛复明了。国王在国内推广睒子的孝行，让国民们都以他为榜样，孝养自己的父母。

莫高窟北朝的本生故事壁画，展示给人们的是一个个光辉的人中榜样。不仅仅是在佛教的修行方面，也在人们的伦理与道德方面树立了楷模。尤其是在北朝晚期，佛教所要求的出世间修行准则，还和中国传统的孝养思想有机地结合在了一起。这样做，必然会让佛教吸引更多的信众，也能使石窟里的壁画更加具有艺术感染力。

迷途中的指路明灯

北魏和尚慧觉翻译的《贤愚经》记述了这样一个故事。古代印度有一位名叫微妙的女子，与一位门当户对的梵志（佛教以外的印度教信徒）结了婚，生有一子。在微妙第二次怀孕即将生产时，丈夫就护送她回娘家去。不料在半路上，微妙腹痛难忍不能行走，一家人只得在荒野中的一棵树下过夜。夜半时分，微妙生下了小儿子，血腥味引来了一条大毒蛇，丈夫被毒蛇咬死了。第二天，悲痛欲绝的微妙只得怀抱刚出世的婴儿，手牵着大孩子，艰难地向娘家走去。

微妙母子三人走到一条河边，这里既没有桥梁，也不见摆渡之人。微妙先抱着婴儿蹚过河，当她再返身回来接大儿子时，大儿子高兴得拍手迎上前去，不料却失足落水，被无情的河水卷走了。当她从惊慌与痛苦中清醒过来，回头望向对岸时，只见一只饿狼正在吞食自己的小子儿。这一串接踵而至的灾祸，使微妙痛不欲生。现在只有娘家是她唯一生存的希望了，她只好孤身一人继续向娘家走去。

她刚走了不久，便遇上一个老梵志，是父母亲的老相知。微妙急忙向他打听娘家的情况，老梵志说：就在昨天夜里，娘家突然失火，父母亲都被大火烧死了。微妙无家可归，便寄居在这位老梵志家。不久，微妙与邻家一位梵志又结为夫妇，哪知这第二位丈夫整天不务正业，且嗜酒成性。一天，微妙一人在家刚刚生下孩子，虚弱地躺在床上，丈夫醉醺醺地回来了。他呼唤微妙来开门，可微妙已无法下床。丈夫一怒之下破门而入，不分青红皂白，一把抓住微妙就拳打脚踢。微妙哀求着说她是因为刚生下孩子无法开门，谁想丈夫却一把抓起婴儿，用刀砍碎，扔在油锅中煎炸，然后再强逼着微妙吃下炸焦的碎尸块。这天夜里，微妙迫不得已，只好弃家逃走。

流浪乞讨中的微妙，最后来到了波罗奈国。一天，她孤苦伶仃地走到一座大墓园中，有一位长者的儿子正在那里哀悼亡妻，两人在患难中相遇，微妙非凡的姿色也深受这位青年的爱慕。于是，微妙又第三次组成了自己的家庭，夫妻俩的生活是幸福美满的。可是好景不长，那位青年在婚后第七天就因病去世了。按照当时印度的风俗习惯，死人生前所钟爱的人和东西都是要殉葬的，可怜的微妙就被活活地埋入坟墓里。当天夜间，就有一伙盗墓贼掘开了坟墓，微妙侥幸复活了。贼首看中了微妙的美貌，就把她带回家中，强迫微妙做了他的妻子。几天之后，这伙贼人事发，被官府搜捕入狱，不久就被砍头处死。贼首的余党把他的尸体偷来，送给了微妙，就这样，微妙被再次依照风俗埋进了坟墓。

在微妙被活埋的第三天，野狼刨开坟墓来吃死人的尸体，它们没有吃微妙，只是把她的衣服撕得破碎。微妙又一次侥幸复活了。她爬出了墓穴，站在寒冷的夜风中百思不解：人世间为什么如此冷酷无情？我为什么这样多灾多难？赤身裸体、一无所有的微妙，在万般无奈的情况下，前去寻找释迦牟尼，去探寻这一切苦难的根源。

佛祖听完了微妙的诉说，便向她讲述了佛教大法，启发她了解事情的前因后果。微妙终于觉悟了，这一切的苦难遭遇，都是她在前生种下的恶果引起的。原来微妙在前生曾给人作小妾，由于心生忌妒，就用铁针刺死了大夫人刚刚生下的婴儿。自己前世造的孽，终于在今世用她的家破人亡做了偿还。在佛祖面前，微妙无话可说，她既震惊于这种毫厘不爽的因果报应，也追悔自己的罪恶。于是在释迦的

图 101 莫高窟第 296 窟窟顶北披西段《微妙比丘尼缘品》壁画局部（北周）

指引下，她皈依佛门，成了一位比丘尼（尼姑），从此踏上了自我解脱的道路。

在莫高窟北周时期的第 296 窟顶部，就以连环画的形式描绘了微妙比丘尼的悲惨故事。画面同样也是用了建筑物与山水把情节间隔的手法，采用上下交错的横卷式构图（图 101）。那么，这种微妙比丘尼现身说法的故事画，究竟要向人们展示什么样的佛教思想呢？

这类故事画可以称作"因缘故事画"。所谓因缘，是指形成事物、引起认识和造就"业报"等现象所依赖的原因和条件。直接作用的条件叫"因"，起间接辅助作用的条件叫"缘"。佛教认为，世界上各种现象的存在都是依赖于某种条件的，离开了条件，也就无所谓存在。人生命的起源和过程也是依赖于条件的，它可以分作十二个彼此成为条件或因果联系的环节，称为"十二因缘"。十二因缘的中心内容是说，人生的所有痛苦，都是由"无明"（即愚昧无知）所引起的，只有消除了无明，才能获得解脱。后来，佛教又把十二因缘与轮回转世说教结合起来，提出了"三世两重因果"说。他们宣称：在轮回中，十二因缘涉及前世、今世、来世。今世的苦难都是由前世的因缘造成的；同样，今世所做的善事，也一定会获得来世的好报。只有信仰佛教，按照佛教的要求去修行，才能消除"无明"，摆脱永无止境的生死轮回之苦。它引导人们从内心去反省自己，去寻找痛苦的根源，去求得自我的净化。微妙比丘尼的经历，正是这一佛教思想的形象比喻。

这类故事画还存在于莫高窟北朝时期的其他洞窟之中。在北魏时期的第257窟，有以连环画的形式绘制的须摩提女焚香请佛故事。这个故事讲的是古印度舍卫国的富家女须摩提，美貌娇艳，同父母一样，从小就笃信佛教。长大后，须摩提嫁给了满富城的六道外师巨富长者满财的儿子为妻。在新婚时，她的公公满财宴请六千外道信徒，还让须摩提女出去接待他们（见图81）。因为信仰不同，须摩提女拒绝了公公的要求，还斥责这些外道宾客赤身裸体，形貌丑陋，引起了众外道的不满。公公满财只好向外道们赔礼道歉，才没有让众宾客兴师问罪。然而，须摩提女也因此得罪了丈夫一家人，夫家很生她的气。须摩提女也不让步，从此便闭门不出了。后来，满财从朋友那里得知，须摩提女原来是佛家弟子，还听说释迦的佛法才是正道，而且法力无边，引起了满财极大的兴趣。满财就请儿媳求佛前来赴斋说法。须摩提女听后非常高兴，就梳洗打扮，穿着盛装登上高楼，焚香恳请佛前来说法。释迦牟尼欣然同意了。第二天，释迦先派厨师持炊具凌空而至（图102），然后他的众弟子们各显神通，分别变化出五百华树、五百青牛、五百孔雀、五百金翅鸟、琉璃山、五百鹄、五百虎、五百狮、五百马、五百六牙象等腾空而来。最后，释迦在众多弟子和诸天神的簇拥下，从天冉冉而降，为外

图102 莫高窟第257窟北壁《须摩提女因缘》壁画局部（北魏，6世纪初）

图 103 莫高窟第 257 窟南壁《沙弥守戒自杀因缘》壁画局部（北魏，6 世纪初）

道们讲经说法。佛门盛大的场面和无比的神通，使六千外道惊叹不已。舍卫国国民和满财一家全都皈依佛门，修成正果。

这个故事出自孙吴大月氏国支谦翻译的《须摩提女经》，绘于第 257 窟西壁和北壁上。由于壁面空间的限制，佛弟子们所变化的五百物，都以五身（件）来象征。

在北魏 257 窟中画有一幅小沙弥为坚守色戒、保持清白、持刀自刎的连环故事画（图 103）。有一位虔诚信佛的老者，将自己的儿子送到一位高僧处做沙弥，希望他能求得佛法，修成正果。小沙弥严于律己，渐渐摒弃了七情六欲，一心向佛。他们所在的寺院饮食是由城里一位居士供给的，一年四季从不间断。有一天，居士外出赴宴，留下女儿一人在家，便忘记了给寺院送饭食。高僧便让小沙弥去居士家取来饭食。居士的女儿见到面容清秀的小沙弥，不由得心生爱慕，忍不住向小沙弥表达了自己的爱意，希望他还俗与自己成婚。但小沙弥修佛之心坚定，心想他如果拒绝，这位少女肯定不会就此罢休。于是他决心要用生命去守护佛门戒律，便谎称自己要去静室向佛祖忏悔才能还俗，趁少女不注意，就自刎身亡了。少女见状，知道自己做错了事，又惊又愧，失声痛哭。居士回家后知道了事情的原委，感叹于小沙弥的严守戒律，就和女儿一起去向国王讲述此事，愿领罪认罚。国王听了这件事后，也钦佩小沙弥的虔心笃诚、以身殉教的精神，便将此事诏告百姓

图 104 莫高窟第 285 窟南壁《五百强盗成佛》壁画局部（西魏）

们，让他们传颂小沙弥的事迹，还以檀香木盛殓小沙弥的尸身火化了，建塔供奉。这个小沙弥就从此成了佛门遵守戒律的典范，而遵守戒律对佛教徒来说十分重要。

　　西魏第 285 窟绘制的"五百强盗成佛"故事，更是信佛可以消灾解难的生动写照（图 104）。根据北凉（中天竺人）昙无谶（385～433 年）翻译的《大般涅槃经》和南朝刘宋、萧梁之际的僧人从一些印度经典中抄录而成的《大方便佛报恩经》记载，在古印度的摩竭陀国有五百个强盗，经常拦路抢劫行人，为非作歹。国王命令大军进剿，众强盗战败被俘。国王对他们施加了种种酷刑，如割鼻子、切耳朵、剜眼睛等等，然后把他们放逐山林。群贼个个双目失明、疮伤累累、痛苦难忍，悲哀号恸之声传到了释迦牟尼的耳里。这时，一位佛弟子前来告诉群贼，只要信奉佛，就可以解除这些痛苦。群贼于是齐声呼佛求救，释迦以他的神通力起大风，把香山药粉吹入群贼盲眼中，使他们的双目得以复明，疮伤立即痊愈，还给他们宣讲佛教大法。五百强盗个个醒悟，深深感到只有佛陀才能给他们指明解脱痛苦的道路。随后，他们全部出家为僧，隐居深山，开始了修行生活。由于壁面空间所限，在 285 窟的"五百强盗成佛"壁画中，艺术家是用五人来代表五百人之众的。人物的体量大于山水，也正确地反映着南北朝时期"人大于山"的山水画创作理论。

北朝莫高窟的因缘故事画，就是欲用形象生动的表达方法，向所有信徒们说明：只有佛祖的智慧之光，才能照亮茫茫无尽的黑暗，它如同一盏明亮的航标灯，引导众生们走出坎坷的误区与迷途，到达幸福的人生最终归宿。

出家修行的理想佳境

敦煌莫高窟北朝时期的艺术，从总的方面来看是侧重于同坐禅观想修行相关联的内容。大部分的石窟属于可以环绕礼拜的中心塔柱式（图 105），佛传、本生故事画为出家人修行的楷模，因缘故事画又给信徒们的行动与意识指明了方向。这种佛教艺术与信仰特征，是同当时北方佛教发展的大趋势分不开的。

早在西晋末年，八王之乱拉开了社会大动乱的序幕，紧接着便是北方五个少数民族相继侵入中原，一个个短命王朝像走马灯一样往复更替着。然而，在王朝相互取代的背后，伴随着多少人家流离失所，多少百姓人头落地。公元 5 世纪前半期，北魏虽然统一了北方，但与南朝间的战争却从没有停息过。

到公元 6 世纪 30 年代，北方又分裂为东魏、西魏，战乱又趋于频繁了。在这二百多年的时间里，人们的安全毫无保障，命运也越来越不可捉摸。人世间所充

图 105 莫高窟第 428 窟内景（北周）

满的杀戮、灾祸、悲伤、恐怖、牺牲，使人们对生活已没有了更高的渴求与眷恋。为什么会有这样不合理的现实世界呢？微妙比丘尼对人生痛苦的哀叹与疑问，也是北朝的人们所普遍关心的问题。很显然，佛教给予了当时人们比较满意的回答：今世的苦难，是由于前世的恶果造成的。不必去抱怨人生的悲苦，只需要把佛迎入自己的心灵当中，去思索，去修行，去消除自己的恶业。

于是，在传播佛法的寺院里，人们终于找到了精神上的平衡。不合理的现实也变得合理了，因为今生受的苦越多，来世就能获得更多的善报。

敦煌地接西域，东连中原，这里既可以最先领略到西方的佛教信息，也可以接受中原王朝反馈回的中国本土宗教思想。在那灾祸连绵的北朝时代，敦煌却相对安定，再加上这里丰厚的佛教文化传统，就为僧侣们的出家修行提供了相对美好的"世外桃源"。今天的人们在参观莫高窟的北朝石窟时，依然会透过宗教的折射，感受到历史积淀下的苦难人生。同时，我们也可以从中体会到这些非凡的佛教艺术品，在当时引导人们皈依佛陀的那股审美情感的魅力。

天国乐土

承首启后　继往开来

多年前，我曾在一本刊物上看到过一篇文章，上面有美国排列的为世界历史做出突出贡献的 100 位历史人物，在有限的几位炎黄子孙当中，隋文帝杨坚（581～604 年在位）的名字位于最前列，这是有一定道理的。公元 581 年，杨坚取代北周建立了隋朝，接着于公元 589 年正月水陆并进，一举消灭了长江以南的陈朝，统一了全中国。隋朝的一统天下，不但结束了近 300 年的战乱纷争，给全国各族人民带来了相对的和平、稳定生活，也再次奠定了中国大一统的政治局面。从隋朝以后，统一的大中华成为历史发展的主流，直至今日。这一切都应该归功于杨坚这位英明的皇帝。

杨坚不仅在确立中古时期的各项政治、经济、军事制度上有卓越的作为，还对中国佛教的发展起了决定性的推动作用。据佛教史书记载，杨坚自幼生长在尼寺，是由一位神尼智仙抚养长大的。他从小就深受佛教的熏陶，与佛法结下了不解之缘。杨坚当皇帝以后，还时常回忆起他当年在寺院里的生活，深信他的宏伟霸业，是来自佛祖的保佑。唐代高僧道宣（596～667 年）写的《续高僧传》卷二七《释灵藏传》中的灵藏律师（精通佛教戒律的大师）是杨坚的知心朋友。有一次，杨坚对灵藏说："弟子我是俗人的天子，律师不愧是出家人中的天子。律师的职责是劝人行善，而我是专门在禁止人们干坏事。说法虽然有别，但意义是完全相同的。"就这样，佛教的思想与国家的政治紧密结合起来了，首都长安也就成了全国传播佛法的基地，建寺、立塔、造佛像、凿石窟，各种法事活动屡见不鲜。

隋炀帝杨广（604～618 年在位）也是位有雄才大略的皇帝，只是他的理想超出了老百姓的承受力，才引发了各地的反抗，有点和秦始皇（公元前 259～前 210 年）相似。和他的父亲一样，杨广对佛教也采取积极扶持的政策。尤其是他在平定江南以后，对当时南方的佛教事业做了妥善的保护与整理，为南北佛教的合流做了一些有益的事情。于是，隋朝建国虽只有短短的二十多年时间，却为我们今天留下了大量的佛教历史文物。

在河南洛阳龙门石窟、山西太原天龙山石窟、甘肃永靖炳灵寺石窟、甘肃天水麦积山石窟、宁夏固原须弥山石窟、河北邯郸响堂石窟等地，都保存着一些隋代佛教艺术品。相比之下，敦煌莫高窟的隋代艺术品，在全国范围内是最为丰富的。

莫高窟有八十多所洞窟可以归属到隋朝，平均每年完成两个半窟以上，而且有些洞窟规模相当宏大，绝非一两年就能

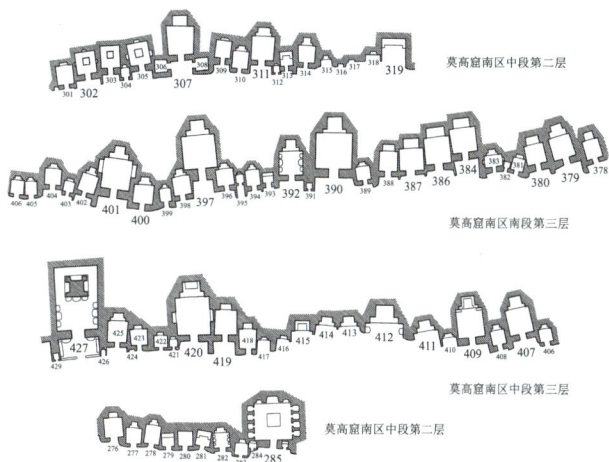

图 106 莫高窟隋代洞窟连续平面图

建成，数量确实是惊人的（图 106）。这些洞窟从内部构造形式来看，仍然有几所北朝时期流行的中心塔柱窟，并且都是大型的洞窟。它们在主室后部开凿出直通窟顶的中心柱，柱的后面和两侧面开单层龛，龛内塑一佛二弟子像，而中心柱前面不开龛，仅仅是贴柱体塑出一佛二菩萨的巨型立像，高约三四米（图 107）。另外，主室的南北两侧壁前也塑出了一佛二菩萨大立像，构成了三世佛题材，使中心柱前形成了一个比较开阔的前厅，兼具讲经说法的功能。如第 297、427 窟就是这样的特点（图 108）。另外，在大型中心柱窟的前室内两侧，还塑有天王和力士像，身高也在三四米许，起着保护佛法的作用。

隋代的莫高窟还出现了一种新型的中心柱窟。洞窟的平面呈方形，中心柱下部有一方坛，上面的柱身四面各开出一个圆券形小龛，龛内外塑像；柱身上方塑出覆瓣莲花和四条龙，承托佛教中的神山须弥山。须弥山是印度神话中的名山，后来被佛教采用了，相传在这座山顶上住着帝释天，四面山腰有四大天王把守，周围还有七香海、七金山等。不过莫高窟隋代中心柱窟内的须弥山，只是一个象征性的形体，山体呈现出上大下小的倒圆锥形，分作六层，每层周圈贴满了影塑小千佛。第 302、303 窟就属于这种形制（图 109）。窟顶前部还做出了人字披形，这显然是敦煌北魏石窟的遗制。到了隋代晚期，中心柱窟也逐步蜕变了：第 305 窟的中心柱只剩了佛坛，没有了须弥山；282、280、287、293、295、312、419 窟

图 107　莫高窟第 427 窟中心柱东向面（隋）

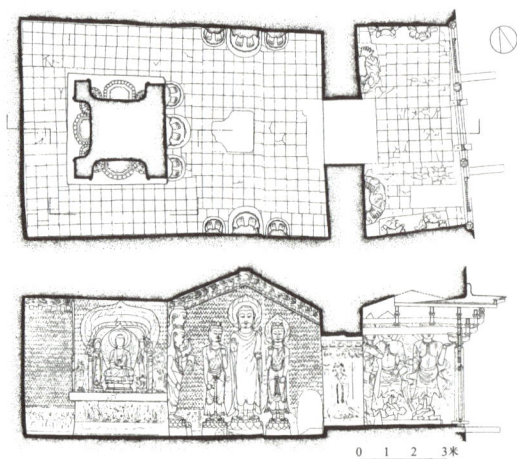

图 108　莫高窟第 427 窟平、剖面图（隋）

连中心佛坛也没有了，仅仅留下了中心柱窟顶前部惯用的人字披，有的人字披还移到了窟室的后部，有的干脆整个窟顶就是一个人字披形。这样的洞窟性质，已经从可以绕塔礼拜的场所走向了讲经说法的佛殿。

其实，莫高窟在隋代最主要的形制，就已经是佛殿窟了。这种洞窟是从北周时期的方室单龛佛殿窟发展来的，平面仍然是正方形，窟顶作覆斗状，窟顶四面呈斜坡形。有的在正面开一龛，有的则在正、侧面共开三龛。这意味着隋代的莫高窟形制更进一步走向汉民族化了（图 110）。

隋代莫高窟的发展与变化，还可以反映在窟内塑像、壁画的布局与内容上面。我们在前面已经谈到，北朝时期的洞窟内着力强调的是与僧侣们修禅有关的佛传、本生、因缘

故事，龛内塑像的组合一般
比较简单，数量也不多。到
了隋代，石窟内普遍出现了
塑像群，如 244 窟，正壁有 5
身，南北侧壁各有 3 身，共
有 11 身塑像。多数洞窟是在
正壁开龛塑像，在南北侧壁
画出以佛为中心、以弟子菩
萨为胁侍的说法图，把北朝
时曾经流行过的一些本生、
因缘故事画绘制在窟顶（图
111）。另外，还有一种作为
佛经"变相"的经变画开始
丰富起来了，它们虽然重点
强调的是某一个佛教经典的
基本教义，但也包含着与这
部经相关的故事内容，画面

图 109 莫高窟第 303 窟内景（隋）

的构图形式也是与以往的说法图迥然不同。已经出现的有依据《阿弥陀经》《弥
勒上生经》（图 112）《药师经》《法华经》《维摩诘所说经》等绘制的经变画，
这类经变画到了唐代，就发展演变成为通壁的大幅经变画了。关于经变画，我们
在后面还将专门讲述。

在塑像的人物造型方面，稍早一些时期仍然保留着较多的北周风格，表现为
头部显大、肩部宽、下肢短的体型特点。到了隋代晚期，彩塑人物的制作风格发
生了很大变化，两肩和胯部变窄了，显出了人物的细腰与修长的身材。肌肤的塑
造还是饱满的，但却开始注重人物的体型优美了。菩萨像进一步女性化了，他们
个个面目清秀、体态轻盈，有的菩萨像一腿微曲着，形成了很自然的斜倚姿态，
更突出了女性般的娴娜娇态（见图 107）。

我们可以比较看出，隋代的莫高窟在洞窟形制、内容布局、造像风格等方面，

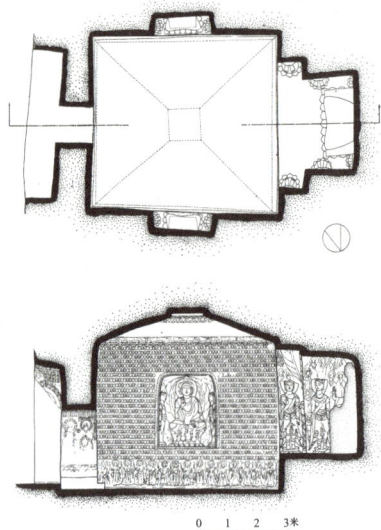

图 110 莫高窟第 420 窟平、剖面图（隋）

图 111 莫高窟第 419 窟西壁（隋）

都是在继承北朝洞窟的基础上有了较大的发展。这不仅仅是一些艺术样式的变化，而是直接关系着隋朝佛教新特点的形成。其实，我们已经可以感觉出，隋代的这些石窟，除了少数可以继续提供给僧人坐禅修行外，更多的功能则是用来讲经说法的，有些窟顶上绘制的经变画，就是配合宣教的艺术内容。那么，为什么会出现这些新现象呢？这还要从佛教的一些基本教义谈起。

　　印度的小乘佛教在修行方法上主张修"三学"，即所谓的戒、定、慧。戒就是指戒律；定是指要达到使心专注一境而不散乱的精神状态，并以此作为取得正确认识、做出正确判断的心理条件。在中国，定往往与"禅定"的含义合而为一。慧，即智慧，它是特指由修习佛教的道理而获得的辨别事物现象、判定是非善恶的认识能力。大乘佛教在这个基础上又主张兼修"六度"，即六种到达彼岸世界的道路，指的是布施、守戒律、忍辱、精进（不懈怠地努力）、坐禅、智慧。佛教在东汉时期传入中国的时候，基本上是大小乘佛教思想同时传入的。我们知道，北朝时期的佛教是注重于身体力行地实际修行，从莫高窟北朝艺术中我们就能清楚地看到"六度"中的前五度内容，而最后一种"智慧"却少一些，因为那时的壁画基本反映不出佛教哲学理论问题，也不侧重于某种经典，它们只是教给信徒们一些具体的实践做法。

当时与北朝对峙的南朝情况就不同了，那里是在汉族政权统治之下，大规模的战争与灾祸相对要少。这样一来，南朝的和尚们就没有必要也像北朝和尚那样全身心地投入现实的自身解脱，也不必过多地去解释社会的苦难根源，他们要做的是对佛教典籍不断深入的研究和讨论。研习和发挥佛教中的哲学理论问题，是僧侣们增长"智慧"到达彼岸涅槃世界的重要途径。南朝的在家信徒和普通百姓们也都希望知道自己的来世是不是能降生到一个无比幸福的天堂世界，他们要求佛教能给予一个圆满的答复。

但是，佛教中所宣扬的极乐世界就有好几种，僧侣们对到底哪一种经典最能概括佛教哲学的基本理论，也是持不同观点的。于是就出现了不同的佛典专门由一些僧俗学者研习发挥的现象。这些学者被称为"师"，他们根据某种佛典而发挥的思想叫作"师学"或"师说"。其中影响较大的有"三论学""涅槃学""毗昙学""成实学""地论学""摄论学""律学"等等。这就是南朝佛教的特点。

图 112 莫高窟第 423 窟人字披西侧《弥勒上生经》壁画（隋）

这里要说明的是，南北方佛教的特点只是相对而言，并不是绝对的，因为南朝石窟虽然少见，但也有南京栖霞山、浙江新昌宝相寺的开凿；北方地区佛教哲学理论的研习也是存在的。只是南北的侧重点不同而已。

隋朝的统一促进了各地文化的交流，以往在南北方各有侧重的佛教信仰也开始相互补充、融合了。南北佛教僧侣的交流往还，沟通教义，在佛教内部出现了理论与修行并重的要求，这就是"破斥南北，禅义均弘"的做法。它要求佛教信徒们既要重视修行实践，也要不断地加深自己的佛教理论修养。

另外，在南北朝时期，佛教寺院经济已具相当规模，到了隋朝又有新发展。寺院拥有自己的大量财物与土地，它们的经济不但强盛，而且稳定，使提倡某一佛教思想的学者可以长期定居，研究教义，教授学徒，形成了各具特色的僧侣集团。他们的庙产开始由本集团内部的僧侣继承，并且把他们信奉的那部分经典尊奉为最高的圆满地位。在这种条件下，就形成了一个个不同的宗派，如"天台宗""三论宗""三阶教"等。隋代的佛教宗派虽然还处在初级阶段，但它们无疑会推动南北佛教的合流。

我们再回顾隋代莫高窟艺术出现的新特点，就可以清楚那些佛殿窟的开凿以及经变画的绘制，正是为宣扬大乘佛教的思想哲理而服务的。从壁画题材内容的演变规律来看，千佛、佛传、本生等用于禅定观想的故事画在日益减少，各种经变画在逐渐增多。从制作这些艺术品的要求看，希望能在现世消灾解难、延年益寿，在来世进入极乐世界的成分日益增多。与北朝时代相比，成佛的难度越来越小了，成佛的速度也越来越快了。最后到了唐朝，经变的题材与思想将超越禅观的内容。从这几个方面来看，隋代的莫高窟艺术，在敦煌佛教艺术发展演变的长河中，起到了承前启后、继往开来的历史作用。

佛寺林立　天宫层出

唐朝（618～907年），是中国封建社会发展的最高峰，同时，也是由盛入衰的转折点。从唐高祖李渊（618～626年在位）开国以来，唐太宗李世民统治二十三年的贞观之治（627 ～ 649 年），为大唐王朝奠定了坚实的基础。以后又经过唐高宗李治（650 ～ 683 年在位）与武则天（690 ～ 704 年在位）两朝的继续发展，到了唐玄宗李隆基（712 ～ 756 年在位）时期国势达到了极盛。在这一百三十多年的时间里，随着政治与军事力量的巩固，对外不断地开疆拓土积极进取，对内有效地发展生产安居乐业，使唐朝在国际上享有崇高的地位。这一时期创造出的文化也是辉煌灿烂的，其中一个最突出的特点，就是能够无所顾忌、兼收并蓄任何外来民族先进的文化，并且去粗取精、扬弃地加以吸收。这种博大的民族胸襟，很值得我们当代人去继承发展。

在初、盛唐的一百三十多年间，也是中国佛教史发展的最高峰。在隋代佛教宗派的基础上，又相继建立起了许多新的宗派。这些宗派都有高度发展的寺院经济作他们的后盾，涌现出了一批著名的高僧，翻译了浩如烟海的佛教经典，创造确立了各自庞大的理论体系，代表了当时哲学思想的最高水平。在众多的学问僧的努力弘扬下，佛教思想日益影响着越来越多的人，也越来越深地渗入了其他文化领域和人民群众的日常生活，使佛教的某些基本教义逐渐变成了人们的道德观念和行为准则。

在古代中国，佛教的发展离不开封建君主的支持，这个规律也同样适用于初、盛唐时期。作为大唐开国皇帝的李渊与李世民是不怎么信佛的，但他们并没有去着力压制佛教，因而在民间广泛信仰的基础上，佛教一直靠着自身的力量平稳地发展着。唐高宗李治即位以后，在他的皇后武则天的积极推动下，皇权与宗教神权有效地结合起来了，佛教被以诏令的形式位于其他宗教之上，上自达官贵人，下至黎民百姓，普遍兴起了一股崇佛热潮。一时间，佛教法事香火旺盛，广度僧尼，大修寺塔，石窟造像遍布于崖间，浮屠道场广立于天下。在这种佛教历史背景下，敦煌莫高窟也迎来了它的黄金时代。

我们知道，大唐帝国之所以能扬名海内外，是离不开那条横贯于亚欧内陆的"丝绸之路"的，而此时的敦煌城依然是河西走廊西出阳关与玉门关的咽喉要地，一直倍受唐朝中央政府的重视。这里本来就是一个佛教圣地，到了这时，佛寺的兴建更像雨后春笋般地出现。初盛唐时期也是敦煌莫高窟造窟最多的时代，据统计大约完成了一百二十多所，有不少洞窟还保存着有确切年代的墨书题记，为我

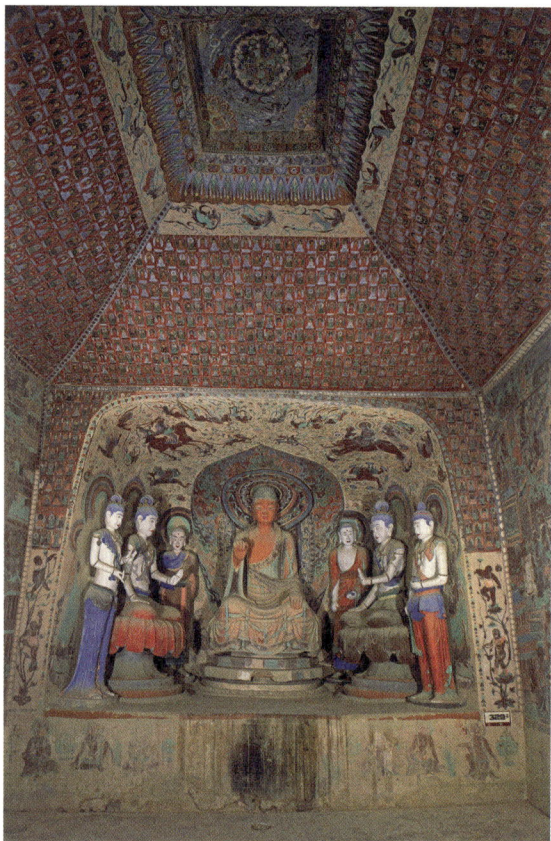

图 113 莫高窟第 329 窟内景（初唐，7 世纪，龛内部分造像
为清代重塑）

们展示出了佛教艺术全盛时期的基本面貌。

初、盛唐时代的莫高窟，一般都有前室和后室。后室即为主室，它的平面呈方形，窟顶是覆斗形的藻井，大部分洞窟只在正壁上开出一所大龛，这样使室内就具有了宽敞的活动空间，僧侣和在家信徒们可以在这里举行各种讲经、说法、礼拜等佛事活动（图 113、114）。于是，佛殿窟的类型在唐代的莫高窟中已经绝对性地占据了主导地位。但是隋代的旧制还有少量的保存，如：第 332、39 等个别窟仍然是中心柱和人字披顶的形式；第 46、225、386 等窟还在南北两侧壁各开一龛，组成了三壁三龛的结构；第 57、322 等窟虽然也是单龛式，但还是承袭了隋代双层龛口的遗制。还有个别的洞窟，如第 205 窟，在窟室的地面中心设置了一个佛坛，在坛上再安置一些塑像，已经预示了晚期洞窟的发展趋势。

洞窟内的塑像与壁画的分布，一般都是经过周密设计安排的，在前朝的基础上出现了新的意境。正壁大龛内一般是安置佛正在向大众说法的场面，它是洞窟内最主要的崇拜偶像（图 113）。但是，面对初、盛唐主龛内的主佛像，信徒们会格外产生一种无比崇敬的心理，因为在佛的两侧，还由近至远、按身份等级特意安排了成对侍立的弟子、菩萨、天王，或再加胡跪姿势的供养菩萨。龛内的一组像少则七身，多则十余身。另外，在龛内塑像的身后，还往往绘制出众弟子、菩萨、诸天等形象，既表现了众圣听法的宏大场面，也使有限的龛内空间具有了无限的视觉与想象领域（图115）。它如同人世间的帝王与后妃、将相等级制度在出世间的佛国世界中的真实写照，更加衬托了佛祖的威严与伟大。

壁画仍然是洞窟内起辅助性思想内容的表现形式，宣扬佛法智慧无边、佛国世界快乐无比的各种经变画，已经占据了窟内大部分壁面。在正壁大龛外两侧，一般画菩萨像与小型的《维摩诘经变》，一边是维摩诘居士，另一边是号称智慧第一的文殊菩萨，表示这两位大士正在问答佛法。有的洞窟则是在一边画佛传中的《乘象入胎》，在另一边画《逾城出家》等，表现的是释迦牟尼出家前的一些神异现象。南北的两侧壁，一般是利用整幅壁面画出大型经变画，如《阿弥陀经变》（图116）《观无量寿佛经变》

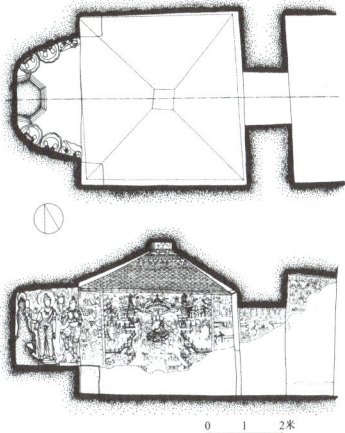

图 114 莫高窟第 45 窟平、剖面图（盛唐，8 世纪上半叶）

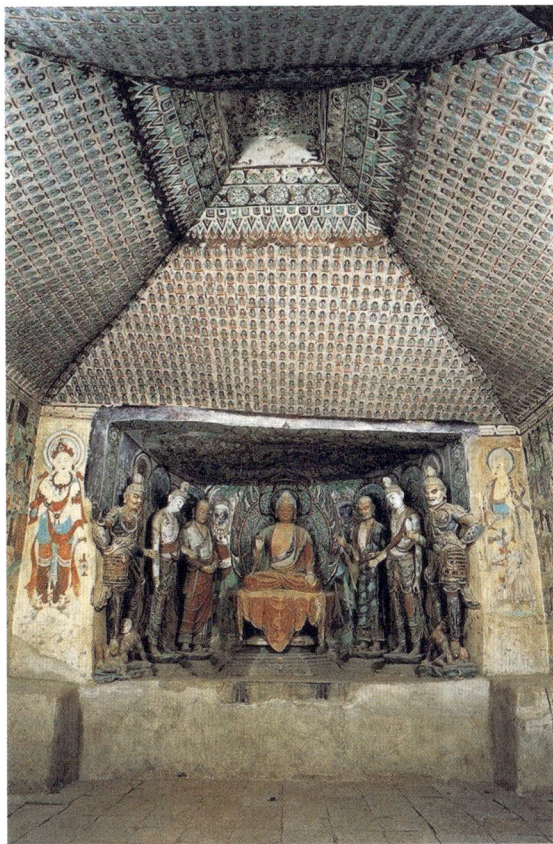

图 115 莫高窟第 45 窟内景（盛唐，8 世纪上半叶）

《弥勒经变》《法华经变》《药师经变》等。这些经变画个个结构布局严谨而精巧，场面富丽而宏伟，能真正体现出大唐盛世的精神与气魄。东壁是洞窟主室的前壁，唐朝的艺术家们利用被门洞一分为二的壁面，绘制出左右对称的两组画面，《维摩诘经变》画是最常见的。门洞的上方往往画佛的说法图，或者是三佛并坐像、二佛并坐像，巧妙地利用着这里的壁面空间（图117）。在覆斗形的窟顶中部，绘有色彩绚丽的华盖式藻井，窟顶的四个坡面画千佛，或者经变画等。地面还要铺上莲花纹砖，这样，整个洞窟就被装扮得像佛教中的清净乐土。

　　如果说，北魏晚期至西魏的彩塑人物是以清瘦的形象来表现潇洒的风度与神韵，北周的丰满造型较多地体现出了佛陀的富态气质，那么，初唐的佛教人物塑造，则是健与美的化身。特别是佛与菩萨的造型，无不注重人物形体自然美的刻划：宽宽的肩膀，丰满的胸部，纤细的腰肢。于是，一尊尊雄健神圣的佛祖，亭亭玉

图116 莫高窟第220窟南壁《阿弥陀经变》壁画（初唐，7世纪）

图 117 莫高窟第 220 窟东壁《维摩诘经变》与说法图（初唐，7 世纪）

立的菩萨，便活脱脱地展现在人们面前（图 118）。它们代表了最典型的唐代造型艺术，这种风格最初是在首都长安形成的。在西安南郊出土过一尊隋开皇四年（584年）董钦造的鎏金铜质阿弥陀佛及其胁侍像，其中的佛与菩萨已经具有了女性特有的窈窕优美体态。日本有邻馆藏有一件唐太宗贞观十三年（639 年）中书舍人马周（601～648 年）造的坐佛像，就是这种健美的体型特征。我们再观察长安附近的彬县大佛寺石窟、耀县药王山摩崖、麟游慈善寺石窟等初唐佛教人物雕刻，无不是与敦煌相同的造型艺术风格。

　　这种风格与前朝艺术有着一定的承袭关系，因为初唐的著名画家，如阎立德（596～656 年）、阎立本（601～673 年）、范长寿、何长寿，盛唐的吴道子（约680～759 年）等人，都是在梁朝画家张僧繇（479 年～？）、北齐画家杨子华等的影响启发下，才形成了自己独特的画风。这些唐代艺术家中的代表人物，再去

图 118 莫高窟第 328 窟正壁龛内主佛彩塑（初唐，7世纪）

不断地采撷现实生活中人们的美的典型，表现在自己的美术作品中，就创立了初唐特有的丰满、健康的人物形象。唐代的名画家为佛寺作画是司空见惯的，他们的画风也就必然被一般画家模仿。神的尊容历来是与社会审美息息相关的，于是，能体现出大唐长安特有的艺术审美风貌的佛教人物，就这样沿着西出长安的古道，经由河西走廊，来到了敦煌。

敦煌的初盛唐艺术直接反映着大唐盛世的佛教艺术面貌，而当时的首都长安和东都洛阳，则是上演各种文化艺术的历史大舞台。公

图 119 河南洛阳龙门石窟奉先寺大卢舍那像龛（唐上元二年，675 年）

元 657 年，唐高宗李治首次到洛阳，并将洛阳城定为大唐帝国的东都，从此，洛阳的政治地位日益重要了。公元 684 年，武则天执政以后，又改东都为"神都"。因此，武周朝的洛阳城，已经实际上成了全国的政治中心，同时也是佛教中心。

如今，昔日长安、洛阳的佛寺已大部分被湮埋在了地下，雕刻像虽还有一些传世与发现，但已不清楚它们的组合关系了。令人欣慰的是，洛阳南郊伊水两岸的龙门石窟，为我们探寻敦煌唐窟艺术的渊源提供了重要的实物资料。这里的大小窟龛密如蜂窝一般分布在伊水两岸的山崖间，共编有 2345 个窟龛号，其中三分之二是初、盛唐时期的作品。奉先寺大像龛，是龙门唐代规模最大的造像工程，它完工于公元 675 年，是唐高宗李治亲自倡议建造的，皇后武则天施舍了自己的脂粉钱两万贯。这所大像龛的平面呈马蹄形，主尊是高达 17.14 米的卢舍那佛像，它的两侧对称排列着二弟子、二菩萨、二天王、二力士（图 119）。类似这样的造像布局，还可以在中型洞窟如奉南洞、八作司洞、龙华寺洞、极南洞等处见到，这些洞窟的造像都雕刻在环绕着正、左、右三壁下方凿出的倒凹字形基坛上。只要稍加对比，我们就可以知道，莫高窟初、盛唐洞窟中的正壁大龛，完全就是龙门唐窟造像组合的缩小形式。它们制作思想来源于唐朝的东西两京地区，是显而易见的。

公元 690 年，武则天为了自己能当上女皇帝，特意授命白马寺和尚薛怀义（662 ~ 695 年）等人伪造《大云经疏》，声称武则天就是未来的弥勒佛降生，理应做人世间的最高主宰。同年 9 月，武则天登上了皇帝宝座，命令把《大云经》颁布于天下，两京与各大州都要建一座"大云寺"。根据北宋李昉（925 ~ 996 年）等人编纂的《太平广记》第二八八卷引唐人张鷟（约 660 ~ 740 年）的《朝野佥载》记载：公元 695 年，薛怀义在功德堂中造了一尊高九百尺的大佛像，仅小脚趾中就可以坐进去几十人。公元 704 年，武则天又在洛阳北北祁山白司马坂制作了一尊大佛，耗费了上亿的钱财。历史书上虽然没有记载这两尊大佛的名称

与样式，但可以想象，它们应该是风靡当时的弥勒佛。弥勒佛在石窟内，本应该位于释迦牟尼的旁边，但出于当时特殊的政治需要，龙门的敬西洞、摩崖三佛龛、双窑北洞、惠简洞、擂鼓台中洞等都是以倚坐姿势的弥勒佛为主尊。这种现象在莫高窟的初盛唐石窟中也出现了。

　　莫高窟第156窟的《莫高窟记》上记载："延载二年（695年），禅师灵隐共居士阴祖等造北大像，高一百三十尺；又开元中（713～741年）僧处谚与乡人马思忠等造南大像，高一百二十尺。"这两尊大像，就是第96窟和第130窟中的倚坐大弥勒佛塑像，它们分别高33米和26米。其中北大像经过后代的屡次重修，只有头部还保存着初唐丰满圆润的旧貌；南大像除了右手是后代补塑以外，其他基本上保持了盛唐时代的原状（图120）。这两所上小下大的方锥形洞窟，与内部沉稳的大佛造型配合得恰到好处，并且给人一种非常宏伟的气势（图121）。

图120　莫高窟第130窟南大像（唐开元年间，713~741年）

经过初盛唐时期的营建，鸣沙山崖面的佛家宝窟就如同隐没层出的玉宇琼楼，天宫重开的清净乐土。到了民国二十五年（1936 年），北大像所在的第 96 窟崖面重新修建了九层木楼阁，于是就成了今日莫高窟外表的象征。它似荒漠中突现的仙境，使莫高窟更加引人入胜。

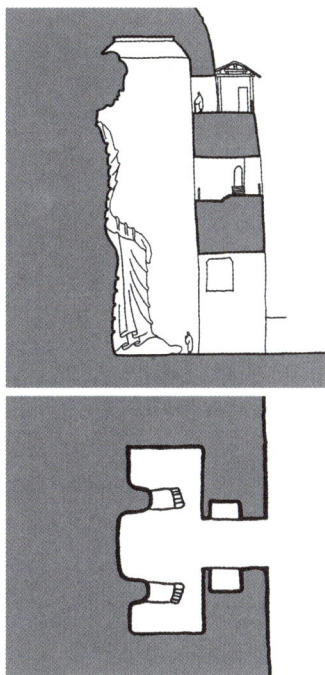

图 121 莫高窟第 130 窟南大像平剖面图（唐开元年间，713~741 年）

中原干戈　吐蕃留迹

莫高窟第 159 窟，是中唐时期开凿的一所单龛佛殿窟，在东壁有一组《维摩诘经变》画。有趣的是，在以文殊菩萨和维摩诘为主体的画面中，分别出现了汉族帝王及群臣、各族各国王子问疾图，大有汉族与少数民族分庭抗礼的势态。在维摩诘帐下的各族王子图中，有一组人物占据着主导地位：为首一人头戴红毡高帽，发辫结于两鬓，身穿大翻领长袍，腰束革带，项下挂着串珠，右手握香炉，一幅虔敬礼佛的姿态。他的前面有二侍者捧着供品导行，身后有一侍者高举伞盖，再后就是各民族的人物，组成了一列主从分明、尊卑有序、庄严肃穆的行进队伍。在他们当中，有赭面黑发者，有束发跣足者，有头戴毡帽、毡笠或锦帽者，可能代表着西域各民族和往返于丝绸之路上的各国商贾、使节。这群人中为首的那位大人物，代表着吐蕃的赞普（图 122）。与他们相对立的，却是汉族帝王的礼佛队伍。人们不禁要问：敦煌是大唐的军事重镇，为什么会出现这种有意思的画面呢？我们还是先来看看唐代吐蕃人的情况。

吐蕃是唐时藏族名称的汉语音译，很早就在青藏高原过着农耕和游牧的生活。公元 7 世纪前期，吐蕃杰出的首领松赞干布（617 ～ 650 年）做了赞普（吐蕃人对王的称呼），建立了强大的国家，定都在今天的拉萨。那时内地正是唐太宗统治下的强盛的唐帝国，松赞干布很愿同唐朝建立友好关系，于是特地派人向唐太宗求婚，唐太宗把宗室女儿文成公主（625～680年）嫁给了他。

公元755年，安史之乱爆发后，唐朝政府被迫调动河西走廊一带的精锐部队前往中原平定叛乱，使河西地区守备空虚。吐蕃的军队乘此机会进入了河西走廊，敦煌等地的军民进行了奋力抵抗，终寡不敌众，到公元781年，河西地区就全部被吐蕃占领了。从此以后，河西一带的主要矛盾，就是吐蕃与汉族之间的矛盾。但是此时吐蕃人也信仰佛教，他们对修建佛寺、开凿石窟是大力提倡的。所以，敦煌莫高窟仍然遵循着盛唐的轨迹，继续向前发展着。

吐蕃人占据敦煌的时代，相当于中原一带的中唐时期。在这六七十年的时间里，敦煌的艺术家与工匠们共修补完成了盛唐的18所洞窟，开建了48所洞窟，共计66窟。其数量和规模都是相当可观的。在它们当中，主室平面呈方形、正壁开一大龛的佛殿窟，仍然是最主要石窟形制。正壁大龛多做成方形盝顶形，少量的还做出双层龛口，在龛内依正左右下部，还做一个马蹄形的坛床，呈倒凹字形（图123）。然后在坛床上安置坐佛与二弟子（阿难与迦叶）、二菩萨、二天王像。佛

图122　莫高窟第159窟东壁《维摩诘经变》中的吐蕃赞普及侍从（中唐，8世纪末至9世纪初）

床的侧立面还开出壶门，壶门内塑制伎乐人物。

佛殿窟的内容与布局也是有规律可循的。在前室的南、西、北三壁有的画出四大天王，甬道的两侧画供养人。主室覆斗形顶中央绘有华盖式藻井，周围有飞天旋绕。顶部四坡的中间画佛说法图，周围布满千佛。正壁大龛的彩塑像内部，依龛壁画出约十扇屏风，在屏风内画佛的本生、因缘等故事。盝形的龛顶装饰着彩绘平棊图案，盝顶的四坡绘制佛的瑞像图，多的可达四十余幅。正壁龛外两侧分别画有小型的经变画，如《文殊变》《普贤变》等（图 124）。南北两侧壁

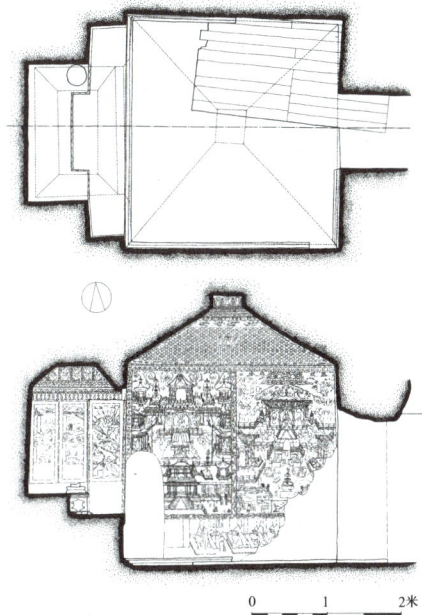

图 123 莫高窟第 361 窟平、剖面图（中唐，8 世纪末至 9 世纪初）

仍然画有各种经变画，但已不像初唐的佛殿窟那样，通壁只画一幅经变，而是每壁绘出三大幅经变画，壁面下部还留出约三分之一的面积，以屏风的形式绘制每个经变中的诸品故事，也就是每个佛经的具体章节中的故事（图 125）。其中，每幅经变画的下面大约有四联屏风画。这段时期常见的经变画有《观无量寿佛经变》《弥勒经变》《东方药师经变》《阿弥陀经变》《维摩诘经变》《法华经变》《天请问经变》《金刚经变》《楞伽经变》等十几种，也出现了一些初盛唐所没有的新的经变题材。在东壁的门两侧，也各画一幅经变画，下部仍然绘四联屏风画。

我们从吐蕃时期的敦煌佛殿窟中，也依然可以看到中原地区艺术形式的影响成分。前一小节中提到的龙门石窟奉先寺以及其他著名的初唐中型洞窟，都是环绕正左右三壁设置倒凹字形的坛床，在坛床上雕刻出一组主要崇拜偶像。还有就是屏风画，同样也出现在西安地区初盛唐时期的亲王公主和中唐时期的贵族壁画

图 124 莫高窟第 159 窟西壁（中唐，8 世纪末至 9 世纪初）

墓室中，一般绘制在内室（图 126）。所以，我们可以想象，在唐代贵族家庭的寝室里，一定流行以设置屏风画的形式来装饰房间。这种现实社会中的世俗实用艺术形式，被借来应用于出世间的佛殿窟内，是宗教艺术创作的必然现象。我们也由此可以看到，敦煌虽然已失陷于吐蕃，但这里与唐朝中央地区的文化联系仍然是割不断的。他们之所以比中原地区某种艺术样式的流行晚了一个节拍，是由敦煌偏僻的地理位置造成的。

吐蕃时期的敦煌，还开凿出了一种大型的涅槃窟，很有特色。如第 158 窟，它的平面呈横长方形，盝形顶，在正壁的下部有一通壁宽的佛床，佛床上塑了一身 16 米长的巨大卧佛像，表示释迦牟尼已经涅槃了（图 127、128）。有意思的是，在卧佛的周围，还惟妙惟肖地画着众弟子、菩萨、天神、护法神等对释迦涅槃后的不同反应：众弟子的心情无比哀痛，他们如同失去了自己的亲生父母，因为以后再也不能亲耳聆听佛祖的宣法了；菩萨们的神态却很安详，因为只有他们才真正了解释迦的涅槃并非弟子们想象中的死，而是进入了一种摆脱轮回的不生不灭

图 125　莫高窟第 159 窟南壁（中唐，8 世纪末至 9 世纪初）

图 126　陕西省西安市南里王村韦氏家族墓墓室西壁六屏仕女壁画（1987 年发掘，中唐前期，8 世纪晚期）

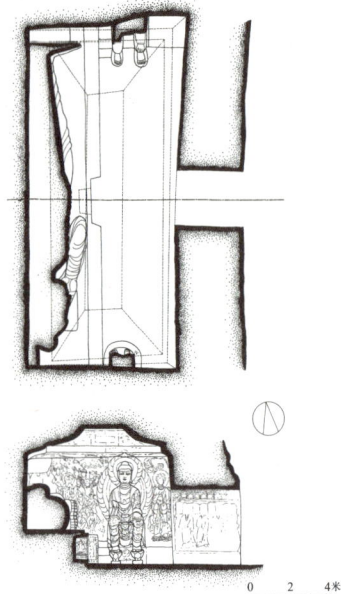

图 127　莫高窟第 158 窟平、剖面图（中
唐，8 世纪末至 9 世纪初）

境界，从此，佛祖将与众生无处不同在。还
有一部分是专门描绘各民族王子们举哀的场
面，在他们中间，有头戴冕冠、身穿大长袍
的汉族帝王；有藏族、突厥族、南海昆仑以
及南亚、中亚、西域等地的各族王子们。他
们有的穿毡褐、团花锦袍；有的上身祖裸，
戴各种高顶毡帽，或扎白巾，系高发髻，或
垂小辫；有的面貌棕黑，卷发，深目高鼻，
分别具有西域及南亚、中亚各国人的特点。
他们根据自己本民族的风俗习惯，表达悲哀
的方法也不一样：有的拿刀割自己的耳朵，
有的剜心，有的割鼻子，还有一位正在持剑
剖腹，同时他们又都在号哭与悲泣，表示自
己对释迦的虔诚敬仰和痛不欲生的哀悼心情

图 128　莫高窟第 158 窟释迦涅槃像局部（中唐，8 世纪末至 9 世纪初）

图 129 莫高窟第 158 窟北壁《涅槃变》壁画中的各国王子举哀（中唐，8 世纪末至 9 世纪初）

（图 129）。这幅巨大的涅槃变相图，构图严谨，人物造型生动逼真，整个画面气势磅礴，它以众人狂热的悲痛和卧佛沉静的安睡相对比，烘托出了佛入涅槃的崇高境界。

　　敦煌吐蕃时期的石窟艺术，虽然还是以大唐风采作为发展的主流，但是其中却涌现出了众多的古代民族的图像资料，这是极其珍贵的。它体现了在吐蕃统治下的敦煌，各民族之间的文化交流与融合，为中华文明的发展起到了一定的积极作用。

收复故土　心向大唐

　　在吐蕃统治下的敦煌，一位英雄人物崛起了，他就是张议潮（799～872年）。公元848年，张议潮乘吐蕃发生内乱之机，在敦煌率领民众起义，赶走了吐蕃的将领，并派他的兄长张议潭为首的十路使节向唐王朝报捷。其中的一路于公元851年绕道今天的包头附近南下到了长安，朝廷这才知道敦煌已经被收复了。张议潮的这支英雄军队以汉族为主体，包括回鹘、羌等少数民族。公元861年，张议潮率领由7000人组成的军队向东拔掉了吐蕃王朝在河西走廊上的最后一个据点——凉州（今甘肃武威）。公元866年，张议潮的军队又攻克了位于新疆的西州（今吐鲁番东南高昌城址）、北庭（今吉尔萨尔县北破城子）等城，使断绝了百年的丝路旧道暂时疏通，同时也打通了敦煌通向长安的道路。公元867年，张议潮来到长安，被任命为右神武统军、封万户侯，他的侄儿张淮深（831～890年）任沙州刺史与归义军留后。公元890年以后，张议潮的女婿索勋（？～894年）、孙子张承奉相继统治敦煌一带，直到唐朝灭亡以后的公元920年。

　　为了庆贺、表彰张议潮的功绩，大约在公元864年前后，张淮深在莫高窟开凿了第156窟。这是一所在正壁开一龛的方形佛殿窟，在窟内南北两壁下部，并延展到东壁下部，绘制了《张议潮统军出行图》和《宋国河内郡夫人宋氏出行图》。这是一幅高1.20米，长16.40米的辉煌杰作，图上描绘了当时从吐蕃统治下收复河西地区的张议潮和他的妻子宋国夫人出游的盛大行列。《张议潮出行图》的前部以鼓吹和舞乐为主，鼓吹者的号角对面齐鸣，仰天高奏，把观众的视线自然引向了四对跳舞人。整齐排列的乐队紧跟在舞者的后面，演奏着节奏和谐的乐曲。中部展现的是河西节度使张议潮，他人高马大，威风凛凛，是全画的中心人物。张议潮的周围前呼后拥着高举旗帜的骑马官吏与亲兵们。我们横观全图，既有热

图 130　莫高窟第 156 窟南壁《张议潮统军出行图》局部（晚唐，9 世纪下半叶）

烈欢腾的气氛，又有威武雄壮的气势（图 130）。

　　《宋国夫人出行图》的最前部有杂技舞乐表演。有一人头上顶着高竿，竿顶上有四个小孩儿正在作各种惊险的动作。有四位乐师和四位舞伎，与《张议潮出行图》中的跳舞人遥遥相对。他们的身后，是大批的侍女、车仗，以及随从的骑马人物，簇拥着宋国夫人缓缓行进，场面极其豪华奢靡（图 131）。

　　张议潮夫妇出行图，是供养人一类画像中的杰作，这种大场面在全国石窟中也是罕见的。所谓供养人，指的是出钱开凿洞窟、造功德的主人。有时候，石窟的供养人并不一定就是石窟的直接建造者，只不过是他们的亲人借用了他们的名义而已。为了使他们的敬佛功德流芳百世，往往在石窟中绘制上自己的模拟画像，并题写上"某某某一心供养"等语句。供养人画像与佛教世界里的人物画不同，他们反映的是历史上的真实人物。在张议潮夫妇出行图上，以它独特的气势浩大的威仪，络绎如云的百戏伎乐，真实地表现了当年这位英雄的出行场面，也为我

图 131 莫高窟第 156 窟北壁《宋国夫人出行图》局部（晚唐，9 世纪下半叶）

们今天保存下了许多珍贵的历史和民俗资料。

张议潮家族时期的莫高窟约有六十多所，曾在吐蕃时期流行的正壁开凿方形深
龛式的佛殿窟仍然为数最多。还有一种较特别的中心龛柱式洞窟，它们的形状与北
朝时期的中心塔柱窟很相似：洞窟的主室是长方形的平面，前部是覆斗形顶，后部
是平顶，中央置一方形柱体，方柱正面开出方形盝顶深龛，龛内的三壁画有屏风画，
下部有倒凹字形的坛床。这实际上是把佛殿窟正壁的方形深龛转移到了中心方柱的
正面。这类窟形并不多见，只有第 9、14 窟等屈指可数的几例（图 132）。

较具特色的是一种中心佛坛式洞窟，它们一般都有宽而长的甬道，主室是方
形平面，地面中央设置一个佛坛，环绕佛坛四周有通道，可以礼拜。佛坛前面有登道，
坛上还起了倒凹字形的佛床，佛床上正面置主尊佛像，两侧为弟子、菩萨、天王等像。
在主佛像的背后，立了一个大背屏，很像佛座的靠背，直通窟顶（图 133）。佛床
的四周原来还有栏杆。藏经洞所在的第 16 窟，就是由高僧洪䇐建造的最早的一所
中心佛坛窟（见图 5）。这种佛坛的背屏，就如同寺院殿堂建筑中的扇面墙，这种
扇面墙一般立在大殿中部高坛上一组偶像的后面，环绕着高坛也可以做礼拜。很
明显，这种佛坛窟是模仿了木构寺院殿堂的形式，它们只是把原来位于佛殿窟正
壁大龛里的一组彩塑，移到了地面正中的佛坛上。

在四川广元的千佛崖石窟中，早在初、盛唐之际就已经出现了类似的中心佛

图 132 莫高窟第 14 窟北壁前部（晚唐，9 世纪下半叶）

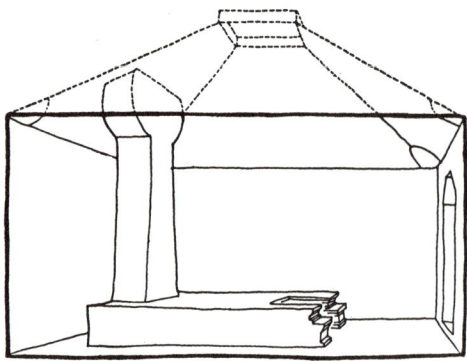

图133 莫高窟晚唐佛坛窟结构示意图(采自萧默：《敦煌建筑研究》)

坛式洞窟（图 134），同样也是模仿了木建筑佛寺中殿堂内的布置。这种洞窟在以后的五代时期还将进一步扩大和完善，它表明了盛唐以后的石窟寺越来越多地仿照地面佛寺的结构，已经成为一种时代潮流了。

晚唐时期的莫高窟，仍然流行吐蕃时期的经变画题材。但其中的《报父母恩重经变》《劳度叉斗圣变》《降魔变》《楞严经变》《密严经变》是新增添的内容。与前代相比，一所洞窟内的题材就丰富多了，有的在一窟之中竟绘制了十六七种经变画，前面提到的第156窟就是这样。张承奉于公元890～893年间建造的第9窟则绘制了七幅经变画。与此同时，经变画中的内容也大大增多了，如《法华经变》中有九十四方墨书榜题标明画中的具体故事情节，《维摩诘经变》的榜题有的增加到了五十余方。还有许多反映现实社会生活的场面，也有一些包含了抽象佛教教义的说法图。若与初、盛唐时期的经变画相比，在主题鲜明、结构精炼、气魄宏伟等方面都已大大不如从前了，反映了唐代的佛教艺术正在走向繁缛与衰落。

在个别的洞窟内，如第85窟，还出现了以《贤愚经》为依据绘制的屏风式故事画，像《海神难问船人品》《恒伽达品》《七瓶金施因缘》《金天品》《散檀宁品》等约二十种故事画，都是晚唐莫高窟中新出现的内容。前一段时间流行的"瑞像图"仍有继续发展的趋势，还有一种"佛教史迹故事画"也同"瑞像图"结合在一起，形成了复杂的构图。这些图像大部分是画在洞窟甬道的顶部，信徒们在进入主室前通过甬道时，只要抬头仰望就能看到。甬道两侧的斜坡上，则绘出为数众多、排列整齐的单身瑞像图。如在第9窟甬道顶部绘着《迦叶救如来溺水》《释迦度商主》《毗沙门天决海》《牛头山圣迹》《安世高故事》《刘萨诃禅修》等佛教史迹故事画，背景为统一的山水，如同单幅多情节的故事画。甬道两侧坡面似屏风的形式，绘着系列的瑞像图（图 135）。但是，这些壁画的艺术水平都已不如初

图 134 四川广元千佛崖石窟的佛坛窟（唐，8 世纪初）

盛唐时期了。

　　张氏家族时期的莫高窟，汉民族化的色彩与前代相比更加浓厚了，它一方面显示出佛教的信仰正在日益同现实中的世俗生活相结合，一步步走向世俗化。同时也预示出佛教在中国的发展高峰终于过去了，接下来的将是夕阳的余晖。

图 135 莫高窟第 9 窟甬道顶部佛教史迹故事画和瑞像图（晚唐，9 世纪下半叶）

妖媚妖娆的救世主——隋唐彩塑艺术

由于隋唐时代莫高窟的绝大多数洞窟是平面方形的佛殿窟，因此，作为石窟中主要崇拜偶像的彩塑，一般都被安置在正壁大龛之中。这些龛内的彩塑，都是以佛为中心的群像形式，多的可达 11 身，少的也有 3 身（见图 111）。在主佛像的两侧，一般侍立着两身弟子（阿难与迦叶）、两身菩萨（观世音和大势至）、两身天王（南方增长天王和北方多闻天王）（见图 115、124）。晚唐时期有的洞窟是中心佛坛式的，那么彩塑像群就被排列在了佛坛上（见图 5）。在这段辉煌的时代，彩塑佛教人物所在的洞窟空间也宽敞开阔多了，信徒们身临其境，就会产生一种如同面对佛国天堂的亲切感。而身居这些壁龛之中的佛教诸神们，也将以全新的精神面貌，洋溢出中国封建社会鼎盛时期所特有的审美情趣与人性气息。

隋代莫高窟的彩塑与北朝时期相比，在塑与绘的技巧上都达到了新的水平。但面对以后的唐代成熟期的作品，它们的过渡期特点则是很明显的。

隋代早中期的彩塑佛像，有的还保留着北周那种头顶有低平肉髻的特点，菩萨像在身体比例上，往往有上身长下肢短的毛病（见图 111）。不过到了隋代晚期，彩塑的造型与风格都同初唐相近似了。从彩塑的形式来看，隋代以后主要是圆塑的制作，很少有高浮塑与影塑相配合。这些佛教中的主体彩塑人物，在表现性格类型上都更加鲜明了。佛的面相庄严慈祥。菩萨像有的神态庄严，有的表情文静，有的聪慧伶俐，有的眉目娟秀，有的一手提瓶、一手拈花或持柳枝，有的微屈一膝，把身体重心放在一条腿上，呈现出微微斜倚的姿态。与北朝相比，隋代的菩萨显得绰约多姿（见图 107）。弟子像的塑造，以迦叶的个性刻划最为典型，这是一位久经苦行生活、满面沧桑的老僧形象。但我们所见到的隋窟中的迦叶却并没有固定的模式，它们有的像老态龙钟的西域高僧，有的又像面貌丰腴的中原和尚，有的微笑，有的哀愁。第 419 窟的老迦叶满面皱纹，

图 136 莫高窟第 419 窟西壁龛内迦叶彩塑像（隋）

图 137 莫高窟第 427 窟前室南壁西侧
天王彩塑像（隋）

图 138 莫高窟第 420 窟西壁龛口南侧
彩塑菩萨像（隋）

饱经风霜的面孔上包含着睿智（图 136）。大型中心柱窟前室的巨型天王像，神情与面貌显得有些雷同，如第 427 窟的天王，外表虽然是庄严威武的，但体格还不十分健壮有力（图 137）。金刚力士像也有同样的特点，比起唐代的同类型塑像，这类佛教中的护法神鲁莽暴怒性格的刻画还很不够。

隋代的许多彩塑都是光彩夺目的，这是隋代的佛教艺术家们对彩塑的上色日趋华丽的结果。如第 427、420 窟的彩塑，在人物的衣裙上装饰了华美的织锦图案，佩戴的项圈与璎珞都作了金装，再加上采用重彩装金的手法绘制出的人物身后的背光图案，映衬得彩塑像更加绚丽多姿了（图 138）。另外，在彩塑人物的面部，隋代已开始使用类似于壁画的晕染手法，使这些泥塑偶像的面部更加红润，颇具生气。在人物身体表面的衣纹处理上，隋代已经采用了比较写实的技巧，但还是不太自然，还是有些像北朝的那种阶梯式衣纹。这点，还需留待唐朝进行改进。

在中国佛教雕塑艺术史上，唐代是人们公认的发展最高峰，因为它既消化了北朝与隋代的艺术素养，又表现出自身的自信与积极进取的态度，深刻地反映着高度发达的封建文化给人们带来的特定时代的审美气质。

唐代莫高窟的彩塑，不论是佛、菩萨、弟子，还是天王和力士，大部分都是与真人高度相等的，这样使信徒们产生出如同诸神降临人间的亲切感（图 139）。同时，对人物的体型塑造，唐代采用了最接近于人体自然健美的比例与结构，一尊尊饱满、强健、丰腴而富于体积感的泥塑偶像，也因此具有了结实的栩栩如生的肉体生命。那些形似静止的彩塑，都是寓静于动态之中，艺术家们对每一尊彩塑肢体动作的刻画，都体现着丰富的生活阅历。菩萨的各种造型，都仿佛是一位漂亮的女子在舞蹈动作中的优美亮相。在这样的动势中显示着唐人在精神文化艺术中的充沛活力。

唐代的莫高窟艺术，大体可以分为初、盛唐与中、晚唐几个阶段，而初盛唐时期的敦煌彩塑，最能体现出典型的唐风佛教造型艺术。位于主龛内的一组群像，仍然是这段时期彩塑的主要形式（见图 115）。龛内的壁画往往作为塑像的补充内容，如在阿难、迦叶塑像的身后画出八位高僧，这样就象征了释迦牟尼的十大弟子。弟子之外再画一些菩萨和众天神，共同组成了众圣听法的场面，构成了全窟的中心内容（图 139）。

佛像的坐姿，一般有结跏趺坐式和倚坐式两种。多着褒衣博带装，丰满慈祥的面部，透露着雍容华贵的神圣气质（见图 118）。弟子像的塑造上，老成的迦叶与聪慧的阿难更能给人以生动亲切的艺术感染力。第 328 窟和 45 窟中的弟子像，就表现出了这种卓绝的技艺（图 140）。初唐至盛唐初期的菩萨像都是体态修长、亭亭玉立的窈窕之美

图 139 莫高窟第 45 窟西壁龛内左胁侍弟子、菩萨、天王彩塑（盛唐，8 世纪上半叶）

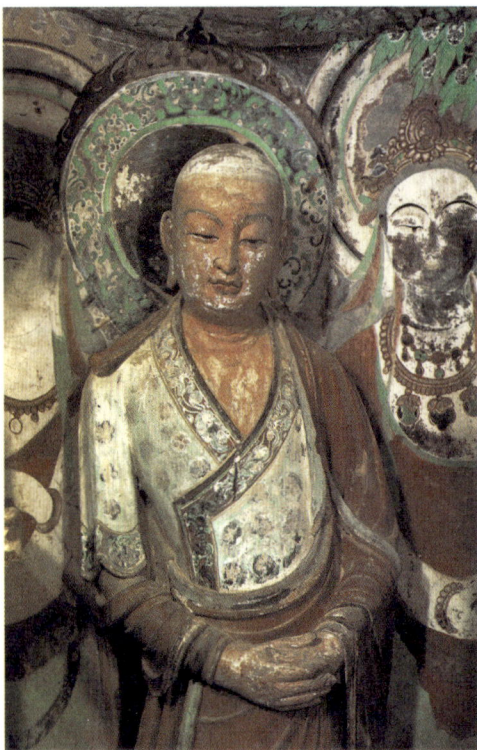

图 140　莫高窟第 45 窟西壁龛内右胁侍弟子（阿难）
彩塑（盛唐，8 世纪上半叶）

（图 139）；而进入盛唐天宝年（742～756 年）以后的菩萨像则是面相丰腴、肌肤圆润、身姿婀娜的温婉妩媚之美，都带有贵妇人的仪态（图 141、142）。人们所熟悉的杨贵妃（719～756 年），就是这种以胖为美的典型。杨贵妃的美丽，我们只能从文献记载中去想象，而第 45 窟的两身动人的盛唐初期菩萨（图 139），谁又能否认它们的作者不是参考了当时的女模特儿呢？过去曾有人将这两尊菩萨也视为"东方的维纳斯"，充分说明了现代的美术家对盛唐艺术的偏爱。

初唐时期的第 322 窟天王像，顶盔贯甲，高鼻大眼，还绘出八字胡须，很像一位来自西域少数民族的将军。盛唐时期的第 46 窟天王像，则是头顶束发髻，身穿金铠甲，攥拳怒目，气势威猛，参照的是中原汉族将领的形象。在这样的护法天王配合下，龛内的一组彩塑主题鲜明，动态、神志和外貌虽异，却能互相呼应，组合成统一的整体，共同表现着佛的无边法力。

公元 698 年建造的第 332 窟，内有中心柱，在柱的后壁塑着释迦牟尼的涅槃像，是敦煌现存彩塑中最早的一尊涅槃像。吐蕃时期规模最大的第 158 窟佛床上的彩塑卧佛像长达 16 米，右胁而卧，神态安详若睡，含有笑意；丰腴的面容，适度的身体比例，通肩袈裟的衣纹随着身段的起伏而变化，流畅而写实，是敦煌大型彩塑佛像中的杰作（见图 128）。

高僧塑像，是在晚唐的张议潮家族时期开始出现于敦煌的彩塑新题材。公元 851 年开凿的第 17 窟（藏经洞）中的敦煌著名高僧洪辩的禅定像，身裹袈裟，神采奕奕，是敦煌人物写实彩塑肖像中的代表作（见图 7）。

唐代彩塑人物的写实性，还重点体现在波浪式衣褶的运用方面。这是一种近似于人体自然衣纹的表现方法，给人以丝绸般的柔和质感，反映了唐人彩塑技巧的成熟性与装饰性。另外，表面的敷彩与形体的结合也更加巧妙了。例如，菩萨像以白色表现皮肤的洁白莹润，更增强了菩萨们的女性化特征（图 142）；弟子与天王则把肉体表面涂作肉红或赭红色，以体现男性般的阳刚之美；天王的铠甲只塑出大体外形，铠甲细部的锁子、鱼鳞甲片等，大部分用青绿彩绘和金箔装饰来表现（图 141）。人物的眼、眉、须、发用黑线或赭红线描画，再以浓墨点睛、朱红涂唇，青绿、朱砂等色染衣，色彩富丽而华美。这种强烈的对比，着力渲染了人物的不同性格特点。有的彩塑还在面部施加晕染，使人物的形象更具有了真实感。

佛教世界里的人物形象，是来源于现实生活的，那么，莫高窟的唐代彩塑佛教人物，更是充分利用了艺术的写实手法和超常的想象力。这些偶像身上体现出的雄大气魄，之所以前无古人，后无来者，是因为它们身上

图 141　莫高窟第 194 窟西壁龛内南侧菩萨与天王彩塑（盛唐，8 世纪上半叶）

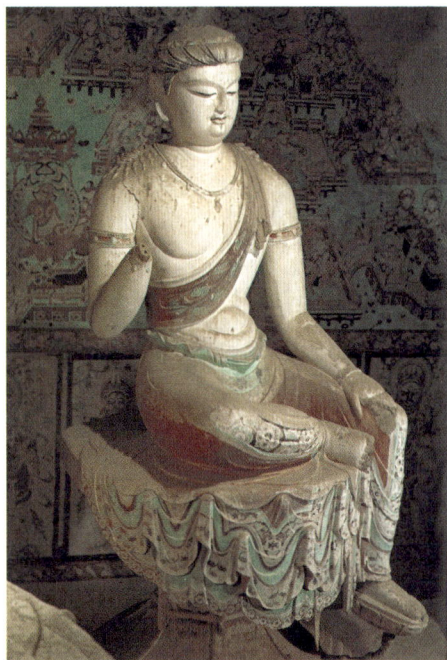

图 142　莫高窟第 196 窟中心佛坛上的半跏趺坐菩萨彩塑像（唐景福二年至乾宁元年，893~894 年）

倾注了当时的艺术家们无限的真实情感，包含着当时的民族进取精神。所以，它们的魅力是无穷的。如果有的佛教雕塑人物缺乏内在的活力，正是因为它们没有蕴含民族审美情趣。这样一来，偶像就成了单纯的偶像，在艺术表现手法上没有兼容与进取精神。

辉煌灿烂的妙笔丹青——隋唐壁画艺术

隋唐时代的敦煌莫高窟，仍然是以彩塑作为主要的崇拜偶像，以壁画的形式来表现具体的宗教思想内容。这段时期的壁画题材与北朝相比，已有了大幅度的转变，最主要的是经变画，其次就是新的故事画内容相继涌现，如佛教史迹画、瑞像图等。同时，以佛为主体的说法图，佛或菩萨的单独画像，也一直存在并发展着。各种复杂的装饰图案仍然起着烘托宗教主题的作用。这些气势磅礴、形式多样、主题鲜明、灿烂辉煌的壁画艺术，形象地反映了隋唐文化的繁荣与博大精深。

隋代石窟中的佛像画主要表现在说法图中，另外还有三世佛像、三身佛像、七世佛像、千佛像等。说法图的数量比北朝时期增加了很多，甚至在同一窟内绘制十几幅、几十幅、百余幅。例如，第 244、390 等窟的壁面分上、中、下三段，排列着 27 幅至 115 幅不等的说法图（图 143）。说法图的幅面也相应增大了，有的里面还出现了和真人大小相等的佛、菩萨像。在第 204、276、427 窟的说法图中，有的画出阿弥陀佛作为主尊，两边还分别画出观世音菩萨和大势至菩萨，下方绘有微波荡漾的水池，水面上有鸳鸯、仙鹤和化生童子。这样的图像，和唐代以后的经变画就比较接近了，我们在北朝晚期的壁画中，还能看到更原始一些的形态。因此，有的敦煌学者认为，唐代经变画就是由隋代说法图逐步发展演变而成的。

隋代壁画的发展虽然短暂，但在绘画风格上明显地存在着疏体和密体。所谓密体，就是用细密精致的笔法绘制，第 419、420 窟窟顶坡面的人物故事画，就是密体风格壁画的杰作（图 144）。第 427 窟中心柱座沿上画的须达拏本生长卷连环画也是这样，画面精致细腻，构图紧凑而有节奏，色彩丰富，除了土红、毛绿、蓝、白、黑、花青之外，还使用了朱砂、石青、石绿，并贴了一些金箔，形成了浓厚

图 143 莫高窟第 390 窟北壁壁画说法图群（隋）

艳丽的色调。图中的人物、房屋、树木、车马等都具有较强的写实感。密体风格的壁画还反映在一些石窟中的千佛与图案装饰画上。

那么，敦煌为什么会在隋代突然出现这种画呢？我们查阅唐代美术理论家张彦远著的《历代名画记》一书，上面记载隋代著名画家展子虔（约545～618年）曾经画过《法华变》，董伯仁画过《弥勒变》，都是佛教经变画，画中的"楼台人物，妙绝古今"。在谈到绘画风格时，说他们二人的技法都是"细密精致而臻丽"，这正是密体风格。可见，在隋代中原一带画坛上，密体是相当盛行的，这种画风也必然会传播到全国的其他地区，而敦煌隋代的密体壁画艺术，正是在这样的时代艺术影响之下产生的。

与密体形成鲜明对比的，是隋代莫高窟中流行的另一种疏体画法，它以简练豪放而著称。疏体大部分是用土红线描起稿，仅仅上黑、白、蓝、绿、花青等简

图144 莫高窟第 420 窟窟顶西披《法华经变》壁画局部（隋）

单的几种颜色，色调比较朴素、淡雅。有很多石窟中的说法图，就是采用这种画法。再如第 276 窟正龛外北侧的维摩诘像，只是略敷淡彩，人物近似于白描，它主要用熟练而富有变化的土红线，成功地描绘了一个精神抖擞、机智善辩的长者，达到了形神兼备的效果（图 145）。疏体画法同北朝晚期的壁画是一脉相承的，所以，这种简练、淳朴的新风格壁画，既富于敦煌的本土色彩，又具有大一统的时代气息。

唐代莫高窟的壁画，把人们引向了西方极乐世界的国土之中，那一幅幅宏伟壮观的经变画，反映了唐朝的繁荣昌盛，以及朝气蓬勃、欣欣向荣的时代精神。此外，从宗教思想上引导信徒们的壁画题材主要是佛教史迹画和瑞像图。这三项内容我们将在下面的小节中专门讲述，这里只想介绍一下唐代的佛像画和装饰图案。

在莫高窟的唐代石窟中，也绘制了大大小小的说法图，图中画有佛、弟子、菩萨以及保护佛法的天王、龙王、阿修罗王、金刚力士、飞天等等，场面增大了，人物也多了。另外，还绘制单身的佛、菩萨像，有的石窟还把观世音和大势至菩萨从经变画中独立出来单独描绘，使这两位大菩萨越来越成为人们在苦难现实中寻求解脱并寄托美好愿望的尊神了。还有一种文殊和普贤菩萨左右对称的画像，大部分绘在正壁大龛的两侧。例如，第331窟中的文殊身跨青狮，普贤骑着白象，下面都有飞天托举着兽足，还有天人奏乐伴随，一同从碧空中飘荡而下。第159窟的文殊和普贤菩萨，则是腾云驾雾，飞行在江海之上，并且形成了众天人簇拥的行进行列（图146）。这些作品表明了信徒们对佛教中几位大菩萨的崇敬心情正在日益加深。

吐蕃势力退出敦煌以后，单身的佛、菩萨像开始逐渐减少了，能见到的题材包括药师佛、四方佛、观世音、大势至、地藏菩萨等。而另外一种类型的佛教尊像画却在大量增加，主要是佛教中的特殊派别——密教的神像画。

由于莫高窟的唐代石窟大多数是覆斗顶的佛殿窟，所以，用壁画的形式绘制的图案纹饰主要在窟顶的藻井上，其次是四壁与龛沿的边饰，还有塑像身后的圆光装饰，以及经变故事与人物画中的建筑、服装、器物的装饰等等。图案纹样以莲花、卷草、团花纹为主，还有一些几何纹、表示吉祥如意的禽兽纹等。这些装饰图案在唐朝近三百年的时间里，大量地绘制在二百多所石窟中。如果每所洞窟的图案画以5平方米计算，那么它们总共也有1000多平方米了。这些极为丰富的装饰图案画，它们的价值已不仅仅在装扮与烘托佛教殿堂了，还为我们展现了唐代形象的装饰图案史。

唐代石窟中的藻井，都是绘制成华盖的形式，高悬在窟顶正中，既华丽又庄严。藻井的井心

图145 莫高窟第276窟正龛外北侧壁画维摩诘像（隋）

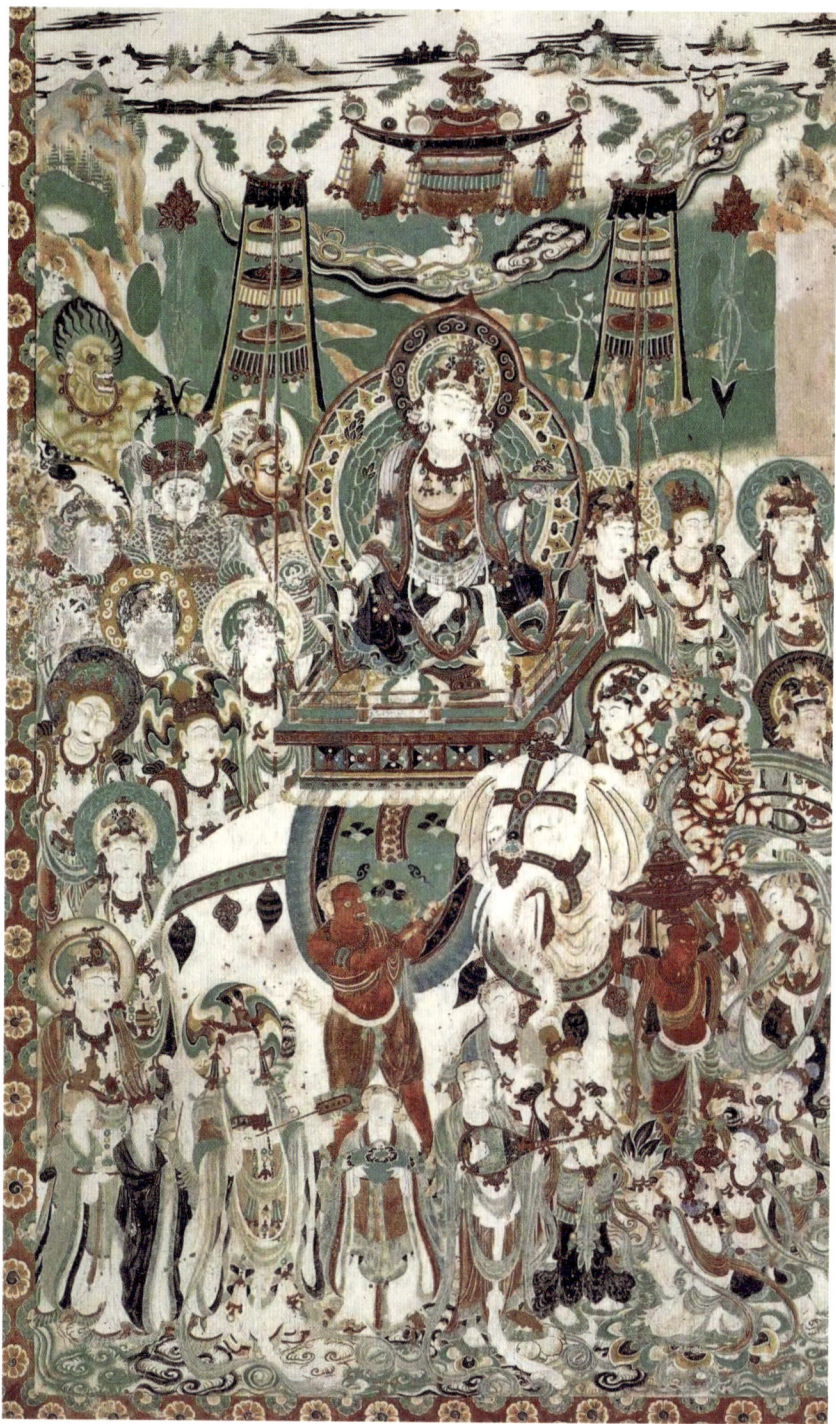

图 146 莫高窟第 159 窟西壁南侧《普贤变》壁画（中唐，8 世纪末至 9 世纪初）

一般是向上凸起的，井心外的四边向窟顶的四坡展开，形成一个正方形。它的四个角又和下垂的四坡边饰相接，而四坡的边饰又同四壁上部的环周边饰相连，这样就构成了支撑石窟的装饰骨架结构。华盖，本来是中国古代帝王们象征礼仪与威严的伞盖，在这里，它已经充分图案化了。把华盖作为佛教石窟中的天井装饰，是为了体现这里境界的高贵，属于中国化的佛教艺术装饰。藻井的井心一般画莲花或者团花，有的还反衬出蔚蓝的天空。四边镶着层层的花边，最外层是表现伞盖的外沿垂下的帷，边沿还缀饰着排列整齐的彩铃与飘带，仿佛还在叮咚作响。第 329 窟的藻井井心，在莲花四周有湛蓝的天空，飘荡的彩云，翱翔的飞天，使窟顶充满了夺目的光彩和运动的旋律（图 147）。再例如第 320 窟的藻井，描绘了疏密有致的层层边饰，色彩热烈而艳丽，使窟顶既庄重严整，又浓艳富丽。吐蕃统治敦煌以后的藻井边饰就更多了，有的在井心位置画旋转着的卷瓣莲花，四角有鹦鹉、孔雀和鸽子正在飞翔歌舞，边饰中还有富于立体感的绿色回纹，更加打破了华盖的平面装饰感觉，给唐代后期的装饰图案增添了新的光彩。

石窟四壁的边饰，既起到了装饰效果，也加强了洞窟建筑的稳固感。卷草纹是使用最多的花边图案，也许是因为它比较能表现完整的连续性。有的石窟在窟顶四坡的边饰中使用菱形纹、叶形叠鳞纹，在龛口外沿上装饰团花纹等，加强了佛龛的庄严感。卷草具有华丽的形象，与窟内的彩塑与壁画相结合，可以加强信徒们心目中的富丽感。

在佛教彩塑尊神像后绘制圆光图案，是一种神圣的象征。唐代敦煌的艺术家们根据佛、弟子、菩萨等人物的不同身份，分别采用了不同的装饰图案。佛的项光多采用桃形莲瓣和团花纹或卷草纹，背光一般用卷草纹。第 196 窟中心佛坛上背屏上的佛背光图案绘制精美，里层绘石榴卷草，双凤衔枝，双凤的尾巴也画成卷草一样，把相对飞翔的凤鸟形象融合在石榴卷草丛中。外层图案采用忍冬纹，将忍冬组织成火焰，同时又像天空的云彩，有飞卷、流动的态势（图 148）。弟子的项光用团花纹；菩萨项光多运用卷草纹，再用半团花或桃形莲瓣纹相配合。这样一来，反衬得菩萨形象更加高贵华丽，弟子形象也更觉端庄持重，而佛的形象则更加尊贵庄严了。

唐代的莫高窟壁画追求豪华浓艳，使中国传统的线描用笔也变得丰富多样了。

图 147 莫高窟第 329 窟窟顶藻井壁画（初唐，7 世纪）

初盛唐时代的壁画人物，一般说来是健康、华丽、有神气的，有的不仅形体高大，还别有风韵。因此，常常使用笔势圆转、线迹有变化的兰叶描来描绘衣纹，以表现绮罗锦帛等的轻妙衣质，迎风招展的飘洒之势。中晚唐时期的线条又崇尚流动与飘逸，以绘制俊秀润媚的人物形象（图149）。另外，还要根据人物造型的不同需要而变换笔法。如果描绘"面如满月眉如弓"的佛、菩萨像，就用圆浑遒劲的线条，自然会形成圆润丰满的效果，显示出庄重和悦的神态。如果表现金刚力士和鬼怪之类的恶神，为了夸张他们的狰狞与凶恶，在浓眉大眼、筋骨隆起的形貌上，着意突出青筋暴露

图148　莫高窟第196窟中心佛坛背屏上的佛背光图案局部（唐景福二年至乾宁元年，893~894年）

的肌肉变化，于是就描成顿挫分明的粗黑线以提炼它们的威势。释迦的弟子阿难是一位英俊聪慧的青年比丘形象，用圆润细淡的线描，使丰满的颜面更加眉清目秀。

　　莫高窟的唐代壁画很重视色彩美与色调美，除了使用对比色外，还有许多调和色。所有的颜料可分为石青、石绿、朱砂、银朱、赭石、土红、石黄、靛青、白土、金箔、墨等十几种，敷彩、渲染等技巧都发展到了高度纯熟的境地，迎来了莫高窟壁画最为富丽、绚烂的时代。在选择壁画的底色上，唐代的画师们也是颇费匠心的。它们有的以土红色涂底，再敷浓重淳厚的色彩；有的以土壁为底，上色温和而谐调；还有的以粉壁为底，使色彩鲜艳明快，给人以清新的格调。看来，一所石窟中的壁画色彩效果，在很大程度上取决于使用什么样的底色，这方面，唐代画师的实践是相当成功的。

图 149 莫高窟第 468 窟西壁北侧《文殊变》中的帝释天及侍女（中唐，8 世纪末至
9 世纪初）

　　针对一幅具体的人物画，唐代则使用了叠晕画法。这是一种用
同一色相的不同色度进行层叠晕染，以达到色阶分明而又有立体感
的画法。为了表现人体肌肤的立体感，画师们常常使用以水晕色，
自呈浓淡，使粉白的面色更加莹润如玉。还有的在人物面部染上一
团红色，给人以健康红润之感。除了佛、菩萨像之外，天王、力士、
罗汉等形象也都筋骨暴突、肌肉起伏，具有很强的立体感，这也是
熟练地运用色彩渲染技巧所取得的成就（图 150）。另外，对于壁

画中的人物服装以及其他物品，画师们也使用了晕染手法，加强质感和装饰效果，如衣裙的褶痕、出水的莲花座、含苞待放的荷花、袅袅升起的彩云，都画出了轻柔的质感、水灵灵的花色、缥缈的虚实变化等等，使人物的形象更加逼真，朦胧的场景更加神秘。

唐代壁画还特别注意人物之间的关系，从而使它们主次有序，搭配合理，互相烘托，又彼此呼应，形成了一个有机的统一体（图151）。在处理具体的人物形象时，更是发挥了艺术家们的想象力。人物形象的思想感情，主要表现在面部，而眼睛又是表现人物心灵的窗户。所以，唐代的壁画在描绘一个人物形象时，非常注意画眼睛、点眸子，经过概括、提炼的千变万化的眼神美，凝结着人物复杂的内心情感，表现了喜悦、沉思、慈祥、愤怒、哀愁，有着极其微妙的表情变化（见图129、149、150）。这些都取决于艺术家们对现实生活的体察入微，因为现实社会里的王公贵族、文臣武将、妃嫔美女、得道高僧们的形象，正是画师们创作的蓝本。于是，佛教人物的精神面貌，就用世俗人物的思想感情来体现了。同时，这些宗教人物又不同于凡夫俗子，还要借它们来引发信徒们对佛教的崇敬心理。因此，壁画中的形象又有很多夸张和想象的成分，这主要是对人物情感方面的夸张，其目的是为了在这些佛教人物身上笼罩一层神秘感。

莫高窟的唐代壁画，真正体现出了唐代绘画的卓越成就。那些栩栩如生的宗教人物形象，曾经倾倒了多少佛教虔诚的信徒，也引发了他们对佛教尊神的无穷想象力，更加坚定了在来世往生到极乐世界

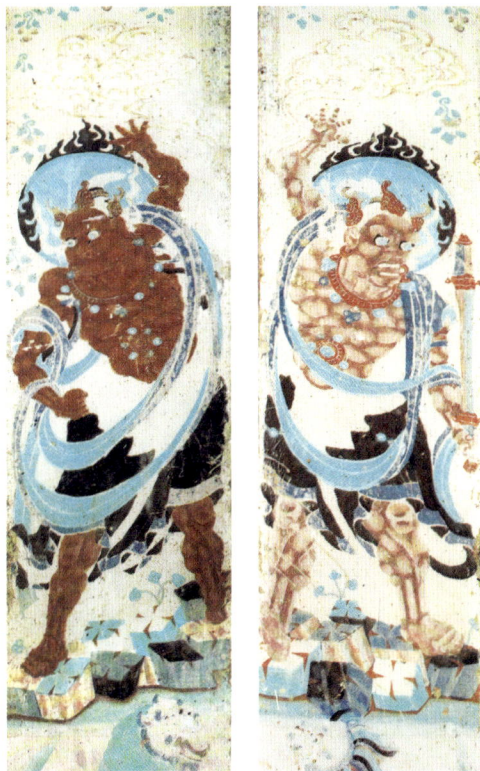

图150 莫高窟第9窟中心柱东向面二力士壁画（晚唐，9世纪下半叶）

图 151 莫高窟第 329 窟正壁龛顶北侧《乘象入胎》壁画（初唐，7 世纪）

的愿望。这些丰富的艺术珍品，又是我们中华民族优秀绘画艺术的精华，它会把
我们带进一个个引人入胜的艺术境界。

天堂人间壁中现

在前面，我们已经不止一次地见到"经变"这个词了。什么叫"经变"？经指佛经，
变是"变相"或"变现"，也就是形象化的意思。换句话说，经变就是以图像的
形式来说明某部佛经的思想内容。经变画与北朝时期流行的本生、因缘与佛传故
事画不同，它们不是提供给僧侣们坐禅观想用的，而是为了向信徒们宣扬佛经的
真正内涵。熟悉佛经的少数高僧，当然只需要看就能加深印象，而面对广大的普
通信徒，特别是一些不识字的人，更多的还是由和尚指点着画面，来向他们讲解
某种佛经中的"真理"。

甘肃天水麦积山西魏时期的第 127 窟里已经有了简单的经变画，但却是中国

石窟现存最早的经变壁画——《西方净土变》。这幅画以简单的建筑和一些佛教人物组成了净土世界的美妙景象：位于中心的是佛在为众人说法，他们的前面是跳舞与奏乐的场面（图 152）。与唐代莫高窟的经变画相比，它是简单的，但已经有了经变画的必要元素。此外，第 127 窟还绘有《维摩诘经变》《涅槃变》《八王分舍利》《地狱变》等简单的经变画，都是西魏作品。在河北邯郸南响堂石窟北齐开凿的第 1、2 窟前壁门上方，也刻有相对简单的《西方净土变》浮雕，其中第 2 窟的现收藏在美国华盛顿佛利尔美术馆。莫高窟隋代中期的石窟，也出现了只表现一部佛经中一品或数品（"品"类似现代书籍中的小节），或是经中代表性场面的小型经变画。如 394、417 窟的《药师经变》，展现着药师佛的说法场面，参与者包括八大菩萨和给药师佛护法的药叉十二大将，这些都是《药师经变》画应有的基本元素（图 153）。长安是西魏与隋朝的首都，看来，那里的寺院中至少在西魏至隋代就已经在面对壁画宣讲佛经方面取得了成就，然后，这种初期的经变画才会在隋代出现在它的西部地区。

唐代首都长安城中的佛寺，在开展向信徒们宣讲佛经的活动方面就更加广泛，而且定型化了。我们知道，佛经的数量浩如烟海，其中的内容又很深奥。对于一般信徒来说，长时间地讲解佛教理论是很枯燥的事情。为了弘扬佛法，必须吸引更多的听众，就不得不使讲解的方式通俗化，还要多穿插故事，多渲染。于是"俗讲"在寺院中流行起来了。

图 152 甘肃天水麦积山第 127 窟壁画《西方净土变》（西魏）（采自敦煌研究院主编：《敦煌石窟全集 5：阿弥陀经画卷》，第 65 页）

图 153　莫高窟第 417 窟窟顶后部平顶中央《药师经变》壁画（隋）

　　所谓"俗讲"，就是用通俗的语言和故事来演说佛经。在俗讲之前，事先写好的底本叫"变文"，这里含有变易深奥的经文为通俗文的意思。敦煌藏经洞发现的古代文书中就有很多这样的变文（见图19）。变文的体制，是散文和诗相结合的方式，说一段故事，再诵一首诗，说说唱唱地讲解佛经。变文还有另一个特点，就是有图画和它相配合，这种图就是经变画。和尚们在表演俗讲时，按照变文说唱为主，往往在故事情节的关键处，再指出画面上的这个情节让听众们观看，以便加深信徒们的印象。由此可见，经变画既概括了某种佛经的基本内容，又要表现出经中的关键部分，包括关键的故事内容和场景。佛教中的俗讲和变文，对后世的中国文学也产生了强烈影响，宋代以后流行的评书和话本小说（如冯梦龙的《三言》与《二拍》）都是从这里学来的。

　　寺院是唐代长安城展示佛教艺术的主要基地，而经变画主要以壁画的形式绘制在很多寺院的大殿内的墙壁上。在三部唐人的著述中，我们能看到唐代长安城寺院壁画的一些内容，从中领略那逝去的辉煌。它们是段成式（803～863年）的《寺塔记》、张彦远（815～907年）的《历代名画记》卷三《西京寺观等画壁》、韦述（？～757年）的《两京新记》等。这三部书共记录了两京寺院中的23种经变壁画，而且不乏著名画家的作品。例如，根据段成式的《寺塔记》记载，长安城常乐坊的赵景公寺，在三阶院的西廊下，有著名画家范长寿根据《阿弥陀经》绘制的《西方净土变》。平康坊的菩提寺，在佛殿中画有《维摩诘经变》，有趣的是，到了唐宪宗（806～820年在位）后期，当时著名的俗讲和尚文溆还特意重妆了这幅壁画。可见，寺院中的经变画，本来就是为俗讲服务的。

然而，这些昔日辉煌的长安佛寺艺术今已荡然无存，只有少许石雕造像于原寺址出土。迄今在西安与洛阳地区仅发现了三种唐代经变题材，它们是西安大雁塔门楣上的线刻画《阿弥陀经变》（图154）、《弥勒经变》，洛阳龙门石窟东山万佛沟中的《阿弥陀经变》浮雕，以及临潼庆山寺遗址唐塔地宫中发现的《涅槃经变》图像。这些经变图像简单而不正规，因为它们并不是表现在寺院墙壁上的大型壁画，而只是在原壁画影响下的小型雕刻与绘画作品，但却为我们复原一些曾经在长安、洛阳出现过的画题与构图形式提供了少许线索。最能引以复原长安、洛阳经变壁画题材与构图、画风的是莫高窟现存数量众多的唐代辉煌的壁画艺术，它们应是在长安与洛阳的直接影响下制做的。

图154 陕西西安慈恩寺大雁塔西门门楣《阿弥陀经变》线刻画（唐高宗时期，650～683年）

莫高窟初唐时代结构完整的巨型经变画，已经相当成熟了，它们应该是以较小的规模再现着长安寺院的经变画形式（见图116）。到了唐代后期，经变画越来越多，有的甚至在同一窟中绘制十五六种经变画。据敦煌的专家们统计，莫高窟的经变画共有24种，1055幅。这些生动而多样的经变画，在总体构图上也是有规律可循的。有的在画面中心画佛与菩萨等众圣人，在四周围绕着与佛经有关的故事情节，像《阿弥陀经变》和《弥勒下生经变》就是这样的。有的把画面分作左、中、右三栏，中间表现佛国世界的宏大场面，经中的故事则分列在左右两栏中，《观无量寿佛经变》和《东方药师经变》就常常是这样的形式。有的利用中间部分的上部描绘佛国世界，而在下部和左右两侧穿插经中各品故事，有的《法华经变》和《观无量寿佛经变》就属于这种构图形式。《维摩诘经变》和《劳度叉斗圣变》有自己特殊的构图形式，画面的左右两部分各成主体，围绕着两个主体人物，再交织插绘出佛经里的各种情节。《涅槃变》的画面呈长方形，它的情节是从左向右，再自右至左发展的。

这些经变画的构图形式虽然有差别，但都是在醒目的位置表现着佛国世界里的豪华、欢乐、清净、祥和的场景，因为这正是人们意念中所向往的乐土，也是隋唐时期佛教徒们所宣扬的彼岸世界的构想图（见图116）。围绕着主体画面的各种故事情节，是在向人们讲述着应该具有怎样的正确观念与行为，才能在下辈子托生到佛教世界的天堂中去，也有向人们补充解释这些天堂乐土盛况的内容。

下面，我们就讲述几个典型的莫高窟经变画。

1.《观无量寿佛经变》

《观无量寿佛经变》，最早出现在初唐时期的第431窟中，而盛唐时期第45窟壁画就更加定型化了，它的经典依据就是刘宋朝畺良耶舍法师翻译的《观无量寿佛经》。在画面中部的极乐世界图中，描绘了建筑在七宝池上的宫殿楼阁（图155）。无量寿佛是西方极乐世界的主宰，端坐在宫殿的正中，他的两大胁侍菩萨观世音、大势至以及30多位听法的其他菩萨围绕在他的身旁。前面的中台上有两人挥带对舞，16位乐师在两旁席地而坐，演奏着琵琶、筝、笛等各种乐器。前台中央有五个金翅鸟在奏乐歌舞，还有二白鹤正在引颈长鸣。前台的两端分别有佛与菩萨18位，正在聆听阿弥陀佛的说法，共享歌舞之乐。上方

图 155 莫高窟第 172 窟北壁《观无量寿经变》壁画（盛唐，8 世纪上半叶）

的天空中有飞天在翱翔散花，还飞舞着各种不鼓自鸣的乐器。下部的七宝池中碧波荡漾，绿荷红莲漂浮在水面上，成对的鸳鸯和化生童子正浮游在水中嬉戏玩耍。按照《观无量寿佛经》的说法，人们如果在现实世界中多做善事，帮助别人，那么在来世就能够托生到西方极乐世界的莲花池中，从莲花中出生，成为化生童子，无忧无虑，快乐幸福地游玩在七宝池中。好一派净土世界的安乐景象。

在这个极乐世界构想图的两侧，以对称的形式分别画《未生怨》和《十六观》，都是《观无量寿佛经》中的故事内容（图 156）。位于左侧的《未生怨》，是经中的《序品》。它讲述的是王舍城的国王频婆娑罗年迈无子，整日苦恼。占相师说：山中有一位修行的人，他死以后就会来国王家里投胎。国王盼子心切，就派人去断绝了修行人的粮食，修行人被活活饿死了。不料修行人却转世变成了白兔，国王紧接着派人捉来白兔，用铁钉将白兔活活钉死。王后终于怀了孕，生下了王子，

图 156　莫高窟第 45 窟北壁《观无量寿经变》左侧的"未生怨"和右侧的"十六观"（盛唐，8 世纪上半叶）

取名叫阿阇世。王子成年后，继承了王位。一天，阿阇世从外面游玩回来，不知为什么突然心生恶念，很恨他的父亲。于是立即把老国王关进了七重监狱，不许别人送饭，打算把他饿死。王后为了救老国王，只好把饭食抹在自己的肉体上，借着探视的机会偷偷喂给丈夫吃，才保住了他的性命。阿阇世知道后，一怒之下，把母后也囚禁了起来。最后，阿阇世还是把自己的父亲用铁钉钉死了。

位于右侧的《十六观》内容，是《观无量寿佛经》的中心思想。王后被禁闭在囚室内，对于事情的原因百思不解，就向释迦牟尼求救。佛祖终于从虚空中降临了，王后五体投地，向佛祖哭诉着："我究竟有什么罪过，生下了这样凶恶的儿子？请佛祖为我说法，使我能永远离开这个苦难的世界。"话音刚落，只见佛的眉间放射出耀眼的光芒，光芒之中现出了极乐世界。王后立即发誓说："我愿往生到极乐世界去，愿佛能教我怎样修行，才能达到目的。"于是，佛祖就向王后讲说了"观想"极乐世界中的16种事，有日、水、冰、琉璃、宝幢、树、八功德水、像、观音菩萨、大势至菩萨、杂（无量寿佛）、总（五百亿宝楼）、普（想象自身已到极乐世界）、上辈、中辈、下辈。这不仅仅是指点给王后的，也是想要进入极乐世界的众生们必须做到的想观内容。

2.《弥勒经变》

盛唐时期第445、148等窟中的《弥勒经变》，是以唐僧义净于大足元年（701年）译出的《弥勒下生成佛经》为主要依据绘制的。在画面的中心是倚坐着的弥勒佛像，上有宝盖悬空，左右有众圣人围绕，两侧画着弥勒佛下生人间以后的故事（图157）。佛经上说：在未来世界里，有一座城叫翅头末，是用七种珍宝筑成的，既庄严又清净，那里的人民都是有福有德之人。地里的庄稼很茂盛，可以一种七收。树上会自然生出衣服，人们可以在寒暑季节各取所需。夜不闭户，道不拾遗，人人安居乐业。人的寿命是八万四千岁，女人到了五百岁才开始论婚嫁。在未来世界接替释迦牟尼的弥勒佛就将降生在这里。那里的国王名叫儴佉，非常富有。他有一座高一千多丈的七宝台，奉献给了弥勒，弥勒又把它施舍给了众婆罗门教徒，不料这些婆罗门把七宝台毁坏分走了。这件事使弥勒感到人生是须臾无常的，于是就坐在一棵龙华树下修道成佛了。儴佉王知道后，就率领众大臣、太子、王后、宫女等八万四千人去追随弥勒出家学道。未来的弥勒佛国，也是信徒们所向往的境界，这些经变画中就穿插了各种弥勒国土丰乐的场面。

445窟《弥勒变》中还描绘了儴佉王率领众人落发出家的情景，可以分为六组，男女各三组。中央两组是国王与太子、王后与公主，其他四组是大臣们与男女贵族。有法师手执剃刀作削发状，被剃度的人都是端坐，双手合十，旁边还有侍者捧篮

图 157 莫高窟第 148 窟南壁上部《弥勒下生经变》（盛唐，8 世纪上半叶）

接发，以及手捧袈裟的侍者也站在两边，地上放着水壶、水盆等。已经落发改穿袈裟的人，正在向佛跪拜。在这近百人的剃度场面中，各种人物的神态与举动的描绘，都十分微妙，总体效果显得既生动又庄严（图 158）。

3.《法华经变》

绘制《法华经变》的经典依据是后秦高僧鸠摩罗什（344～413 年）翻译的《妙法莲华经》。这部经共有二十八品，北朝时期的石窟只表现了其中的几品，以"见宝塔品"最为流行，表现释迦与多宝佛共同坐在塔中说法的场景。隋代莫高窟有所发展，出现了序品、譬喻品、普门品等，而且画面颇大。《法华经变》在初盛唐时期形成了完整的大型图画，以佛和"序品"为中心，四周环绕着经中各品的故事情节，其中的"华城喻品""普门品""法师品"和"譬喻品"等在构图中占有显著位置。

由于观音信仰的流行，依据该经的"观音普门品"，艺术家们往往绘制独立的《观音经变》壁画，如盛唐第 45 窟南壁的巨幅《观音经变》（图 159）。画面正中是一尊大型观音立像，冠上有化佛，袒裸上身，有帔帛、璎珞等装饰，左手持着净水瓶。观音的头上方有莲花与摩尼宝珠装饰的宝盖。观音两侧的上层绘观音的三十三现身，表现观音变化成三十三种形象去度化特定的人群。这部分画面中的人物都是成对出现，一位是身材稍显高大、昂首挺胸站立的观音变化身，另一位是弯腰躬身站立或跪地的俗人，是观音要度的人。观音化现的形象有毗沙门天王、帝释天、自在天、小王、比丘、比丘尼、优婆塞、优婆夷、童男、童女、婆罗门、长者、居士、宰官、妇女、梵王、声闻、辟支佛、佛等，都有榜题说明。例如，在画面左上角绘有毗沙门天王托塔站立，他的右侧有一俗人跪地，表现的是观音"应以毗沙门身得度者，即现毗沙门身而为说法"。从下层左侧开始依次表现观音救济八难，包括以下画面。被恶人追逐，堕落金刚山，只要念观音名号，就不会损伤好毫毛。在须弥峰，被人推堕，只要念观音名号，就如同住在虚空中。如果有人被推入大火坑中，只要念观音名号，火坑就会变成水池。在"商人遇盗图"中，表现商人带着宝物路遇拦路打劫的强盗时，只要一心称念观世音菩萨名号，就可以脱离险境。

图 158 莫高窟第 445 窟北壁《弥勒下生经变》壁画中的"剃度"（盛唐，8 世纪上半叶）

图 159　莫高窟第 45 窟南壁《观音经变》壁画（盛唐，8 世纪上半叶）

画面形象地描绘了古代行走在山间的商人遭遇到强盗的情景，而其中的两位戴着白色尖帽者，应该是前往大唐经商的中亚商人的形象（图 160）。此外，图中还绘有遇到怨贼执刀加害时，念观音名号，贼人的刀就会"段段坏"。在大海中行船时遇到黑风、罗刹鬼、毒龙等，也可以用念观音的方法得到拯救。在画面的右上角，还画有常念与恭敬观音，可以改掉一些坏毛病，如过度淫欲、太愚痴等。还表现礼拜供养观音，可以得到很多好处：如果想求得儿子，便会生出有福德与智慧的男儿；如果想求得女儿，便会生出相貌端正的女子。这是一幅颇具生活气息的图画，因为很多画面的创作应该来自艺术家对现实生活的体验，如行旅、航船、强盗等。

4.《维摩诘经变》

《维摩诘经变》是根据鸠摩罗什翻译的《维摩诘所说经》绘制的。维摩诘居士是大乘佛教中一位著名的在家菩萨，维摩诘的意译为净名、无垢，意思就是洁净、没有被污染的人。他是古印度毗舍离地方的一个富豪，虽然财富万贯，妻妾、奴俾成群，却并不在意这些身外之物。他精通大乘佛教教义，修为高远，当时的出家僧人大部分都不如他。他勤于攻读，虔诚修行。为了方便度化众生，他上自军政，下至酒肆，广泛地参与社会生活。如果他患了疾病，连国王、大臣、长者、居士、婆罗门等都会前来问疾。

有一天，当佛陀听说维摩诘又病了，就想派一位弟子前去探病。但佛和众弟子都知道维摩诘只是诈病，目的是为了和佛的弟子辩论佛法。所以，众弟子都不敢去，因为担心自己辩不过维摩诘。最后，释迦只好派了被誉为"智慧第一"的文殊菩萨，率僧众前去慰问。文殊见到维摩诘后，二人反复辩论佛法，义理深奥，又妙语连珠，使在场的菩萨、罗汉、居士、婆罗门等都听呆了。一场论战后，人们对维摩诘居士更加崇敬了。

自从这部经典翻译出来以后，维摩诘居士和他的故事就广受中国俗家弟子们喜爱，维摩诘和文殊菩萨对坐说法的图像也开始流行了。相传东晋的著名画家顾恺之（348～409年）在建康（今江苏南京）的瓦棺寺就曾画有维摩诘居士的壁画。现存最早的维摩诘图像出现在甘肃永靖炳灵寺第169窟内西秦时期绘制的壁

图160 莫高窟第45窟南壁《观音经变》壁画中的"遇强盗"（盛唐，8世纪上半叶）

图 161 莫高窟第 103 窟东壁南侧《维摩诘经变》壁画中的维摩诘与侍从（盛唐，8 世纪上半叶）

画中，在以后的北朝石窟雕刻中也很常见。在莫高窟绘制维摩诘开始于隋代，多绘于正壁龛的两侧（见图 145）。入唐以后，《维摩诘经变》壁画不仅幅面大增，画中表现的人物也增多了。在初盛唐时期，《维摩诘经变》一般都画在东壁窟门两侧，画面最大的达到了约 20 平方米。它的构图以经中的文殊师利问疾品为主体，文殊和维摩诘各自率领徒众，位于窟门的左右两侧，画面相互对称。维摩诘坐在方帐内，头戴纶巾，身穿鹤氅裘，并无"清羸示病"之容，而是一位神采奕奕、机警善辩的长者形象（图 161）。文殊菩萨坐在狮子宝座上，他和维摩诘身旁的人有国王、长者、居士、婆罗门、各民族王子与官员等，都是前来问疾的人，很是壮观。

5.《报恩经变》

在吐蕃时期新出现的经变画中，《报恩经变》的内容最丰富，它们依据的经典是《大方便佛报恩经》。据佛教学者的考证，《报恩经》是在南朝的刘宋至萧梁之际（445 ～ 516 年之间），由汉僧抄录《涅槃经》《贤愚经》《杂宝藏经》等经典中有关孝养的内容，编纂而成的。它不是一部翻译自印度梵文的真经典，是将印度佛教思想与中国传统观念相结合的产物。《报恩经变》画面的中心绘佛的说法场面，一般在四角位置安排经中的《恶友品》《孝养品》《论议品》《亲近品》等四个主要故事。第 154 窟北壁东侧的《报恩经变》仿效盛唐《观无量寿佛经变》的做法，主体部分类似于净土变，以佛说法为中心，佛的身旁有众菩萨、弟子前后围绕，后有殿堂，前有平台栏杆、歌舞乐队、七宝池、八功德水，水中有盛开的莲花、鸳鸯等，很像阿弥陀佛的净土世界（图 162）。在主体画面的两侧配置以《恶友品》为主的立轴画。第 148 窟还把各品的故事画在甬道的顶部，第 236、238、147 等窟则是把它们做为主龛内的屏风画。

《恶友品》中的故事是这样的。在很久很久以前，古代印度波罗奈国国王有两个儿子，哥哥叫善友，弟弟叫恶友，善友温顺仁慈，而恶友却残忍狡诈，父母都很喜欢善友。善友太子为救济天下的穷苦百姓，说服了国王打开国库，天天把

图 162 莫高窟第 154 窟北壁东侧《报恩经变》壁画的主体部分（中唐，8 世纪末至 9 世纪初）

国库里的金银财宝施舍给穷人。最后，国库快要枯竭了，善友觉得这样下去也不是长久之计。有一位大臣非常理解善友的心意，就向他献计："我听说海底有一颗如意宝珠，能随人的心意变出所需要的东西。如果能得到这件宝贝，救济世人就不成问题了。"于是，善友决心入海求取这颗如意宝珠，弟弟恶友也要求同去。兄弟俩带领众多的随从，在盲导师的指引下出发了。

经过了许多不分昼夜地航行，他们到达了宝山，善友让弟弟与随从们在这里装宝物，自己和盲导师继续前进。21天后，善友到达了银山，在龙女的引导下，顺利地得到了如意宝珠。

当善友到达海岸时，恶友与随从们的船因装载过多早已沉没，只剩下恶友一人了。恶友很忌妒哥哥取得了宝珠而自己却一无所获。于是就在一天夜里，恶友乘善友熟睡的时候用竹刺刺瞎了他的双眼，抢走宝珠，独自回国向父母报功去了。善友在极度痛苦中一步一爬地来到了利师跋国，一位好心的牧牛人帮助了他。最后，善友在国王的果园里当了一名守园人，赖以谋生。他本来就是一位弹筝的名手，闲暇的时候，就拨动筝弦，抒发自己心中的郁闷。

利师跋国王有一个美丽的公主，有一天信步来到果园中游玩，听到了如泣如诉的筝声，心潮也随着筝声起伏。她细细地观察太子的模样儿，心里产生了爱恋之情，两人谈话也越来越投机了（图163）。在公主的坚决要求下，利师跋国王不得已答应让自己心爱的女儿嫁给了这位双目失明的守园人。

善友与公主婚后的生活是美满幸福的，在爱情力量的感召下，善友的双眼也复明了。有一天，善友当年喂养的白雁飞临了利师跋国，善友就将自己遇害的情况写了封信，托白雁带了回去。波罗奈国王和王后得知善友还活着，高兴极了，立即派人携带重礼到利师跋国迎接善友夫妇回国。当善友见到弟弟恶友时，丝毫不念前仇，只是要回了宝珠。第二天，善友用宝珠的魔力，使金银珠宝、粮食、衣服等物品如大雨般从天而降，普天下的百姓从此都过上了富裕的生活。

《报恩经变》中的其他三品故事画，《孝养品》是须阇提太子在危难当中割自己的肉奉养父母亲的故事。《论议品》是讲一位鹿女为国王生下五百太子，最后他们全都出家成佛的故事。《亲近品》描写一头金毛狮子，经常听比丘们诵经说法，不幸被一位猎人杀害。猎人把狮子皮献给了国王，国王为弃恶扬善，杀了猎人，火化了狮子皮，建了一座塔来供养。我们不难看出，《报恩经变》除了向人们宣扬仁慈孝养的思想之外，也包含着一定的正义感，这对教化当时人们的道德与灵魂是有积极作用的。

6.《劳度叉斗圣变》

在张议潮家族统治时期，莫高窟的《劳度叉斗圣变》最富有时代特

图163 莫高窟第85窟南壁《报恩经变·恶友品》中的"树下弹筝"（晚唐，9世纪下半叶）

色，第196窟和第9窟的两幅最为完整。这个经变画是以《贤愚经》第十卷中的《须达起精舍品》为主要依据绘制而成的。另外，藏经洞里曾经有一件《降魔变文》，被分裂成了几个残卷，分别由斯坦因和伯希和带到了英国和法国。这件变文是根据《须达起精舍品》演绎而成的。有趣的是，它的故事情节和绘制的《劳度叉斗圣变》基本相同，我们可以由此了解到佛经、变文、经变画之间的密切关系。

故事情节是这样的。印度舍卫国波斯匿王身边有一位大臣名叫须达，家资万贯，喜好施舍，赈济贫穷，扶助孤老，人们都称他为"给孤独长者"。他听说王舍城的大臣护弥有一位容貌美丽的女儿，就备办了彩礼，赶赴王舍城为自己的小儿子求婚。在护弥的家里，须达却意外地见到了佛祖释迦牟尼，聆听了佛法，如饮甘霖，茅塞顿开。之后，须达恭敬地邀请释迦光临舍卫城，去为那里的人民说法。释迦牟尼说："舍卫城没有我们居住的精舍。"须达答应愿为佛祖建造，释迦也答应了须达的请求，还派遣他的弟子舍利弗随须达一同回去办理这件事。

须达与舍利弗回到舍卫城，用黄金铺地的代价买下了祇陀太子的花园，准备给佛祖建造精舍。婆罗门教徒听说后，非常气愤，打算尽全力阻止佛祖来这里说法。他们向波斯匿王请求允许他们与佛教徒进行一场斗法，谁胜利了谁就拥有这座花园。国王同意了。

第二天，国王亲临观看。婆罗门教徒派出劳度叉，高坐宝座（图 164），舍利弗安然地坐在劳度叉的左边，一场激烈的较量开始了。劳度叉先变幻出一座高峻的宝山，有众神仙驾鹤乘龙唱着歌；舍利弗变出一位金刚力士，用金刚杵把宝山打得粉碎。劳度叉又变幻出一头水牛；舍利弗则变幻成猛狮，咬死了水牛。劳度叉变出一个波涛汹涌的深水池；舍利弗则变出一头大象，用长鼻子吸干了池水。劳度叉又变出一条巨大的毒龙；舍利弗变出美丽的金翅鸟，把毒龙啄死。劳度叉又变幻出两个恶鬼；舍利弗变出了毗沙门天王，恶鬼们只好跪地求饶了。劳度叉又变出一棵大树；舍利弗就吹了一口气，顿时狂风大作，把大树连根拔起，还吹倒了劳度叉的帷帐。劳度叉无计可施了，只得甘拜下风，皈依了佛法。不久精舍建成了，须达不仅迎来了释迦牟尼，也给自己的小儿子完了婚。

《劳度叉斗圣变》壁画采用左右对称的构图形式，画出了劳度叉与舍利弗各坐一方，劳度叉惊惶失措，而舍利弗则泰然自若。在他们之间穿插着各种斗法的情景，形象地向信徒们展现了佛教的无边法力。

唐代莫高窟的大型经变画，

图 164 莫高窟第 196 窟西壁《劳度叉斗圣变》壁画（唐景福二年至乾宁元年，893~894 年）

虽然表现的主要是佛教
世界的华丽场面，但是世
俗人间的生活场景也大
量地出现在了壁画上，有
屠夫（图 165）、猎人、
商旅、强盗，以及剃度、
嫁娶、耕种收获等社会生
活中形形色色的人物。他
们有的用来表现佛教故
事人物，有的直接用现实

图 165 莫高窟第 85 窟窟顶东坡《楞伽经变·断食肉品》壁画中的屠房（晚唐，9 世纪下半叶）

中的人物做比喻。这就无形中缩短了天堂与人间的距离，使人们感到既亲切又具有魅力。这些人间世情的真实写照，与宗教天国的丰富想象，以及绘画技巧的艺术感染力，正是唐代经变画的意境与风采所在。

觉悟众生的神话与传说

佛图澄（232 ~ 348 年）是十六国时期后赵国著名的大和尚，他是西域人，聪慧过人，幼年出家，就能背诵几百万字的经文。据说他还擅长咒语咒术，用麻油调上胭脂，放在手掌上，就能知道千里以外发生的事情。他还能听懂铃声语言，以此来预知凶吉。他的事迹主要记载在南朝梁僧人慧皎（497 ~ 554 年）撰写的《高僧传》，和唐朝官员房玄龄（579 ~ 648 年）等人于贞观二十二年（648 年）写成的中国二十四史之一《晋书》中。

正当十六国群雄纷争的时候，佛图澄投奔了后赵国。石勒（274 ~ 333 年）和石虎（295 ~ 349 年）这两位相继而立的后赵国王都对佛图澄十分敬重，特别是为他的未卜先知而叹服。有一天，石虎和佛图澄在中台饮酒闲谈，佛图澄突然吃惊地说：“不好了，幽州城起火了！”他顺手就端起一碗酒，向幽州方向泼去。过了一会儿，又笑着说：“好了，火已灭了。”石虎有些不相信，就派人到几百里远的幽州查探此事。过了几天，回来的人报告说："那天，幽州城四门起火。忽然从西南方飘来一团黑云，下起了倾盆大雨，大火很快就熄灭了。奇怪的是雨水带有酒气。"

有一次，鲜卑族首领段波（？～325 年）率兵进攻后赵，石勒非常惊慌，就问佛图澄有什么退兵良策。佛图澄说："昨天夜里，我听寺院的铃声说：明天早上就能活捉段波。"果然在第二天的战斗中，后赵兵大获全胜，生擒了段波。

公元 328 年，前赵国的刘曜（？～329 年）率兵攻打洛阳城，石勒打算亲自带兵迎击，但大臣们却纷纷劝石勒要谨慎从事。石勒就问佛图澄该怎么办。佛图澄回答说："塔上相轮的铃声说：今天出兵必获全胜，生擒刘曜。"他的话果然应验了。

公元 333 年 4 月的一天，天静无风，但塔上有一铃铛却在独自响个不停。佛图澄对弟子们说："铃声说，在今年之内，国家将有大丧。"果然到了 7 月份，石勒就病死了。

说到这里，读者也许会问：佛图澄真有这么神吗？这些记载当然是后代人对佛图澄的神化，他们的目的是为了宣扬信佛出家修行的人和一般俗人不一样。在莫高窟初唐时期开凿的第 323 窟北壁，分别画出了佛图澄百里救火、闻铃声辨凶吉的故事情节，便是以更加形象易懂的方式，向信徒们讲述这些神奇的故事（图166）。在画面上，还画有一位僧人，袒裸上身坐在水边，他的右手正从肚子里拉出肠子，用水清洗。这也是佛图澄的一个神异事迹。《高僧传》第九卷《佛图澄传》里说：佛图澄的左乳旁边有一孔，通向腹内，有时肠子可以从孔里面出来。他平时用棉絮塞着这个孔，晚上看书时，便拔出棉絮，整个房间就会亮如白昼。如果遇到斋戒的日子，他就来到水边，从孔里把肠子拿出来，洗干净后再放回肚子里。

第 323 窟的这些关于佛图澄的壁画，属于我们在前面曾经提到的"佛教史迹画"。佛图澄确有其人，这类画描绘的都是佛教历史中的人物和事件，还有一些是关于佛教圣地和灵应事迹的。在它们当中，既有真人真事，也有佛教历史上的神话传说和想象虚构，但后者也大部分具有真实的历史背景。在佛教徒们的心目中，这些神化了的史迹都是真实的，他们也相信佛祖的神通力无比伟大，那些高僧之所以如此神奇，就是因为他们得到了佛法的真谛。这对一般人来说，诱惑力是相

图 166 莫高窟第 323 窟北壁《佛图澄神迹》故事画（初唐，7 世纪）

当大的，即使历史发展到今天，人们仍然对那些具有"特异功能"的人羡慕不已。一千多年前的唐代自然更是如此。这些佛教史书，以及壁画中的故事似乎在召唤人们：快来皈依佛祖吧！只要来佛教的殿堂中诚心修行，你也会具有这些奇异的魔力的。

第 323 窟除了佛图澄的事迹外，还在南北两壁的上部，画着释迦牟尼晒衣、阿育王拜塔、汉武帝派张骞（？～公元前 114 年）出使西域打听佛教、西晋时吴淞口（黄浦江入长江之口）石佛浮江、东晋时杨都（今江苏扬州）高悝得金像、隋文帝请昙延法师登台祈雨等离奇的佛教故事。

描绘释迦洗衣池和晒衣石圣迹的壁画位于 323 窟北壁。据佛教史书记载，起初，龙王不喜欢释迦传扬佛教，就大兴风雨，把佛的袈裟里外都弄湿了。释迦就用自己的法力止住了大雨，在一块大石头上清洗和晒干自己的袈裟，于是石上就留下了袈裟的衣纹。后来经过了很长时间，石头上的衣纹痕迹仍然清晰可见。后人就在那里修建了佛塔来纪念。这个史迹画共有六个画面，分别表现释迦牟尼以右手提着袈裟站立在水边；有天女从空而降，准备替佛清洗袈裟；方石的旁边有一个

图 167　莫高窟第 323 窟北壁《释迦牟尼晒衣》故事画（初唐，7 世纪）

不信佛的外道婆罗门，赤裸着上身，正在用脚踩污方石；石上出现了乌云，云中有雷神正在鸣雷；方石的右下角画着那位婆罗门被雷电击毙；方石的另一侧有两位天女正在洗石（图 167）。

阿育王拜外道尼乾子塔也位于 323 窟北壁。阿育王（约公元前 304 ～ 公元前 232 年 ）是公元前 3 世纪中印度孔雀王朝的国王。他用战争与杀伐的手段统一了印度，后来因对自己的杀业悔恨而皈依佛教，大建佛塔，并竖立石柱，将有关佛法的敕文刻在石柱上，让全国人民遵守。他以国王之尊去亲自礼拜佛陀圣迹和佛塔，还派人四处传播佛教。据传，阿育王共建了八万四千佛塔，这个数字肯定是夸张的，但他建造了很多佛塔应该是事实。这个画面画着阿育王率臣僚礼拜六塔，位于前面的一塔立即崩解（图 168）。从榜题内容可知，这是外道尼乾子的塔。阿育王见了，以为是佛塔，便礼拜，塔就崩坏了。由于阿育王是佛门弟子，外道之塔受不起他的礼拜。这里的尼乾子，指的是印度古代六师外道之一的耆那教信徒。

张骞出使西域图位于 323 窟北壁西侧，是排列成"凹"字形的 4 组画面，每个画面都有榜题，写明了情节与内容，表现的是汉武帝（公元前 141 ～ 公元前 87 年在位 ）获得匈奴祭天金人和张骞出使西域的情景（图 169）。画面一：有一殿堂，内有两个站立的佛像，殿堂正面的匾额上写着"甘泉宫"三字，下方画着汉武帝和大臣们持香炉或笏拜谒。画面二：汉武帝骑在马上，左右有八位大臣，一人手持曲柄华盖。张骞持笏向皇帝跪拜辞别，他的身后有从者持节牵马。画面三：张骞的队伍在行进途中。画面四：远处有一城郭，有二位僧人站立在城门外，城内有佛塔。

据史书记载，张骞于公元前138年奉汉武帝之命出使西域（今新疆、中亚），目的是联络被匈奴人从甘肃地区赶到中亚的大月氏人，共同对付匈奴。张骞经过千难万险，向西越过葱岭，最后来到位于哈萨克斯坦西部的阿姆河上游的大月氏和大夏国（今塔吉克斯坦），前后共用了13年时间，期间被匈奴扣押了11年。他的使命没有完成，因为大月氏人已经不想再返回原来在中国的居住地了，也对夹击匈奴没有兴趣。张骞只好回国向汉武帝复命。但他在中亚地区的见闻，却引起了汉武帝对结交

图168 莫高窟第323窟北壁《阿育王拜塔》故事画（初唐，7世纪）

图169 莫高窟第323窟北壁《张骞出使西域》故事画（初唐，7世纪）

这些国家的兴趣。公元前 119 年，汉武帝再派他和副使出使中亚各国。323 窟的张骞出使西域图，画的应该是张骞第二次出使的情景。张骞的两次出使西域，在中国历史上有着重大意义，因为他了解了西域诸国的风土人情和地理状况，还把西域的物产带回了汉朝，也把汉朝的文化和丝绸介绍到了西域诸国，从而开辟了著名的中国通向中亚乃至欧洲的陆路交通——"丝绸之路"。绘画中的情节也有与历史记载不相符合的地方，如他的出行实际上与金人无关，也和佛教传入中国没有关系。这只是后来的佛教徒根据史书杜撰的佛教传入中国的故事。

西晋石佛浮江故事位于 323 窟南壁西侧。在梁朝慧皎（497～554 年）写的《高僧传》里对这个故事有记载。西晋建兴元年（313 年），在吴淞江的沪渎口，有一位渔夫望见远处的水面上漂着两尊石佛，他以为是海神，就请巫祝前去迎接，结果搞得风涛骤盛，渔夫惊骇返回。当地道教徒以为是他们教的张天师像，就设醮坛迎接，但水中的风浪仍然不减。后来，吴县的佛教徒朱膺虔诚地斋戒沐浴后，和东林寺僧人及佛教徒数人来到沪渎口，向着石佛稽首唱赞歌，风浪立即平静下来，两尊石佛也浮江漂来。只见佛像的背后刻着铭文，一个叫"维卫"，一个叫"迦叶"，都是过去世的佛。朱膺等人立即用船接迎，将两石佛送入通玄寺。在这幅壁画上，根据故事情节依次画着二佛立于水面，僧俗数人在岸上礼拜；道士扬幡设醮迎接不成；吴县人朱膺和东林寺僧人雇船载石佛去通玄寺，江岸上的僧俗妇孺纷纷往迎、跪拜。在众人中，还有一家祖孙三代前往江边观看，很富有民间生活气息（图 170）。

东晋时扬都高悝得金像的故事位于 323 窟南壁。在东晋咸和年间（326～334 年），丹阳的地方官高悝在张侯桥下得到了一尊金佛像，没有背光和佛座，佛像的背上梵文铭文说，这尊像是阿育王的第四女造的。当高悝载着金佛像到达长干巷口时，拉车的牛拒绝前行。不得已，他们就在那里造了一座长干寺，来安置金像。据说，这就是现在位于南京的长干寺。一年后，一个渔民发现了一个金莲花座。不久，有一个采珠人又在海底发现了金背光。这两件东西都和长干寺供奉的金像十分吻合。这些情节都在壁画中表现了出来。在画面上部的左、中、右处，分别画着光芒四射的佛像、莲座、背光，表现分别得到了金像、像座、背光。在画面中部即佛像和莲座的下方，分别画着一小船，扬帆在海上，船上有比丘和船工数

图 170 莫高窟第 323 窟南壁《西晋石佛浮江》故事画（初唐，7 世纪）

人，还有迎接来的佛像（见图 16）。在画面下部原来还绘着一只更大的船靠在岸边，船上有僧俗七人和船夫二人，刚刚迎来一尊立佛像，佛像站立在宝帐之下，宝账前后扬着四幡。岸边站着六位僧人持幡迎接（图 171）。这块壁画在 1924 年被美国哈佛大学福格艺术博物馆的华尔纳用胶布粘走，现藏在哈佛艺术博物馆内。现在的 323 窟南壁上还留有壁画被粘走的痕迹，和原壁画下边缘两名纤夫和迎佛的僧俗人众。

隋文帝请昙延法师登台祈雨的故事画位于 323 窟南壁。相传，在公元 586 年，天下大旱，隋文帝令大臣苏威（542 ~ 623 年）向高僧昙延（516 ~ 588 年）请教

图171 莫高窟第323窟南壁《东晋扬都高悝得金像》故事画局部（初唐，7世纪，美国哈佛艺术博物馆藏，编号1924.41）

旱灾的原因。昙延回答："皇帝是万民之主，群臣之首，却不亲自为百姓祈雨。所以，天上是否下雨，关键在于此"。隋文帝就决定亲自祈雨，派人迎接昙延入朝，请他登上大兴殿的皇帝御座，面南而坐，传授佛法，文帝和五品以上的大臣都席地而坐恭听。昙延的传法刚结束，当时日已中天，只见有乌云遮天，接着天降大雨。这个故事由四个画面组成，呈"凹"字形排列，分别描绘着六名轿夫抬着昙延入朝，文帝与众臣向昙延行礼，昙延在宫殿内为文帝君臣讲经说法，天空乌云密布大雨将至（图172）。

画面中还有一个情节，表现的是城内大帐中有一僧人坐在高座上讲法，有一帝王坐胡床上恭敬聆听，他的旁边有五人侍立左右，帐外有一座舍利塔大放光芒。塔旁边的榜题上写着："延法师于塔前与文帝说《涅槃经》，并造疏论，讫感舍利塔，三日放光"。昙延法师是北周至隋代研习《涅槃经》的著名学问僧，撰有《涅槃大疏》。写成后，恐其中有不正确的地方，就把经和疏放在仁寿寺舍利塔前，烧香发誓愿说："如果此疏的道理微妙深入，就请佛祖显灵。反之，就是注疏的内容不正确，我誓不对外传授。"他的话音刚落，经和疏同时放出了异光，引来僧俗同庆。同时，塔中也放出了神光，三日三夜辉耀不绝。从此以后，昙延遍尽力传扬自己著的《涅槃大疏》。

在别的唐代莫高窟洞窟中也有佛教史迹故事画。盛唐第45窟甬道顶部画了一座木构房屋，台阶前站着一人，双手捧着件物品，旁边有墨书题记说："此菩提寺高广大塔舍利……"。据专家研究，这里很可能说的是唐代玄奘（602～664年）在《大唐西域记》中提到的印度摩揭陀国北门外的摩诃菩提寺。有一些中晚唐石窟的甬道顶部，还画着印度著名的那烂陀寺的故事。那烂陀寺（Nālandā vihāra）位于印度古摩揭陀国王舍城附近，在今印度比哈尔邦中部都会巴特那东南90公里处，是古代东印度佛教最高学府和学术中心，寺院规模宏大，曾有多达九百万卷的藏书。该寺名僧学者辈出，是玄奘当年留学的地方。据统计，莫高窟的佛教史迹画约有四十处、六十七种之多。

下面，我们来看看第323窟北壁的另一幅史迹画。该画有两个情节：其一，在图中一个大帐内的莲花座上，有佛舍利子放射光芒。帐外一位僧人正向一国王打扮的人讲说着什么。其二，一位国王向一位高僧跪拜。我们根据画面中的墨书榜题文字，知道这是分别与三国时东吴的皇帝孙权(182～252年)和孙皓(243～284年)有关的佛教历史故事（图173）。

图172 莫高窟第323窟南壁《隋代昙延法师祈雨》故事画（初唐，7世纪）

　　唐代和尚道世写的《法苑珠林》第四十卷说：公元 241 年，西域康国和尚康僧会（？~ 280 年）来到东吴国，设立佛像，传播佛教，吴国人都以为是妖异。孙权招来康僧会问道："佛到底有什么灵异和祥瑞？"康僧会回答："佛的遗骨舍利子可以应现四方，只要虔诚祈求，就能获得。"孙权说："如果真能得到舍利子，我就为你兴建寺院，让你传播佛法。"于是，康僧会经过 21 天的至诚求请，在一个瓶中获得了舍利。第二天，他把舍利献给孙权时，光芒照亮了宫殿。孙权拿起瓶把舍利倒向一个铜盘，结果舍利子把铜盘冲得破碎。孙权大惊失色。康僧会乘机说："佛的灵骨，是用火烧不焦，铁锤击不碎的。"孙权派人用锤猛击舍利，把锤砧都打坏了，而舍利却分毫无损，依然光芒四射，耀眼夺目。孙权又让人用大火烧，只见火焰上升起一朵大莲花。孙权彻底信服了，于是就修建了一座建初寺，这就是东吴国的第一座寺院。图画第一个情节，就是康僧会在向孙权讲说舍利的奥妙。

图 173 莫高窟第 323 窟北壁《东吴康僧会传教》故事画（初唐，7 世纪）

　　唐代道宣的《集神州三宝感通录》上讲：东吴的末代皇帝孙皓，昏庸残暴，不信佛法。有人在首都建业城（今南京市）后园平地上得到了一尊金佛像，献给孙皓。孙皓从不信佛，对这尊佛像很不尊重，竟然派人把像扔到了厕所里。每年的 4 月 8 日是浴佛节，纪念释迦诞生时九条龙吐水为佛洗澡之事。到了这天，孙皓来到厕所，笑嘻嘻地对金佛像说："今天是你洗澡的日子了！"接着就向佛像头上撒了一泡尿。突然间，孙皓的全身肿胀起来，特别是他的阴茎肿得最厉害，痛得他大声号哭起来。太史官给孙皓占卜说："陛下是因为冲犯了大神灵才会这样的"。孙皓不得不信服，当即伏在枕头上表示愿意皈依佛法。不一会儿，他浑身的肿胀就消失了。孙皓立即派遣车马迎请康僧会进宫，用香汤洗浴佛像，以表示自己的忏悔与谢罪，再恭恭敬敬地把金佛像送到了建初寺。第二个情节表现的，正是孙皓向康僧会跪拜表示悔罪。

这样的故事画，无疑是在向人们述说：任何不信佛法，诽谤佛教，不敬重佛像的行为，都是愚蠢至极的，到头来，只能是将自己推向痛苦的深渊。

求之灵验的佛祖瑞像

吐蕃时期开凿的第 237 窟正壁大龛龛顶西披上，绘着一幅佛像画。但这个佛很奇怪，它只有一个身体，两只脚，却长了四只臂膀，脖子里还伸出了两个脑袋。这就是"双头佛瑞像"（图 174）。在玄奘的《大唐西域记》中有一段关于它的记述：

在古代印度的犍陀罗国，有一位穷苦人，经过许多年辛辛苦苦、省吃俭用才积攒下一枚小小的金钱，把它交给了一位画工，请他在寺院中为自己彩画一身小佛像，以表达对佛的敬意。一枚金钱画一身佛像是远远不够的，但画工被这位穷苦人的赤诚所感动，就不再谈论价钱了，答应他一定画成。这位穷人刚走不久，又来了一位穷人，也是拿着一枚小金钱要求画佛像。画工就用这两枚金钱，请了一位高手，共同画成了一尊佛像。几天以后，两位穷人不约而同地来到寺庙拜佛，画工指着那身新绘成的佛像对他们说："看，这就是你们要求我画的佛像。"他们二人看了后很疑惑："怎么能画一个佛像代表两个人的心愿呢？"画工就向他们解释说："我并没有贪占你们分文，你们的钱全用在这幅佛像上了，但也只能画一身。如果我说的不是谎话，这身佛像一定会出现吉祥的变化。"话音刚落，佛像就显出了灵异，渐渐变成了两个佛头共处一身的奇妙画像，并且放射出了耀眼的光芒。两个穷人心悦诚服，更加坚定了佛教的信念。

这幅双头佛画，就属于我们在前面已提到过的"瑞像图"，是吐蕃时期莫高窟兴起的一种新的壁画题材，一般画在佛殿窟内正龛的盝形顶四披上。瑞像图，

图 174 莫高窟第 237 窟西壁龛顶西披瑞像壁画（中唐，8 世纪末至 9 世纪初）

顾名思义，就是能够表现出某种灵瑞和吉祥征兆的佛像图画。在大乘佛教的经典中，有很多鼓励人们造立佛像的内容，并且认为，所有已经造成的佛像，都完全具有了佛祖本人的德操与神通。人们只要诚心地敬奉这些佛像，向它们忏悔自己的过错，向它们祈祷自己的心愿，希望它们保佑自己的亲人们平安快乐，那么，这些偶像的身上就会显现佛祖的灵异，来满足你的所有要求。所以，如果普天下到处都有佛像，佛的威力就会无所不在了。这种人和圣像之间的心灵沟通，佛教还为之起了一个专门的术语叫"感应"或"感通"。在一些佛经中描写鼓励人们造佛像的内容时，有的也加入了一些佛像的感应故事。

当佛教传入中国后，一些来自印度和尼泊尔等国的佛像灵异故事也纷纷涌进了中国，被载入中国僧人撰写的佛教史书中。以后，随着佛教在中国本土的发展，有的人听说在某个地方某尊佛像曾经出现过灵异，有的信徒则自称亲眼见过。于是，在很多有关中国本土佛教历史的书籍中，也单开了一个"感通篇"，专门记载关于佛寺、佛塔、佛像所发生的灵异事件。唐代的道宣和尚撰写的《集神州三宝感通录》就是其中的代表作。敦煌莫高窟中的"瑞像图"，就是根据这些中外佛教神话故事而绘制的，所以，基本上都能查证到它们专门依据的佛教经典。当时的佛教徒们相信，把这些曾经显过灵的佛像再供奉在石窟里，是会继续给他们带来好运的。同时，这些灵异的佛像也在以自身向信徒们证明，只要造立、供奉佛像，佛祖在必要时就会向他显灵，给他带来幸福的前程。

唐代莫高窟的瑞像图共计 37 幅，其中大部分是根据天竺、尼泊尔、犍陀罗等国的佛教传说绘制的，也有一些是来自中国的于阗、张掖、酒泉等地，多集中画在正壁盝顶龛顶的四披上。如中唐 231 窟正壁龛顶北披，根据榜题画着"于阗国石佛像""释迦牟尼真容从王舍城腾空住海眼寺""酒泉郡释迦牟尼瑞像"等。在第 237 窟西壁龛顶北披也画着多身佛、菩萨瑞像，榜题内容明确的有"天竺摩伽国救苦观世音菩萨""于阗故城瑞像"等。这里瑞像的右侧还画着与于阗国建国有关的佛教史迹故事毗沙门天王决海，榜题上写着"于阗国舍利弗毗沙门天王决海时"（图 175）。相传在过去世的迦叶佛时期，有仙人曾经来到于阗国这个地方，但遭到国人的冷遇，因此触怒了龙族，使这个干燥的国度变成了大湖。后来，释迦牟尼率领众弟子来到这里，用光明覆照此湖，使其放出三百六十道光芒，并且预言此数为将来在这个国家建造寺院的数目。接着，释迦就命令弟子舍利弗用他的杖端、毗沙门天王用他的锐枪突刺这个湖，湖水就干涸了。于是人们就在这里建造了国城，这就是于阗国的创始。

在第 237 窟西壁龛顶的东披也画着佛教史迹故事画和瑞像图，很多画像旁边也保存着墨书榜题，把瑞像的名称写得明明白白，为我们考证它们的内容提供了有力证据（图 176）。东披的北端画中天竺尼婆罗水火池故事，右侧是一身结跏趺坐菩萨像，内容不清楚。再右侧画有一身结跏趺坐菩萨，双手托日、月，榜题上写着"弥勒菩萨随释迦来漠城"。再右侧是一身结跏趺坐佛像，须弥座前有一莲花形法轮，榜题上写着"中天竺波罗奈国鹿野苑中瑞像"。鹿野苑是释迦成道以后初次说法的地方，那里的寺院中有等身的初转法轮佛像，这里表现的正是此像。再右侧是一身倚坐佛像，榜题上写着"张掖郡佛影像月支王时现"。再右侧是一身立佛像，右臂下伸，左臂横置腹前，榜题上写着"盘和都督府仰容山番禾县北圣容瑞像"。这里的番禾县在今甘肃省永昌县境内，这个瑞像与北魏时曾经在河西预言的高僧刘萨诃有关，我们将在本书的第四部分叙述。再右侧是一身白色倚坐弥勒佛像，双手施无畏、与愿印，榜题上写着"天竺国白银弥勒瑞像"。再右为结跏趺坐佛说法像，榜题上写着"摩竭国须弥座释迦并银菩萨瑞像"。再右是一身盘腿坐四臂菩萨像，有二手执武器，应该是榜题中说的"银菩萨"。玄奘《大唐西域记》卷八记载：摩伽陀国菩提树垣东有精舍，层层的龛内都安置着金像。

图 175 莫高窟第 237 窟西壁龛顶北披佛、菩萨瑞像（中唐，8 世纪末至 9 世纪初）

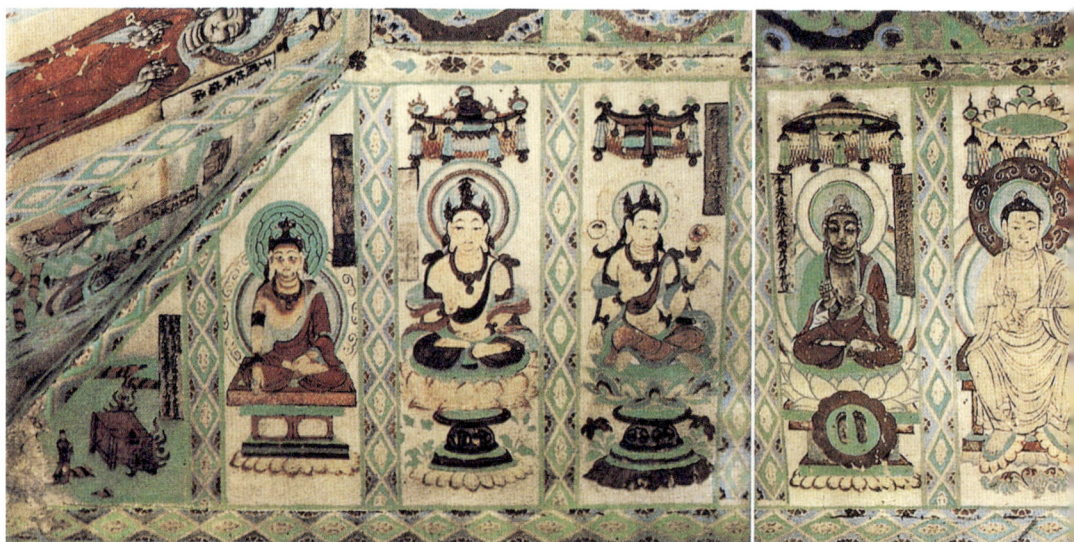

图 176 莫高窟第 237 窟西壁龛顶东披佛教史迹故事画和部分瑞像图（中唐，8 世纪末至 9 世纪初）

门外左右各有龛室，左侧龛内有观音菩萨，右侧龛内有弥勒菩萨，都是白银铸成的，高有十余尺。这里并列画着的白银弥勒、须弥座释迦、银菩萨，指的就是这个精舍里的金像和两尊银铸的菩萨像。再右侧是一身倚坐菩萨像，双手似作拍掌印，榜题上写着"虚空藏菩萨于西玉河萨迦耶仙寺住瑞像"，是又一尊于阗国的瑞像。再右是一身结跏趺坐穿右袒式大衣的佛像，但有菩萨的项圈、臂钏、手镯等装饰，头顶伸出一小头，身下两侧浮现两身菩萨的头胸部。他的右手施降摩印，左手在腹前施禅定印。他的手印和服装与表现释迦降魔成道的菩提树像特征基本一致。该像左侧榜题上写着"中天竺摩伽陀国放光瑞像"。所以，这个像指的是摩迦陀国菩提树垣西大精舍中的鍮石放光瑞像。

吐蕃时期的第 237 窟正龛盝顶南坡上，画着一幅头戴宝冠、身披右袒式袈裟，佩戴项圈、臂钏装饰的立佛像（图 177），左侧的墨书榜题上写着："于阗媲摩城中雕檀瑞像。"这幅瑞像的故事，在《大唐西域记》第十二卷中有详细的记载：

于阗是中国古代位于新疆沙漠南沿的一个国家，那里有一座媲摩城。很久以前，城里有一尊用檀木雕成的立佛像，高二丈多，周身时常放出光明。令人深感神奇的是，凡是有疾病的人，按照自己疼痛的部位往像上贴金箔，就能够立即痊愈康复。或者向佛虔诚请愿，佛像也能够满足人们的心愿。

相传，这尊佛像是释迦牟尼在世的时候，由侨赏弥国的邬陀衍那王制做的。释迦涅槃以后，这尊像就凌空飞到了于阗北部的曷劳落迦城中。那里的人民生活安乐，财产富饶，但并不相信佛法，对这尊飞来的佛像也不加以敬重。不久，有一位罗汉前去礼拜这尊雕像，当地人对罗汉奇特的服装和容貌感到惊奇，就跑去报告城王。城王于是下令，用沙土涂抹这位罗汉，不给他饭吃。只有一个（曾礼拜过佛像的）人心中不忍，暗中给罗汉吃食。一天，罗汉要离开曷劳落迦城了，就对那人说："七天以后，天空将要降下一场沙雨，把这座城市埋没，不留一个生灵。望你早作准备，提前离开这里。"罗汉说罢，就忽然不见了。

那人把这消息遍告自己的亲朋故旧，但没有一人相信他的话。第二天，忽然刮起大风，从天上降下了各色珍宝。人们大喜过望，反过来咒骂那个出言不吉利的人。只有那个人坚信灾祸是必然要降临的，他悄悄地开凿了一个地下通道，直通城外。到了第七天的夜半时分，城里的人们都已进入梦乡，沙土从天而降，没

图 177　莫高窟第 237 窟西壁龛内盝顶南坡上的瑞像图（中唐，8 世纪末至 9 世纪初）

有多久就填满了城中。那人从地下通道出城，向东来到了媲摩城，刚刚定居下来，那尊佛像也随之而来了，它在这里受到了人们的礼拜与供养。到了唐代，曷劳落迦城已经变成了一个大土丘了。邻近国家的国王和贵族们都想去发掘那里的宝物，但总是刚刚走到土丘旁边，便突然狂风暴起，烟云四合，使人迷失方向。

　　在上述瑞像的右侧，还画有三身立佛瑞像，其中一佛旁边的榜题上写着"此牛头山像从耆山覆空而来"。牛头山即瞿室餕伽山，在于阗国境内。唐僧玄奘《大唐西域记》卷十二说：在于阗国的王城西南二十余里，有瞿室餕伽山（唐言牛角）。山峰两起，岩隒四绝，在崖谷间建了一座寺院。寺院中的佛像时烛光明。很久以前，如来曾经到过这里，为诸天人略说法要，还说这个地方以后会建立一个国家，敬崇佛法，遵守并研习大乘佛法。牛角山的岩间有大石室，室中有阿罗汉，等待着未来佛弥勒的降临。由此可知，这也是一尊来源明确的佛像，由于它所在的寺院和释迦的经历有关，并且有过祥瑞的灵异，因此得到了人们的信仰与供奉。

在牛头山瑞像的右下侧，绘有一身立佛像，身穿通肩式大衣，右手上举指日，左手下垂指月。在敦煌藏经洞所出的文书中，提到过"指日月瑞像记"，应该说的是手指日、月的佛像，也是一种瑞像。大英博物馆收藏的藏经洞所出的绢画中也有这种立佛形象，呈行走姿势。西安碑林博物馆收藏有一件造像碑，上面也刻着右手上指日、左手下指月的立佛像，并且在日、月圆轮中刻有日神和月神的图像。这件造像碑的台座正面刻有铭文"释迦牟尼佛降伏外道时"，有学者据此认为是释迦降伏外道的图像。但也有学者认为这个铭文题记是后人补刻上去的，与原有的图像无关。虽然这个像的具体题材和宗教功德还没有定论，但它表现释迦有降伏日、月的能力是无疑的，也就无愧于瑞像的称号了。

几乎每一幅瑞像图的背后，都隐含着与上述内容类似的神奇故事。这里不可能一一讲述，但仅仅上面这几个故事，也足以震撼佛教徒们的心灵。

怪异神奇的画像

莫高窟第 321 窟是初唐武则天时代开凿完成的，在它的东壁北侧，画着一尊观音菩萨像，身旁还侍立着两身菩萨。令观者奇怪的是，这尊观音像与正常人的形象不一样，脖子上长了十一个脑袋，有六条臂膀。最下面的一张脸大小与正常人相同，但它的两侧面还各有一脸；头顶第一层有五面；第二层有三面，中间一面是佛的形象，其他都是菩萨形。这样共计有十一张脸，因此佛教称它为"十一面观世音菩萨"（图 178）。第 334 窟也是在武则天时代开凿的，它的东壁门上方画着一尊盘腿而坐的观音菩萨像，虽然只有正常的两条臂膀，但脖子上也长了十一张脸，并且像宝塔一样分上下五层排列。同时代的第 331、340 窟东壁，也绘着类似的十一面观世音像。

盛唐时期开凿的第 214 窟前室的西壁，绘了一尊千手千眼观音像。第 386 窟东壁门上有吐蕃时期绘制的千手千眼观音像。晚唐时期的第 161 窟藻井中央也有这样的画像（图 179）。这种观音像长着很多手臂，像孔雀开屏一样展现在身体周围。它的额头上长着一只眼，每只手掌心也都有一只眼，象征着一千只手与一千只眼，所以称作"千手千眼观世音菩萨"。

这两种观世音像，与我们前面提到的其他菩萨像截然不同。它们怪异的形象令人产生一种神秘感。而这种神奇的偶像，正好与佛教中的秘密教相关。这个秘密教，简称密教，是公元 6 世纪在印度出现的一种佛教派别。它是大乘佛教、印度教和印度民间信仰的混合物，以高度组织

图 178 莫高窟第 321 窟东壁北侧六臂十一面观音与二胁侍菩萨壁画（初唐，7 世纪下半叶）

化的咒术、仪礼等为主要特征，向人们宣扬只要口诵真言咒语（语密），手结契印，即摆放成各种规定的手势（身密），心作观想（意密），三密同时相应，就可以"即身成佛"了。比起念诵繁琐的佛经与艰苦的修行，这种成佛方法要方便得多，因此很快就在印度占有了一定的市场。

最受密教崇拜的尊神，是释迦牟尼的法身——毗卢遮那，就是光明遍照的意思，所以又叫作"大日如来"。密教自认为，他们的深奥大法，就是来自这位法身佛的秘密传授。到唐代初年，密教的经典已经在中国流行。从有关史料记载来看，那时还没有大日如来的信仰，主要是信仰观世音菩萨的各种变化身。总的特点是

图 179 莫高窟第 161 窟藻井中央的千手千眼观音像（晚唐，9 世纪下半叶）

多面多臂的形象。上面提到的十一面观音和千手千眼观音，就是其中的重要类型。此外，密教还有许多形象怪异、各具神通的崇拜偶像，主要是在 8 世纪初期以后传入中国并发展起来的。

唐代的密教信仰，首先是在西京长安和东都洛阳开展起来的。武则天建造的长安光宅寺七宝台，以及同时代的龙门石窟中，就已经出现了密教十一面观音（图180）、多臂观音、千手千眼观音等石雕像，个别像的时代要比莫高窟的十一面观音略早一些。到唐玄宗执政的盛唐时期，印度的密教高僧善无畏（637～735年）、金刚智（669～741年）、不空（705～774年）前来中国弘扬密法，在他们的努力下，不仅翻译出了一系列纯正的密教经典，还由此在中国兴起了一个新的佛教宗派——密宗。从此以后，密教经典、诵咒、仪式、造像就被推广到了全国各地，我们在四川石窟、宁夏固原须弥山石窟、太原天龙山石窟等地，都可以看到密教特有的造像艺术。正是在这种历史背景下，密教崇拜的奇特观音像，才被绘制在唐代的莫高窟里。

再说前面提到的十一面观音像，关于它的经典，早在北周时代就有翻译，以后各家的说法也略有不同。公元656年，玄奘大师在长安的大慈恩寺翻译了一部《十一面神咒心经》，上面讲到十一面观音的当前三面是慈悲相，左边三面是嗔怒相，右边三面是白牙上出相（降魔相），后面一面是暴恶大笑相，顶上一面是佛面像。就是说，这种观音应该是下面一圈长了十张脸，上部只有一个佛脸，与壁画中十一面的排列方法是不相同的。这是因为，佛经中的规定，是不适合用石窟里常见的高浮雕或绘画的方式来表现的，为了让信徒们从正面就可以看到十一张脸，艺术家们

图180 原唐长安城光宅寺七宝台上的十一面观世音石雕像（武周，690~704年，美国佛利尔美术馆藏，编号F1909.98）

特地采用了多层宝塔式的排列方法。

十一面的表情不尽相同，那么，它们的功能是不是也各具特点呢？这方面，《十一面神咒心经》也有详细的解释：信徒们供奉了十一面观音像后，该像当前的一面就会发出巨雷般的吼声，使大地发生震动。这时，信徒们不必产生恐怖心理，只管安心地口念神咒。如果有外国的敌军来侵犯国土，就把像的左边嗔怒面向着敌国方向，可使敌军不能前进。如果有鬼魅困扰使人生病了，可取一条白缕，口念咒语，打上21结，系在像的慈悲面上。一夜之后，再取下白缕，系在病人的脖子上，他的病就会痊愈。如果有人家里闯入了恶神鬼，或者有人想求得好事，也可以采用类似的做法驱退恶鬼，心想事成。如果有仇人想暗算自己，就取一条白缕打上108个结，把它系在像的嗔怒面上。一夜之后取下白缕，然后叫着仇人的名字，把每一个结都截断，使它们分开，叫一声截一个。这样一来，仇人的任何阴谋都是枉然的。

在佛教徒们的眼里，十一面观世音确实具有这些神通力。所以，在玄奘译出经典不久，中国的佛教界就开始流传与十一面观世音有关的神奇故事了。据新罗（今韩国）人崔致远（857～10世纪）撰写的《唐大荐福寺故寺主翻经大德法藏和尚传》记载：公元697年，东北的契丹族人抗拒唐朝，武则天皇帝命令出兵讨伐，还特意下诏让法藏和尚（643～712年）依据佛经施展神通，帮助军队作战成功。法藏上奏武则天说："如果要打垮敌军，还得去请秘密佛法。"武则天请他立即照办。法藏于是沐浴更衣，建立了一个十一面观世音道场，开始作法。几天以后，契丹的军队在前线看见数不清的唐朝军队向他们冲过来，里面还夹杂有很多天兵天将，还有人看见观世音菩萨长着十一张脸，从天空中飘飞过来，指挥军队作战。契丹兵顿时大乱。一月之后，胜利的捷报传到了大唐国都。

北宋僧人赞宁（919～1001年）编写的《宋高僧传》第二十五卷说：公元704年，有一位法号清虚的和尚来到河南嵩山少林寺。寺里有一所佛殿很宽敞，可就是没有人敢进去，大家都说这是鬼神们的住宅，有人还说他曾亲眼见到鬼神们在这间房子里如此这般等等。清虚听到后就说："我不信这些下界的鬼怪能把我们佛家弟子怎么样！"便毫无畏惧地来到那所佛堂，端坐念经。到了半夜，就听见佛堂的东面发出了鬼哭狼嚎般的叫声，声音越来越大，越来越令人心惊胆战。清虚却毫不害怕，安心念着"十一面观音咒"。一会儿，又听见佛堂里好像有两头牛在拼斗，所有佛像都跟着振动起来，清虚的咒语眼看就不起作用。他见情况有变，又立即拿出了十一面观世音的经书，照着响动的方向贴了上去，顿时所有的响声与幻影全部消失了。从此，这所佛堂就再也没有人看见鬼魅作祟，大家都说，是十一面观世音的威力，迫使这些鬼神们把家搬走了。

千手千眼观世音菩萨，也和十一面观音一样，具有很多神通力。至今在佛教徒们的心目中，也仍有着无比的威力。密教经典上说：观世音菩萨有一次正在雪山中向众人说法，他的慧眼看见夜叉罗刹国里的人正在吃着人的血肉，并将之作为他们唯一的食物，毫无慈悲善良之心。观世音菩萨发誓要去教化他们，就发出神通来到罗刹国，变幻出了千眼千臂的形象，所有的夜叉鬼们在惊恐之中纷纷被降服了。罗刹国的国王亲自来到观世音面前顶礼膜拜，表示愿意皈依佛法，不再残害生灵。除此之外，这种观世音菩萨的变化身，还具有用千条臂膀来保护众生，用千只慧眼去遍观人世间疾苦的功能。因此，他是一位抑恶扬善的尊神。

曾在洛阳佛授记寺居住的印度僧人达摩战陀，在一幅毡上画了千手千眼观世音像，连同有关它的经咒，一并献给了女皇武则天。武则天见了很高兴，就命令宫女照样绣了一幅，还叫画工们绘制了很多幅，流传天下各州。来自西域的唐代著名画家尉迟乙僧，曾经在长安慈恩寺塔前画了一尊千手千眼观世音像，称颂一时。这种崇奉密法的风气向西传到敦煌，令我们在莫高窟中看到那些观世音的变幻像。

莫高窟唐代的十一面观世音和千手千眼观世音像，绝不仅仅是上面提到的几例，直到晚唐时期的石窟中，仍然是绘制不衰。同时，莫高窟里受密教尊奉的神灵画像，也绝非只有这两种，而是还有很多，像孔雀明王、毗沙门天王、如意轮观音、不空羂索观音、地藏菩萨、毗琉璃天王、千手千钵文殊菩萨、东方不动佛、提头赖咤天王、金刚杵观音、宝幢香炉菩萨、杨柳枝观音、金刚三昧菩萨、八臂宝幢菩萨、毗楼博叉天王，等等。他们名目繁杂，形象怪异，但都神通广大，能扶危济贫，消灾解难。

第361窟东壁南侧画有一身千手千钵文殊菩萨像，是根据唐代来华的狮子国（今斯里兰卡）僧人不空（705～774年）翻译的《大乘瑜伽金刚性海曼殊室利千臂千钵大教王经》绘制的（图181）。在这部经中，释迦说，在毗卢遮那如来法界

图 181 莫高窟第 361 窟东壁南侧千手千钵文殊菩萨（中唐，8 世纪末至 9 世纪初）

性海秘金刚界莲花台藏世界海中，有大圣文殊师利菩萨，现金色身，身上出千臂千钵，钵中显现出千释迦，千释迦又现出千面亿释迦。这幅壁画中的文殊菩萨结跏趺坐于须弥山莲花座上，在圆形的身光内现出层层千臂千手，每手托一钵，钵中显现出释迦佛。须弥山从海水中升起，有人面龙身的难陀、跋难陀二龙王缠绕着山腰，海水中还有六臂阿修罗和夜叉等。千钵文殊的外围环绕着眷属。在画面左右上角处的两个圆幅面中，分别画乘五马座的日天和乘五鹅座的月天。据唐代著名美术理论家张彦远（815～907年）的《历代名画记》卷三记载，来自西域于阗国的著名画家尉迟乙僧曾经在长安城慈恩寺塔下西壁画千钵文殊，时间约在公元8世纪初。由此可知，千钵文殊曾经是大唐长安寺院中的一种流行题材，敦煌此类画题的出现，正是长安佛教艺术沿丝路西传的反映。

在莫高窟密教画像中，颇值得一提的是被誉为战神和国家保护神的毗沙门天王。毗沙门天王是佛教中的四大天王之一，住在须弥山的北面，是北方世界的守护神，因此常被称作北方天王。又由于他手中总是托着一座宝塔，故有"托塔天王"的俗名。到明清时代，毗沙门天王又被小说《西游记》《封神演义》演化成了大众熟知的托塔天王李靖。在唐代的莫高窟中，绘制了很多幅毗沙门天王像，如盛唐时期有第91、118、120、123、170窟主室东壁门北侧，103窟甬道北壁；中唐时期有第135、188窟主室东壁门两侧，202窟主室东壁北侧，158窟主室西壁大龛北侧，154窟主室南壁，212窟前室北壁，358窟前室西壁北侧；晚唐时期的第160窟主室北壁，12、9、29、138、156窟前室西壁门北侧，196窟前室北壁等等，都画有毗沙门天王像。他的形象很像一位唐代的武将，身披铠甲，威风凛凛。

毗沙门很早就已经出现在中国佛教中，密教兴起以后，也很重视这位天神。到唐代，又把他当作战神和保护神来信仰。据《大唐西域记》记载：于阗国的人民自称是毗沙门天王的后裔。传说很久以前，于阗国王没有后嗣，就从毗沙门天神像的额头剖出了一个婴儿，吮吸像前的地乳长大，以后继承王位，代代相传。毗沙门天王还是于阗国的护国神。因此，毗沙门就与于阗国的宝冠佛瑞像同时出现在瑞像图中。如第154窟南壁西侧的立姿天王像，左手托塔，右手持戟，戟上有胜利之幡，腰间佩剑与吐蕃弯刀，身穿吐蕃武士的长身甲，足踏彩云（图182）。在吐蕃统治敦煌时期绘制的这幅毗沙门天王像，自然就有了吐蕃文化的印迹。这尊毗沙门天王旁边站立的戴宝冠的佛像，是"勃伽夷城瑞像"。据《大唐西域记》记载，于阗国王从迦湿弥罗国（今克什米尔地区）迎请佛像到于阗，到了勃伽夷城，像就不愿再走了，人们不论怎么做都不能移动它。于阗国王只好在当地修建佛寺供养这尊佛像。同时，国王还施舍了自己的王冠，戴在佛像头上，脱下自己的袍服给佛像穿上。因此，这尊瑞像就戴着王冠，身穿王服，脚踩宝山，和毗沙门天王一起造福于阗与敦煌。

图 182　莫高窟第 154 窟南壁西西侧毗沙门天王与宝冠佛像（中唐，8 世纪末至 9 世纪初）

到了中晚唐时代，人们还传说着这样一个故事。公元 742 年 2 月，西域的大石、康等五个国家军队围攻大唐的安西城（今新疆吐鲁番），唐玄宗李隆基急忙召见一行和尚，问他该怎么办。一行说：印度来的不空大师能请来北方毗沙门天王帐下的神兵，救援安西是没有问题的。于是，玄宗就与不空一同进入道场请愿，念诵真言不到 27 遍，忽然看见有二三百神兵站立在道场中。不空说，这是毗沙门天王第二子独健领兵救援前来辞行了。玄宗立即派人向他们发放食物。到 4 月，有来自安西的表章奏说："在二月十一日巳后午前，距安西城东北三十里的地方，有一大团云雾，雾中有很多身长一丈的神人，大约有三五百人，都穿着金甲。不一会儿，只听鼓角大作，震荡三百里，有地动山崩之势。如此三日，西域五国害怕极了，急忙退兵。不料他们的军中出现了许多金老鼠，咬坏了士兵们所有的弓箭，他们只好落荒而逃。我们抓到了很多年老体弱跑不动的，正打算杀掉他们，突听虚空中有大声吼道：'放他们去，不要伤害他们。'我们寻着声音向城北门望去，只见门楼上闪耀着无限光明，是毗沙门天王在门楼上现形了。"

　　这个故事的虚构成分很明显，因为精通密教的一行和尚出生于公元 683 年，他在公元 727 年就去世了，不可能在公元 742 年去帮着唐玄宗出谋划策。但这个故事对中晚唐的佛教界和军队影响很深，大家都相信毗沙门天王可以领兵攻打敌人，保护国界的安宁，还能够鼓舞军队的士气。我们由此可以看到，密教的神灵和思想，对唐时的人们所起的心理作用是相当深远的。莫高窟的毗沙门像，正好形象地说明了这种宗教的影响力。

丝竹管弦　曼舞轻歌

当您来到丝路上的咽喉城市敦煌时，那尊位于城市中心的高大的反弹琵琶女神雕塑会映入您的眼帘。经过大约半小时的汽车行程，来到举世闻名的鸣沙山前，步入莫高窟大门时，将会有两尊飞天女神友好地迎接您。为什么要在敦煌重新塑立飞天呢？因为她是雅俗共赏、妇孺皆知的，她是人们心目中最美好的敦煌艺术形象（图 183 ）。在有些城市中，我们也不难发现用飞天的形象制作的商品广告，这是因为敦煌代表着中国古老的艺术成就，而飞天在很多人的眼里，早已成了敦煌的象征了。舞剧《丝路花雨》的上演，又使敦煌可爱的反弹琵琶女神普遍受到人们的赞叹。

当空飘舞的飞天，和演奏乐器的伎乐，并不为敦煌所特有。在中国大地的许多石窟寺院中，都有她们的形象，但以莫高窟的数量最多，现存大约有四千五百多身。在石窟寺里的各路神灵中，飞天伎乐的地位是那么渺小，但又是那么的美丽，以至于被人们所普遍喜爱、接受。

图 183 莫高窟 158 窟西壁北侧《涅槃变》中的飞天（中唐，8 世纪末至 9 世纪初）

飞天伎乐虽然和我们心目中的仙女形象没什么差别，但她们的故乡却在印度，她们是伴随着佛教向东传播，才飞到中国大地的。在佛教的众神世界里，每当佛陀向众生说法时，都会有"天龙八部"前来充当他的护法神，他们是天、龙、夜叉、乾闼婆、阿修罗、迦楼罗、紧那罗、摩睺罗迦。其中的乾闼婆和紧那罗，就是飞天伎乐的原型。

乾闼婆，是梵文天歌神的音译。因为他周身散发着香气，所以又叫香音神。唐僧慧苑著《慧苑音义》中说：在十宝山间，有一种音乐神，名叫乾闼婆。上界的诸天神如果需要音乐娱乐，这种神通过他们的特异功能了解天神们的意思，立即飞往那里演奏快乐的音乐。乾闼婆王是这种神的首领，又称作"音乐天"。相传他头戴八角冠，长着一身红色的肌肉，左手拿箫笛，右手持宝剑，体态魁梧，威力十足。相传，他曾经率领无数的乾闼婆神到释迦佛那里去奏乐，赞美佛的功德无量，他们的音响使三千大千世界都受到了震动，闹得大弟子迦叶坐立不安，无法修行。乾闼婆王还会变幻魔法，能使大海上空现出城市宫殿，如同海市蜃楼一般，可望而不可即。

紧那罗，是梵文天乐神的音译。唐僧慧琳著的《一切经音义》说这种神很擅长歌舞，能发出微妙的音响，他们也住在十宝山中。紧那罗的男性是马头人身的形象，不太雅观；而女性紧那罗则相貌端丽，能歌善舞，多嫁给乾闼婆为妻。相传，曾经有五百位仙人正在山中虔诚修道，恰巧有位紧那罗女也正在天池中沐浴唱歌，她的歌声如莺啼燕语，美妙无比，回旋于两山之间。那五百仙人听到歌声，顿时心慌意乱，再也无法进行禅定了。不过，紧那罗的主要职责，就是与乾闼婆一道，在佛国世界里弹琴歌唱，为佛娱乐的。我们通常所说的飞天伎乐，就是乾闼婆与紧那罗的合称。

飞天伎乐一词，最早是出现在东魏杨衒之写的《洛阳伽蓝记》一书中。但在甘肃永靖炳灵寺具有西秦建弘元年（420 年）纪年的第 169 窟里，就已经用美女的形象来表现飞天了（图 184）。也许只有这样做，中国的佛教信徒才能接受这些印度佛教中的歌舞音乐神。莫高窟的飞天伎乐，是与洞窟同时出现的，主要是在佛传、本生故事中，为表示对佛行善情节的礼赞与歌颂，将飞天以散花祝愿的形式绘制在画面上方的虚空中。或是在释迦牟尼的说法图中，飞天也会以侍从、

图 184 甘肃永靖炳灵寺第 169 窟壁画（约西秦建弘元年，420 年）

护法的形象出现在空中。早期的飞天伎乐一般都有健硕的形体，身体扭动成"V"字形，再经过西域式的凹凸晕染画法，给人一种朴拙的情趣（见图 93 ~ 95）。北魏晚期以后，随着秀骨清像造型的流行，飞天伎乐也完全吸收了当时在南朝流行的飞仙形象，而变得清秀、潇洒了（图 185）。但是，人物身体的动感仍不太多样化。到了北周时代，在环绕佛殿窟四壁上方一周的宫殿里，飞天伎乐腾空而起，形成了浩浩荡荡的歌舞队伍，至少也有三五十身。她们有的吹笛，有的击鼓，有的弹筝，有的托盘献花，有的挥臂跳跃，有的扬手散花，飞飘

图 185 莫高窟第 248 窟前部人字披顶部分飞天壁画（北魏，6 世纪初）

在天空中（见图 100、101）。形象地展现了《妙法莲华经》中所说的"诸天伎乐，百千万种，于虚空中一时俱起，雨诸天花"的欢乐景象。

隋代莫高窟中的飞天，除了依然绘制绕窟一周的行列外，还出现了绘制在大龛顶部的自由活泼的飞天（图 186）。另外，在窟顶华盖式的藻井中心，变成了蔚蓝的天空，有的在莲花中心画三只白兔，它们循环奔跑，互相追逐。莲花的四周围绕着一群飞天，其中还有裸体童子，他们一起在彩云中飘荡，在天空中旋转起舞。敦煌藏经洞中出土的一篇《阿弥陀经讲经文》变文中，有这样一句："化生童子见飞天，落花空中左右旋。"这些画面所要表现的，正是这样一个艺术境界。

人们会问：飞天的"天"是什么意思呢？隋唐之际的吉藏和尚（549～623年）在《金光明经疏》中曾解释说："外国呼神亦为天"。可见这些飞行散花奏乐的美女们，是有别于世间凡人的。她们虽然代表着佛教里的歌舞音乐神，可在我们

图 186 莫高窟第 412 窟西壁龛顶飞天（隋代）

一般人眼里，她们是天真无邪、纯洁可爱的美丽女神，是天上的仙女。而人们心中这种美好的形象，只是针对莫高窟唐代飞天伎乐而言的。我们在本小节开始时提到的现代敦煌的飞天雕塑，以及《丝路花雨》中的反弹琵琶女子，都是取材于唐代莫高窟中的艺术形象。

唐代的飞天的确是不同凡响的，她们在活动领域与艺术形象方面都进入了一个新时代。首先，佛殿窟顶的藻井

图187 莫高窟第172窟西壁龛顶飞天（盛唐，8世纪上半叶）

四周，仍然是飞天伎乐的活动空间。在正壁大龛的顶部，也有些飞天在自由地飞翔，快乐地弹唱。除此之外，在唐代石窟盛行的经变画中，那象征着西方极乐世界的蔚蓝天空，也成了飞天们翱翔的领域。她们有的脚踏彩云，徐徐降落；有的昂首挥臂，如同在大海里潜游；有的如同现代的高台跳水，疾速向下俯冲；有的好像练就了一身轻功，直冲云霄（图187）；有的手托花盘，疾速地横跨长空；有的挥舞长飘带，在重楼高阁之上腾空而起；有的奔腾自如，凌空回首。唐代诗人韦渠牟（749～801年）在《步虚词》诗中描写仙女说："飘飘九霄外，下视望仙宫。"唐代莫高窟中的飞天，正是这些仙女们的生活写照。

除了单身独自遨游的飞天外，唐代还出现了成对的双飞天。她们有的互相追赶，形成一个疾速旋转的圆圈；有的手挥莲蕾，并肩从碧空悠悠降落；有的一个在前面飞，扬手散花，回首呼应，另一个在后面追，彩带随风飘向了身后，使我们如睹仙女们追逐嬉戏（图188）。唐代大诗人李白（701～762年）就有一首咏叹仙

图 188　莫高窟第 320 窟南壁《阿弥陀经变》壁画部分（盛唐，8 世纪上半叶）

女的诗句："素手把芙蓉，虚步蹑太清；霓裳曳广带，飘拂升飞行。"相比之下，敦煌唐代的飞天意境，更是一首难以言传的有形诗篇。

　　唐代飞天的飞动之美是富于变幻的。她们在空中跳跃、悬游、浮游、翻飞，或冉冉上升，或舒展自如，有着各种各样丰富的动势。更主要的还是表现在升腾和俯冲的姿势上，她们有的像飞鸟从高空俯冲直下（图 189），有的则斜掠疾扫，翩然回翔，动作虽然惊险，却绝不会给人以即将坠落的感觉。很多人都见过西方基督教世界里的天使画像，那些可爱的金发裸体童子们是靠着身体上的双翼来飞翔的。敦煌的飞天们却没有生出两只翅膀，但人们相信她们与生俱来的飞行神通。为了能表现出飞天飞行的动感，画家们特意在她们的衣裙飘带和天空中的流云上下功夫：人体的动势和衣带、云气、飞花构成了和谐的飞行韵律，好像是人体的动势导致了衣带的飘动，微风的荡漾又使飞花随意飘浮；又好像是风吹云动才导致了衣带的飘举，云动带飘又推动着人体的飞翔。有形的人、带、云、花和无形的风互相影响渗透，形成一组永远飞升的统一旋律。

飘然转旋回雪轻，嫣娥纵送惊游龙。

小垂手后柳无力，斜曳裾时云欲生。

烟娥敛略不胜态，风袖低昂如有情。

白居易（772～846年）《霓裳羽衣歌》中的诗句，使人们惊奇：怎么同飞天的动作很相像呢？的确，飞天动作的轻迅优美，就是唐代舞蹈艺术的一种升华，它是人间的舞蹈在佛教世界里的折射。以舞蹈动作中那一个个美的瞬间为蓝本，就形成了那些颇具艺术魅力的飞天动作。在大型经变场景中，那些与空中的飞天相呼应的地面乐舞行列，更直接形象地描绘出了唐代的音乐舞蹈场面。

在唐代经变画的中、下部比较显著的部位，一般都画着伎乐们跳舞弹琴的场面，大部分是一组，个别的有二组、三组。每组都有一个或两个跳舞的舞伎，两边是伴奏音乐的乐伎，少的有两人，多的可达30人。画面上出现的每个舞伎的舞姿，只是表现了舞蹈过程中那优美的一瞬间，她们大多双手拿着长长的锦带，在身体周围上下飘举、左右回旋（图190）。这种持锦带而舞，正是唐代流行的一种舞蹈形式，在唐代墓室壁画中，可以见到女子持帔帛翩翩起舞的形象。她们有的动作疾驰矫健，有的轻盈舒缓，有的跳跃，有的旋转。在这些千姿百态、异彩纷呈的舞姿中，又都具有妩媚动人的风韵，娴雅温婉的神情。柔曼的手臂，扭摆的腰肢，勾脚的动作，都贯穿着女舞蹈艺人们所特有的柔媚多姿的体态。这些优美的舞蹈艺术形象，与唐人诗句中的"纤腰弄明月，长袖舞春风"（刘希夷《春女行》）、"细腰

图189 莫高窟第321窟西壁龛顶南侧飞天（初唐，7世纪）

图 190 莫高窟 159 窟南壁《观无量寿佛经变》壁画中的部分舞乐（中唐，8 世纪末至 9 世纪初）

争舞君沉醉"（李涉《楚宫怨》）、"愿对君王舞细腰"（作者不详《杂曲歌辞》），正好相映成趣。中唐第 112 窟经变画中的反弹琵琶舞伎，更是唐代舞蹈人物中的代表作（图 191）。

　　胡旋舞源于西域康国，所以又叫名"康国舞"。康国位于今乌兹别克斯坦撒马尔罕一带。北周时期，这种舞传入中原。隋炀帝设"九部伎"，唐太宗设"十部伎"，其中都有"康国伎"，指的就是胡旋舞。胡旋舞在唐玄宗开元年间（713 ～ 741 年）风靡社会，十分流行。北宋欧阳修（1007 ～ 1072 年）等编著的《新唐书·西域传》说：在开元初年，康国向大唐进贡了许多珍贵之物，如水精杯、玛瑙瓶、鸵鸟卵等，还有胡旋女子。这些"胡旋女子"，就是能作胡旋舞表演的专业舞女。对舞蹈场面的描述，白居易的长诗《胡旋女》最为精彩："胡旋女，胡旋女，心应弦，手应鼓。弦鼓一声双袖举，回雪飘飘转蓬舞。左旋右转不知疲，千匝万周无已时。人间物类无可比，奔车轮缓旋风迟。"将胡旋女的疾迅舞姿跃然纸上。此外，唐代著名的音乐理论家段安节所著的《乐府杂录》中说："舞有骨鹿舞、胡旋舞，

图 191 莫高窟第 112 窟南壁《观无量寿佛经变》壁画中的部分舞乐（中唐，8 世纪末至 9 世纪初）

俱于一小圆毯子上舞，纵横腾踏，两足终不离于毯子上，其妙如此也。"

　　初唐第 220 窟北壁《东方药师变》中，画着唐代唯一的一组四舞伎振臂共舞的场面，精彩地再现了来自中亚地区的胡旋舞（图 192）。乐队中间的灯楼两侧各有一对舞伎，分别站在一个圆形的舞筵上。她们随着长长的帔帛上前翻动翩然起舞，舞姿矫捷奔放，旋转的动作令人眼花缭乱。左面一对舞伎背向而立，一腿后勾，一手用力向上托伸，一手侧垂作"提襟"姿。右面一对舞伎侧身相背而立，对称旋转。看来，胡旋舞的妙处在于疾速旋转，节拍欢快，与白居易的描述十分吻合。后晋刘昫（888～947 年）等撰《旧唐书·安禄山传》中记载道：安禄山（703～757 年）晚年越发壮肥，大腹下垂，超过了膝盖，因为他的体重达到了三百二十斤。但是，在唐玄宗面前，他却能跳胡旋舞，疾速如风。由此可见，连安禄山都能跳当时非常时兴的胡旋舞，而且舞技相当精湛。另外，杨贵妃的胡旋舞跳得十分出色，还曾经与安禄山合跳此舞。

　　根据唐代杜佑（735～812 年）于贞元十七年（801 年）编成的《通典》卷

图 192 莫高窟第 220 窟北壁《东方药师变》中的四人胡旋舞（初唐，7 世纪）

一四六记载，为胡旋舞伴奏的乐器有"笛鼓二，正鼓一，小鼓一，铜钹二。"以打击乐为主，是为了和它快速的节奏和刚劲的风格相适应。在第 220 窟北壁壁画中，为胡旋舞伴奏者的乐器多种多样，奏乐者都是席地坐在左右两侧，其中演奏打击乐器的主要集中在舞者周围较突出的地方，在左侧乐队中有羯鼓、腰鼓、鸡娄鼓、答腊鼓、拍板，右侧乐队中有都昙鼓、腰鼓、拍板、方响等，比《通典》中的描述更为丰富。

同样，在别的经变画中，为舞伎伴奏音乐的乐伎，也都是席地坐在舞伎的两旁，弹奏的乐器有琵琶、阮咸、横笛、排箫、笙、竽、笙簧、拍板、方响、小钹、腰鼓、鸡娄鼓等等，均为唐代十部乐中使用的乐器（图 193）。另外，这些伎乐们演奏的神态和乐队的排列方式，都同唐墓壁画中的乐舞场面十分相似，可以说，他们形

象真实地反映了唐代交响乐队的表演盛况。敦煌变文中的《维摩诘经讲经文》有"无限乾闼婆，争捻乐器行。琵琶弦上急，羯鼓杖头忙。并吹箫兼笛，齐奏笙与簧"等诗句。相比之下，画面给人的艺术感染力就更强烈了。也正是这些伎乐们的表演，给庄严的极乐国土，增添了无限的欢乐气氛。

飞天伎乐在佛国世界中的地位是卑微的，在各种佛教活动中，她们只能担任配角，起烘托气氛的作用。但我们谁也不会否认，她们在佛国诸神世界中是最美的，因为唐代的画工们在塑造她们的艺术形象时，是以人世间最美丽的女子为蓝本的，同时也倾注着艺术家们内心深处的爱。她们的神情与风采，受到人们的普遍赞美，至今依然如此。如果说，正是飞天伎乐之美，才为敦煌的艺术带来了强大的生命力，也是毫不夸张的。

图 193 莫高窟第 154 窟北壁《报恩经变》壁画中的部分舞乐（中唐，8 世纪末至 9 世纪初）

极乐世界的理想画卷

隋唐时期的敦煌莫高窟，从洞窟结构、彩塑、壁画的总体设想来看，体现出了当时人们对西方极乐世界的向往。为数众多的佛殿窟，为信徒们接受佛教教义与涅槃极乐思想提供了场所。壁面与窟顶四披上的巨幅经变画，为信徒们描绘了虚幻佛国世界的宏伟蓝图（图 194）。正壁龛内的一组彩塑，洞窟顶部的华盖与飞天，地面上的莲花纹铺地砖，更令信徒们如同置身于西方世界的国土之中，并能亲耳聆听佛祖宣讲济世大法。这系列虚幻的颂歌，正是隋唐时代莫高窟所要表达的宗教主题。

众所周知，隋唐时代，是中国封建社会的鼎盛时期，特别是在初盛唐阶段，民富国强在世界上是首屈一指的。唐代刘餗在公元8世纪写的《隋唐嘉话》上记载说：唐太宗贞观四年（630年），天下康乐安宁，全国判处死刑的犯人只有29名。老百姓们可以夜不闭户，来往客人可以不用随身携带粮食。这比起北朝时期的天灾人祸来，真可谓政通人和了。到了唐玄宗统治的开元、天宝年间（713～756年），唐朝的国力达到了最高峰，政治、经济、文化、艺术、科技等各方面都取得了辉煌的成就。著名诗人杜甫（712～770年）在他的《忆昔》诗中写道：

忆昔开元全盛日，小邑犹藏万家室。

稻米流脂粟米白，公私仓廪皆丰实。

九州道路无豺虎，远行不劳吉日出。

齐纨鲁缟车班班，男耕女桑不相失。

宫中圣人奏云门，天下朋友皆胶漆。

百余年间未灾变，叔孙礼乐萧何律。

正是因为社会的安定，人民大众的辛勤劳作，才换来了民殷国富、安居乐业的大好局面。

图 194 莫高窟第 9 窟窟顶《华严经变》局部（晚唐，9 世纪下半叶）

　　河西走廊上几个重要城市所在的沙漠绿洲，是靠河流的冲积、灌溉而形成的。在干旱、荒凉的大砂碛里，水是自然界最宝贵、最诱人的东西。因为只有水，才能使人们在死亡危机的包围中获得生存的希望。对于那些艰难地行走在一望无际、黄沙漫漫的大戈壁上的各国商侣而言，位于天边的绿洲，寄托着他们内心美好的愿望。敦煌就是这样的沙漠中的乐土！

　　相传在西汉时期，将军李广利（？～公元前89年）奉命率兵征伐西域的大宛国，回来时走到敦煌的三危山下，士兵们口渴难忍，再也无法行走了。李广利见状，既悲痛又焦急，就拔出佩剑，向上苍祷告，然后猛地刺向山间石壁。奇迹出现了：只见一股清泉，从被剑刺出的裂缝中流了出来，三军官兵顿时欢呼雀跃。痛饮甘泉之后，这支远征军顺利地回到了长安。这个至今仍被人们称颂的"刺壁飞泉"故事，指的就是敦煌城东60余公里处的悬泉。可以想象，水对敦煌人来说，是多么的重要。有了水，才能灌溉富饶的敦煌盆地，才能创造出灿烂的敦煌文化。

　　富强的唐朝，也给敦煌人带来了物质文明。"太守到来山泉出，黄砂碛里人种田"。岑参（715～770年）的这两句诗，似乎就是描写唐代敦煌的。从藏经洞

图195 敦煌宕泉河（吴健等著《佛教美术全集4·敦煌佛影》，文物出版社，第18页）

中的一些文书资料看，敦煌当时的灌溉渠道很多，主要的干渠、支渠就有 37 道，有的渠面宽达 3 丈，可以看出水利是相当发达的。当时中西陆路交通畅行无阻，东来西去的中外文化交流，都荟萃到了这片水草丰美的绿洲上（图 195）。敦煌隋唐佛教艺术的高度繁荣，就是在这样的社会条件下创造出来的。

隋唐敦煌的和平与稳定，使人们更多面对的是现实世界的歌舞升平，美满丰厚的物质享受。人们不再担心自己会忍饥挨饿、流离失所，在尽情享受眼前康乐生活的前提下，更加关心的是自己死后，这样的幸福日子能不能继续下去？自己的下辈子能不能托生到无比幸福的佛国天堂里去呢？面对这样的众生心理，如果再去提倡北朝时期的面对现实、艰苦修行，显然就不合时宜了。于是，能适应当时现实的佛教理论便应运而生。要想在将来成佛吗？可以不必去累世苦修，只要心中有佛，多行善事，哪怕过去作恶多端，如今放下屠刀，也能立地成佛。想去西方极乐世界吗？只要诚心念着阿弥陀佛名字，迟则七日，快则一日，就能够达到目的。有了疾病，遇到苦难怎么办？只要专心念一声"药师佛"，就可以遇难得救，逢凶化吉。想亲眼看看自己想去的极乐世界是个什么样子吗？那就请到石窟里去瞻仰礼拜吧，还会有精通佛法的大师们为你讲解未来世界的美景，并且教你如何迈上通往天国的大路。

对于当时人们的这些期望与需求，敦煌的隋唐石窟艺术以她那无与伦比的技艺，超乎想象的美景，包罗万象的哲理，提供了最大限度的满足。

三危夕照

曹氏敦煌　四塞通欢

公元 907 年，随着李唐王朝的丧钟敲响，中国封建社会的高峰期过去了，中国佛教和石窟艺术也从此走向了衰落。从全国范围来看，石窟寺的开凿越来越少，敦煌莫高窟也从原来的如日中天转向了夕阳西下。但是，她的艺术活动并没有因此而中断，那三危山上的佛光余晖，依然为我们勾画了一幅幅佛教世界的美妙图画，述说着四百多年间众生的祈祷与祝愿。

公元 906 年，正当唐王朝行将就木，天下诸侯战乱纷争之时，敦煌出现了白雀飞来的祥瑞征兆。当时有一首《白雀歌》这样写道："白雀飞来过白亭，鼓翅翻身入帝城。深向后宫呈宝瑞，玉楼深处送嘉声。"这不是在预示敦煌将有帝王出世，成就霸业吗？当时的敦煌由张议潮（799～872 年）的孙子张承奉统辖，他的部下乘机拿着这首《白雀歌》劝他做皇帝。经过一段时期的酝酿准备，张承奉在敦煌建立西汉金山国，自称是白衣天子。这里的西汉，就是西部汉人的意思，金山，就是今天甘肃、青海、新疆三省交界处的阿尔金山，在敦煌的西南境。白色在中国传统的阴阳五行中代表西方，所以白衣天子，也就是"西方天子"的意思。

当时，在西汉金山国的东西两面，已经兴起了甘州（今甘肃张掖）和西州（今新疆吐鲁番），这两个由北方少数民族回鹘人建立的政权，完全堵截了丝绸之路的东西交通。面对这种威胁，张承奉采取用兵政策，企图拔掉甘州回鹘的势力，统一河西走廊。但这种尝试最后以失败告终。公元 911 年，甘州回鹘军队包围了敦煌城，张承奉被迫与回鹘人议和，把金山国降格为"敦煌国"，白衣天子改称"敦煌王"，并且以甘州回鹘为父，自己为子。

公元 914 年 10 月，张承奉去世，敦煌国也寿终正寝了。原金山国的吏部尚书曹仁贵（？～935 年）取代张氏掌握了敦煌一带的实权。他取消了敦煌国的建制，恢复了唐朝时候的归义军名号，自称为归义军节度使。曹仁贵后改名为曹议金，从此以后，曹氏家族相继统治敦煌一带达一百二十余年之久。

针对曹氏敦煌政权而言，外界的形势依然是严峻的。中原北方先后有梁、唐、晋、汉、周五个小朝廷相互更替，周围又相继有十个小国家你争我夺、此起彼伏，历史上称为"五代十国"。公元 960 年，又经历了北宋的统一和全面的改朝换代，这种政治局势迫使曹氏政权必须做出自己的选择。另外，来自甘州回鹘的威胁并没有消除。曹议金为了巩固敦煌地方政权，他着手办理了以下几件事：

1. 派遣使者向中原的后唐王朝进贡，使自己的归义军节度使地位得到后唐的承认与册封，使他在敦煌的统治进一步合法化。从此以后，与中原王朝保持臣属关系，就成了曹氏政权的基本国策。北宋建国以后，曹议金的三子曹元忠（？～974年）于公元973年还被北宋封为"推诚奉国保塞功臣""归义军节度使""西平王"等。

2. 在处理与邻近国家的关系上，曹氏改变了金山国的做法，采取了西和于阗，东结回鹘的政策。西和于阗，把女儿嫁给于阗王李圣天（912～966年在位），后来还被后唐王朝册封为于阗皇后。东结回鹘，迎娶甘州回鹘可汗的女儿为夫人，又嫁女儿给回鹘可汗为妻。通过这种联姻，使敦煌同邻国的关系向友好的方向发展，汉族和少数民族之间的团结增强，敦煌地区出现了相对稳定的局面。

3. 利用敦煌的世家豪族，恢复生产，内修政治，使人民的生活趋向安定。

在曹氏家族统治时期，敦煌出现了相对的民族团结、经济繁荣、四塞通欢的升平景象。莫高窟里的美术作品，就是最佳的形象说明。石窟里的供养人形象，相对千佛和菩萨像而言，一般都是比较小的。但是莫高窟在进入了张氏归义军时期以后，供养人的形象逐渐高大起来，张、曹两家的姻亲贵戚，以及他们自己的形象成群结队地进入窟室，占据着比较醒目的位置，突出表现了他们的敬佛功德。

据统计，莫高窟现存以曹议金为中心的供养人像题名就多达163条。第98窟的东壁南段，靠近窟门的地方，有组于阗国王李圣天及其夫人、随从的供养像（图196）。这位于阗国王头戴旒冕，上饰北斗七星，头后垂着红绢，高鼻大眼，留着八字胡，身穿龙袍，站立在童子围绕的华盖之下、繁花地毯之上。有一位天女，从地下冲破地毯探身而出，用双手承托着国王的双脚。国王右手拿花，左手持香炉，神态虔恭地正在礼佛。在他的右前方，有宝幢式的供养人榜题一方，上面写着"大朝大宝于阗国大圣大明天子即是窟主"。李圣天是在公元938年被后晋朝廷册封为"大宝于阗国王"的。

第61窟的东壁南侧，画着八位夫人形象（图197），前四位墨书榜题都是以曹元忠为窟主的身份来称呼的。左起第一位的榜题是："故母北方大回鹘国圣天

图 196 莫高窟第 98 窟东壁门南于阗国王李圣天及其夫人供养像（五代）

子敕授秦国天公主陇西李"，这是曹议金的夫人。第二位是嫁给甘州回鹘可汗做夫人的曹元忠的姐姐，榜题上称"姊甘州圣天可汗天公主一心供养"。"天公主"是可汗之妻的称谓。第三位也是曹元忠的姐姐，榜题称作"姊大朝大于阗国大政大明天册全封至孝皇帝天皇后一心供养"，就是于阗国王李圣天的皇后，在第 98 窟中也有她的供养像。第四位是曹元忠的生母广平宋氏，榜题上写着："故慈母敕授广平郡君太夫人宋氏一心供养。"这组女供养人像，绝好地反映了曹氏敦煌政权东结回鹘、西联于阗的根本政

图 197 莫高窟第 61 窟东壁南侧女供养人象（五代）

策。按常理而论，曹元忠的生母是不应该排在女儿辈的两位姐姐之后的，但壁画中却作了这样的排列，这说明曹家在对待同回鹘、于阗的姻亲关系上，采取的是尊敬、礼让的态度。

不仅如此，在第100窟的四壁下部，还模仿

图198 莫高窟第100窟《曹议金出行图》局部（上）与《回鹘公主出行图》（下）（五代）

张议潮夫妇《出行图》的形式，画上了曹议金和妻子回鹘公主的出行图（图198）。南壁出行图的中部是曹议金，他身穿赭袍，足蹬乌靴，骑着白马徐徐而行，前有跳舞奏乐的艺人开路，后有侍从奴婢和回鹘等各族的骑士跟随。北壁的出行图以回鹘公主策马扬鞭为主导部分，前部也有舞乐艺人，后部是奴婢和车马、肩舆等。南北两壁这浩浩荡荡的行进队伍，都向着西壁主佛龛的方向推进。与《张议潮夫妇出行图》所不同的是，它表现的并不是人们为摆脱异族统治而发自内心的喜悦，而只是反映双向和亲政策带给敦煌的歌舞升平的安定局面，表明曹氏集团为稳定敦煌的政局所采取的措施是卓有成效的。

社会的安定，经济的发展，给莫高窟艺术带来了相对的繁荣。在曹氏政权的一百二十余年间，共开凿了66所洞窟，大部分是由崇信佛教的曹氏家族亲自督建、一手策划完成的。除此之外，他们还在长达一公里的露天崖面上绘制壁画，修建石窟前面的木构窟檐和通道，并且重新装修描绘了许多前代的洞窟（图199）。公

图 199　莫高窟第 437 窟窟檐（北宋）

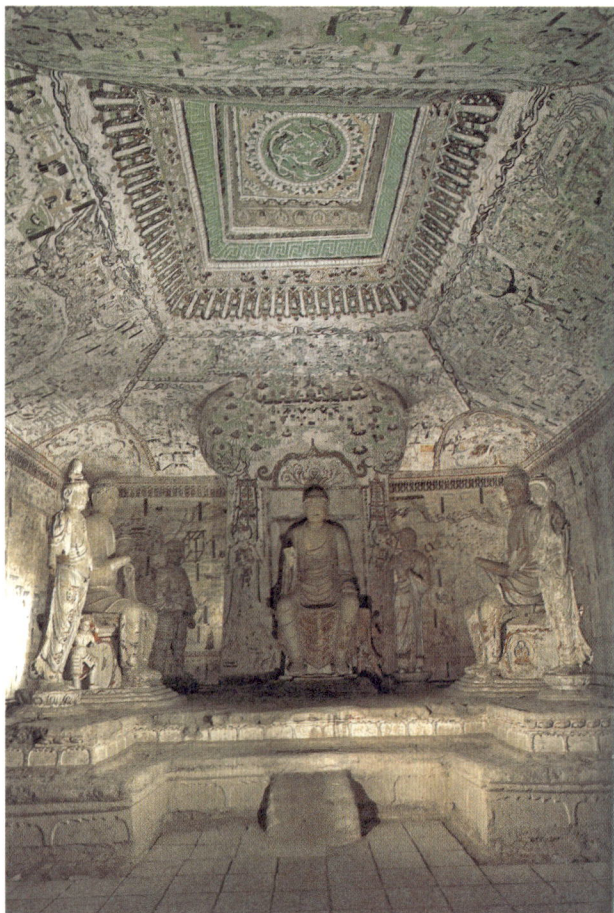

图 200　莫高窟第 55 窟内景（北宋）

元 966 年，西平王曹元忠和凉国夫人翟氏亲临现场监督，指挥重修初唐的第 96 窟大弥勒像工程。翟氏还曾经亲自为三百多工人做饭，可以看出他们非同一般的敬佛心态。为了顺利地营造佛教寺院和石窟，曹氏政权还仿照中原朝廷设立了画院，聚集了一批包括石匠、塑匠、画师和管理人员在内的石窟工程所必需的专门人才。在这段时期的石窟供养人画像题记中，清楚地写着很多这样的专业人员职位与名称。也正是这些技艺纯熟的匠师们统一规划、集体制做，才形成了曹氏莫高窟艺术既继承又发展的独特风尚。

在现存莫高窟的所有洞窟中，几乎很难找到没有被曹氏政权染指过的。他们或者把全窟抹泥覆盖重新绘制壁画，或者把窟门缩小，在门洞的两侧画上自己的供养像，或者是在北朝的中心塔柱的柱基部位画上几身供养像，也算是他们自己做了功德。曹氏政权时代新开的洞窟，为了避免破坏左右两侧的前朝石窟，大部分把进入主室的甬道加深了，这样可以深入崖体的腹部。

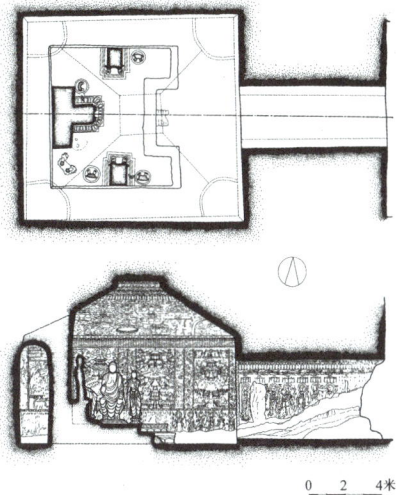

图 201 莫高窟第 55 窟平剖面图（北宋）

最典型的洞窟形制是始于晚唐的中心佛坛式。它们的平面略呈纵长方形，在窟室的中心偏后位置留出一个马蹄形的倒凹字形佛坛，前沿有上坛的登道，后沿有一个直通窟顶的大背屏，使信徒们可以环绕佛坛一周进行礼拜（图200、201）。洞窟的顶部仍然是覆斗形，装饰着藻井。与晚唐时代所不同的是，窟顶的四角被挖进去一块，形成了四个凹入的浅窝，内部分别画着一身护法天王像（图 202）。这种中心佛坛式洞窟的规模都比较大，像第 55、61、9、108、146、256 等窟，而且大部分开凿在崖壁的下层。

明代以后，曹氏开凿的石窟遭到严重破坏，原先在佛坛上安置的彩塑像大部分都不存在了，只有第 55 窟和 261 窟中还保留了一些。第 55 窟的年代大约相当于北宋时期，佛坛上的一铺七身彩塑有倚坐佛三身，立菩萨两身，弟子和天王各一身。其中仅存的一身天王像，头戴兜鍪，两护耳向上翻卷，为忿怒相，双目圆睁，身披铠甲，双足穿靴，虽然双手已残，但仍然给人以手按兵器的感觉，显得孔武有力。它是莫高窟现存的一尊精品天王彩塑（图 203）。第 261 窟的年代相当于五代，佛坛上有一身坐佛，二身胁侍立菩萨，半跏坐的观世音和大势至菩萨，再加两身天王像。这些彩塑的技艺已不如唐代精湛了，但在总体造型与布局上，仍然保留了很多唐代的遗风。

这段时期的其他中小型洞窟，在主龛内多半只塑一身佛像，然后在龛内各壁画出十大弟子、四大菩萨和天龙八部等像，作为主尊佛的胁侍与护法像，而且都用墨书榜题把它们的名称写得明明白白，这样做显然比以前简化了。第100窟的形制比较特殊，它的窟顶四角画着天王像，但在地面中心却没有设立佛坛，而是仍然在西壁开出一所大龛，这是旧式的佛殿窟同新式的中心佛坛窟相结合的一种作法。

壁画，仍然是这段时期保留下来的主要艺术形式。从内容到形式，基本上承袭了晚唐时期的规范，但其中的内容却大大丰富了。经变画仍是石窟壁画最主要的题材，共有19种，除《佛顶尊胜陀罗尼经变》是新出现的之外，其他18种都曾经在唐代流行过，但各种经变画中所描绘的各品内容和具体情节都或多或少地有所增加。例如，第61窟的《法华经变》共有大约70个场面，榜题有68条，几

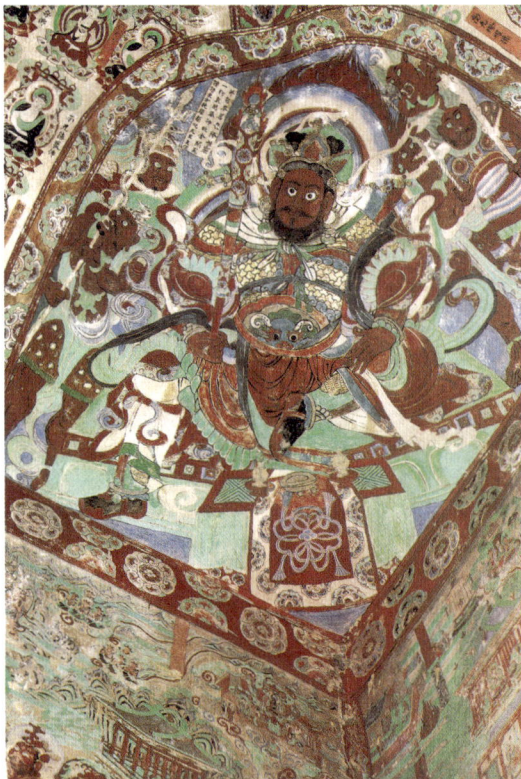

图202 莫高窟第98窟窟顶东南角东方天王（五代）

图203 莫高窟第55窟佛坛上的天王彩塑像（北宋）

图 204 莫高窟第 61 窟南壁《法华经变》（五代）

乎包括了《妙法莲华经》二十八品中的所有内容（图 204）。另外，《维摩诘经变》有榜题 59 条，《报恩经变》和《华严经变》的榜题也都超过了 40 条。《劳度叉斗圣变》是曹氏时期规模最大的一种经变画，如第 146 窟西壁的一幅，有 76 条榜题，每条榜题都具体说明着一个故事情节，已经超过了《贤愚经》中的须达起精舍内容。所以，曹氏时期的经变画，有很多被描绘的具体内容，是以当时流行的变文为根据的。有时画面上的榜题还直接写上变文中的文字，这样为说唱佛经而服务的经

图 205 莫高窟第 61 窟内景（五代）

变画，就更加容易被信徒们接受了。

　　除经变画之外，还有故事画，包括佛传、本生、因缘故事。有几幅根据《贤愚经》绘制的故事画是新出现的内容。佛传、本生、因缘画的形式都有所更新。唐代流行的佛教史迹画和瑞像图，在这段时期有的被组合在一起进行统一构图，更加接近经变画的表现形式了。例如第 454 窟的甬道顶部，以牛头山为中心，上部画西晋时吴淞口石佛浮江，东晋时扬都高悝得金像等；下部画泥婆罗水火池、纯陀故井、降服毒龙等内容；甬道顶部的两侧坡面各画出 16 幅瑞像图。刘萨诃和尚的史迹画，是这段时期最具代表性的故事画。还有关于佛教圣地五台山的图画，基本上是按当时的实地情况绘出的，属于不可多得的佛教艺术瑰宝。

　　描绘被信徒们尊奉的佛教人物，如佛、菩萨、天王、天龙八部等的"尊像画"，也成为曹氏莫高窟壁画中的一大特色。在绘制窟顶的藻井图案时，往往把整个窟顶装饰成一个大华盖，更增强了石窟结构的整体感觉（见图 200）。曹氏时期壁画的艺术性虽然比不上唐代，但像色彩如新的第 6 窟，宏伟富丽的第 61、98 窟（图 205），形式新颖的第 76 窟，等等，仍为我们展现了五代、北宋时期莫高窟所特有的艺术风采。

曹氏敦煌的佛教艺术，体现出了这一地区间各民族的友好往来、互济互存。要制作出这么多的石窟，在当时没有个和睦安宁的社会环境是不行的，从这方面来讲，与中原地区的五代十国混战不息相比，敦煌一带的和平与安定是多么的来之不易！就五代宋初的中国石窟而言，除了敦煌以外，比较安定的四川和杭州地区为数较多，在其他地区就很难再见到了。"六番之结好如流，四塞之通欢似雨"。敦煌藏经洞文书（P·2481）中的这两句话，形象地概括了当时敦煌的兴盛与繁荣。因此，曹氏家族在历史上的功绩是不可磨灭的。

党项西夏　浮图安疆

党项族是中国少数民族中羌族的一支，隋唐以来在今天的陕西、甘肃、青海的边区一带主要过着游牧生活。公元 880 年，党项族首领拓跋思恭（？～895 年）带领他的部落参与镇压黄巢（820～884 年）起事，为唐王朝立了功，唐僖宗（874～888 年在位）就封他为夏州（今陕西横山县）节度使，赐他姓李，于是拓跋思恭就改名叫李思恭了。

公元 1028 年，党项首领李德明（981～1032 年）派遣他的儿子李元昊（1003～1048 年）进攻甘州城，甘州回鹘战败灭亡了。回鹘族人流散到河西走廊的其他地区，其中的一支西进到敦煌，掌握了敦煌的政治实权。这时曹氏政权的统治者是曹贤顺，他与回鹘人产生了激烈矛盾，便带领他的人马去了瓜州（今甘肃瓜州县东南锁阳城），自称瓜州王。公元 1030 年，回鹘人从敦煌向东进兵瓜州，曹贤顺不得已率领千余名骑兵投降了党项人。从此开始了党项、回鹘人在瓜州与敦煌一带的拉锯战。

公元 1038 年，李元昊以兴庆府（今宁夏银川市）为都城，建立了大夏国，即皇帝位。由于这个少数民族国家位于黄河以西，历史上称之为西夏。公元 1074 年，回鹘人与西夏军队又一次交锋，西夏人最终取得胜利，占领了敦煌。从此，敦煌被西夏国统治达一百五十余年。

西夏的国土包括今天宁夏、甘肃的大部分，内蒙古与陕西的一部分，号称"地方万里"，是北宋王朝在西北方的劲敌。同时，西夏又是个后进的国家，在政治、经济、文化等各方面都比它周围的民族和国家落后。但是，西夏国又很善于在本民族的游牧文化基础上，去积极地学习周边国家的先进文化，特别是学习历史悠久、高度发达的北宋国的汉文化，来充实自己的国家。西夏国的历代君主都是虔诚的佛教信仰者，李元昊就是一位既通蕃汉文字，又懂佛学的人物，他大力提倡"以浮图安疆"，就是要借助佛教来慑服人心，巩固党项族在西夏国的统治。

在武威博物馆里，保存了一通立于公元 1094 年的《凉州重修护国寺感应塔碑铭》。根据碑上的文字，我们可以了解到西夏统治者对于佛教是"尤所崇奉"的，不论是远近山林，还是村落坊聚，只要发现有被毁坏的前朝佛教寺院，西夏都采取保护维修的措施。这样一来，在西夏境内就出现"浮图梵刹，遍满天下"的佛教发展盛况。在这种历史背景之下，西夏人对国境以内过去所开凿的石窟也很自然地加以保护利用，并且重修和兴建。根据文物考古专家们的调查资料，我们了解到在内蒙古的鄂托克旗百眼窑石窟、武威天梯山石窟、张掖马蹄寺石窟、酒泉文殊山石窟、玉门昌马石窟、安西榆林窟、安西东千佛洞、敦煌莫高窟和西千佛洞，以及甘肃北部蒙古族自治县的五个庙石窟等等，都留下了西夏时期的佛教艺术遗迹。

在敦煌莫高窟，保存了西夏时期的洞窟七十多所，其中绝大多数是改造或重修前代的洞窟，新开建的洞窟很少。但是，西夏人对于前朝石窟的改造或重建都是比较彻底的，除了在洞窟形制上仍然保留着前朝的特点之外，壁画和塑像全部经过了重新制作，于是就形成了一所所内容完整的西夏风格的石窟（图 206）。例如，第 263、246 窟原来都是北魏窟，它们的中心塔柱虽然还被保留着，但壁画和塑像全部被西夏人重新改做了（见图 92）。因此，莫高窟的西夏石窟在洞窟形制上较少有它自己的特点，壁画和塑像的题材与内容在一定程度上承袭了曹氏敦煌时代的艺术。但西夏石窟的自身特点也是很鲜明的，并且其内容之丰富，数量之众多，也足以使莫高窟堪称中国最大的西夏艺术宝库。

历朝历代在创建或重修敦煌莫高窟时，一般不有意破坏前朝的塑像，只有在

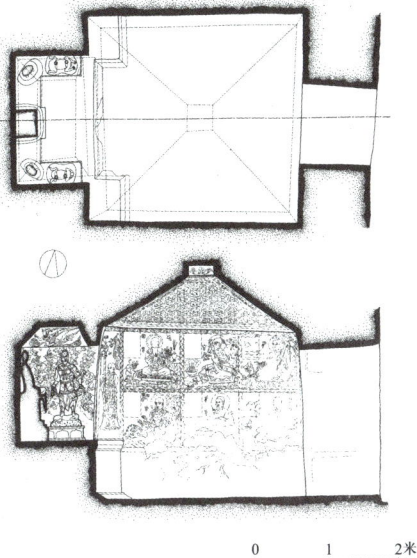

图 206 莫高窟第 97 窟平剖面图（唐，西夏重修）

图 207 莫高窟第 265 窟中心柱东向龛内南侧弟子、菩萨彩塑（西夏）

前朝造像已残破不堪之时，才做些相应的修补。但对待前朝的壁画，则常常是重新涂抹壁面进行新的绘制。这种特点与规律，在西夏时期表现得更加突出了。在西夏重修过的几十所洞窟中，都是采取大面积地绘制新壁画的做法，很少有意损坏或改塑前朝的塑像。在莫高窟中，只保存下来二三十尊西夏彩塑像，而且大部分还是在前朝塑像毁坏的情况下重新补塑的。这些为数不多的西夏彩塑，有佛、弟子、菩萨像，以及释迦与多宝佛并坐说法像等。从艺术风格上看，这些彩塑面貌丰润、衣纹流畅，保持了很多唐、五代、宋的遗风。但在体态的多姿，富丽的色调，健美的气质等方面，它们的艺术造诣就远不如唐宋时代了（图 207）。

　　莫高窟的西夏壁画艺术，与唐宋时代的关系也是相当密切的，无论在题材布局、人物形象、衣冠服饰、绘画技法等方面，都对曹氏时期的壁画艺术有相当程度的模仿，从中孕育出了西夏民族特有的壁画艺术风格。西夏国早期的壁画内容，大部分是整窟地描绘众多的千佛和供养菩萨，这些供养菩萨身材高大，形象千篇一律，缺乏动态的变化（图 208）。虽然还有一些过去曾经盛行的经变画，但品种只剩

图 208 莫高窟第 328 窟窟室东北隅菩萨与供养菩萨众壁画（盛唐，西夏重绘）

下《阿弥陀经变》《药师经变》等几种，而且场面也大大简化了。如第 400 窟北壁的《药师经变》，画面中有简化了的亭台楼阁、天人围绕药师佛说法，以及莲花水池、伎乐人物等，但已没有任何经中的故事情节。有的经变画干脆连象征西方极乐国土的楼阁、水池也没有了，仅仅凭借佛在说法以及化生童子等来表现原先经变的内容，我们往往无法识别它们究竟属于何种经变。其实，它们的画面效果已经和一般的说法图差不多了。

西夏国在中期以后，他们自身的民族艺术特征越来越多地反映在壁画中。佛教中的人物面形变得浑圆而长，世俗装的供养人像更是表现了西夏人成熟的民族特点。少量的几身党项族女供养人，都是身穿窄袖衫裙，头上戴着毡冠或步摇冠，大体上是从中原地区的汉装改变而来的。第409窟东壁南侧的回鹘王供养群像，是西夏时期难得的一组肖像画（图209）。王者的形象可能代表着修造这所石窟的主人，他的前面立着一位少年，可能是王者的儿子。身后有八位随从人员，分别为王者张伞盖、执团扇、捧弓箭、举宝剑、执金瓜、背盾牌。有的学者认为这属于西夏王的供养像，但如果从服装的特征上看，与回鹘人的装束打扮是很相似的。西夏时期，敦煌一带回鹘人的活动很频繁，他们的可汗与西夏王室也有着密切的交往。因此，在西夏时期的莫高窟里出现回鹘王者的供养像是不足为奇的。同样，第409窟东壁北侧绘制的两身女供养人像，头上戴着桃形大凤冠，身穿大翻领窄袖大红袍，也是属于回鹘贵族妇女的装束，应该代表了回鹘王妃的形象。

单身的佛教人物尊像画，在西夏时期的莫高窟中仍有绘制，它们分别代表着某种具体的佛教偶像。如第237窟前室西壁门上方的水月观音像，第418窟南壁的药师佛与弟子菩萨立像，第97窟南、北壁的16身罗汉像，以及西壁南侧的观世音菩萨等等，在某种程度上反映了西夏国佛教的信仰侧重点（图206）。

莫高窟西夏洞窟壁画，在着色上有鲜明的个性。窟内大面积的千佛、供养菩萨，以及说法图、经变画，大部分用石绿色作地色，有一些说法图或经变画则用土红色或淡紫的蓝色作地。窟顶藻井以及壁面上

图209 莫高窟第409窟东壁南侧回鹘王供养群像（西夏）

图 210 莫高窟第 130 窟窟顶藻井（盛唐，西夏重绘）

大量使用的团花图案也多用石绿色着色，使洞窟笼罩在一层冷绿色调之中，增强了肃穆的宗教气氛，这是其他时代的石窟很少见到的。另外，对于壁画中的装饰部分，喜欢用金色来涂施：像窟顶藻井图案中的游龙、戏凤，图案中的边饰，以及人物装饰中的璎珞、手镯等，都流行浮塑贴金、描金，或者是沥粉堆金的制作工艺技术，加强了壁画中的质感效果，也能使洞窟内部显得豪华富丽。第 309 窟顶部的红地绿团花图案，第 245 窟、234 窟、130 窟、16 窟的游龙或戏凤藻井，都是莫高窟西夏装饰壁画中的佳作（图 210）。

莫高窟的西夏佛教艺术，虽然处在中国佛教艺术发展长河中的衰落阶段，但相对于立国不久的西夏王朝而言，却正是佛教艺术的兴起与发展时期。它们虽然无法与唐代的艺术媲美，但仍然透出了一种清新与活力。党项族的西夏文化，是中华民族文化的一个重要组成部分。他们作为一个民族虽然已经被融合进了其他兄弟民族之中，但他们所创造的灿烂文化，永远是一份珍贵的遗产。莫高窟就是这份文化遗产最好的形象解说。众多西夏石窟的壁画，为我们研究西夏国的政治、经济、宗教、文化等各方面，都提供了难得的形象参考资料。

蒙古元朝　佛法治心

　　莫高窟第 332 窟是初唐时期开凿完成的，到五代以后，它的前室和甬道被信徒们重新涂绘过。甬道的南壁有三身男供养人像，他们头戴卷沿笠帽，帽子后面有垂巾，身穿窄袖长衫，外套半臂，肩上装饰着比肩，脚上穿着毡靴。他们的身后还有两位侍从画像（图 211）。这种装束与我们在前面提到的吐蕃人、回鹘人、西夏人服装都不相同，而是古代蒙古族骑士的装束。在第 332 窟的甬道北壁，还画着两身女供养人像，头上都戴着高高的"罟罟冠"，身上穿着晕花大袖长袍，拖曳到了地面，脚上穿靴。第一位女供养人身后有一侍女正牵提着她的衣襟，前面还有一小孩儿拿着一枝花（图 211）。她们都是古代的蒙古贵族妇女形象。蒙古族人又是怎样进入莫高窟的呢？这还要从他们的民族英雄成吉思汗（1162 ～ 1227年）说起。

　　公元 13 世纪初期，蒙古人在中国北方草原崛起了。他们在首领铁木真的领导下，统一了蒙古族各部落，建立了强大的部落联盟——蒙古汗国，铁木真被尊为"成

图 211 莫高窟第 332 窟甬道北壁女供养人像（右）、南壁男供养人像（左）（初唐，五代、元代重绘）

吉思汗"。接着，成吉思汗发动了对西方世界的大规模军事进攻。公元1224年，成吉思汗在结束西征回军的路上，对西夏西部边境的重镇敦煌进行了一次试探性的攻击，受到西夏敦煌军民的英勇抵抗。经过了一个多月的激战，蒙古人的进攻终于被打退了。公元1227年3月，蒙古大将速不台（1176～1248年）又率军再次向敦煌进攻。西夏军队顽强抵抗，但终因寡不敌众，敦煌城被攻陷了。这样，敦煌就比南宋早半个世纪接受了蒙古人的管辖。

公元1271年，成吉思汗的孙子忽必烈（1215～1294年）定都大都（今北京市），建立了元朝。元朝的统治者很重视中原与西方各国的交通以及敦煌这个战略重镇，经常派他们的宗室诸王去驻守敦煌城。例如，公元1314年，元朝在敦煌和安西设立了屯储总管府，之后特地派遣镇西武靖王搠思班的儿子阿刺忒纳失里出镇敦煌城。敦煌莫高窟现在还保存有一块用汉、八思巴、藏、梵、西夏、回鹘等六种文字刻成的《六字真言碑》，就是由当时镇守敦煌的西宁王速来蛮和他的妃子等人于公元1348年共同建立的。他们还在莫高窟重修了皇庆寺，开凿了洞窟。还有一位西宁王牙罕沙也曾由四川前来敦煌驻守。

敦煌地区在元朝统治时期，除居住着蒙古人、党项人和汉人外，还有很多回鹘人、吐蕃人。回鹘人从事农业和商业，吐蕃人从事畜牧业。西亚国家的使节、僧侣和商团，也是沿着古老的丝绸之路，取道敦煌而到达中国内地，进行贸易往来和文化交流的。公元1271年，著名的意大利旅行家马可·波罗（Marco Polo，1254～1324年）曾经游历敦煌，在他的《马可·波罗行记》一书中，我们还能见到关于敦煌城的描述。概括来说，元代的敦煌，是一个农业经济有所发展、社会环境相对安定、商业贸易往来频繁的西北军事重镇。

喇嘛教即"藏传佛教"。喇嘛就是"上人""上师"的意思。早在成吉思汗时代，蒙古族的统治者就试图把喇嘛教作为联系西藏上层人物的重要纽带。

西藏归顺蒙古以后，忽必烈特别支持喇嘛教中的萨迦派发展。他任命这一教派的著名僧人八思巴（1235～1280年）为帝师，让他统领全国佛教，推动了喇嘛教在西藏、蒙古、甘肃以及其他部分汉族地区的发展。从此以后，元朝的历代皇帝都以西藏的大喇嘛为帝师，在新皇帝登极之前，也一定要让帝帅为自己受戒。在元朝统治者的一些行政手段干预下，喇嘛们在元朝享有各种政治、经济特权。

不过元朝对于中国传统的儒家思想，以及道教、佛教、伊斯兰教、基督教也都是加以提倡的，元朝初年的著名宰相耶律楚材（1190～1244年），就曾经提出"以佛治心，以道治身，以儒治世"的口号。可见，元朝的统治者相信，佛教的思想，特别是喇嘛教中的神灵，能够在收服人心、安邦定国方面发挥作用。于是在南宋首都杭州的宝成寺、飞来峰，甘肃张掖的马蹄寺石窟群，安西榆林窟，以及敦煌莫高窟，都出现了一系列与元朝喇嘛教信仰有关的石窟或摩崖造像，正是当时藏传佛教发展的见证。

在莫高窟，现存的元代洞窟约有十所，它们是第1、2、3、95、149、462、463、464、465、477窟，大部分是新开凿成的。另外，还在前朝有的洞窟中补绘了一些新壁画。元代新开凿的洞窟形制，大体可以分为三种。一、平面呈方形的覆斗顶窟，一般在西壁开出一所佛龛，如第1、2、3窟，仍然是隋唐时代流行的佛殿形式（图212）。二、主室的平面呈长方形，在后部立一个中心塔柱，柱的正面开出一所佛龛，如第95窟。三、主室的平面呈方形，地面中心设立一个圆坛，如第465窟。另外，第477窟中心有马蹄形佛坛，第462窟的前部是人字披顶，后部为平顶，第463窟后部有平棊的形式，很可能是重新整修前代的洞窟后造成的。其中第三种洞窟的内容，就是来自西藏的喇嘛教艺术。

根据密教的教义，僧侣们在修持秘法的时候，为防止魔鬼的侵入扰乱，要在修法的地方划一个圆圈，或者建一个土坛，在上面再画或摆放佛、菩萨等像，以表示这里充满了佛与菩萨。这种被划为圆形或方形的修法坛场，印度梵文称为"曼荼罗"。在中国和日本，有些被画在纸帛上的秘法坛场图形，也称作曼荼罗。

大曼荼罗的中心，一般摆放着密教最尊崇的大日如来像，在它的四周，按东西

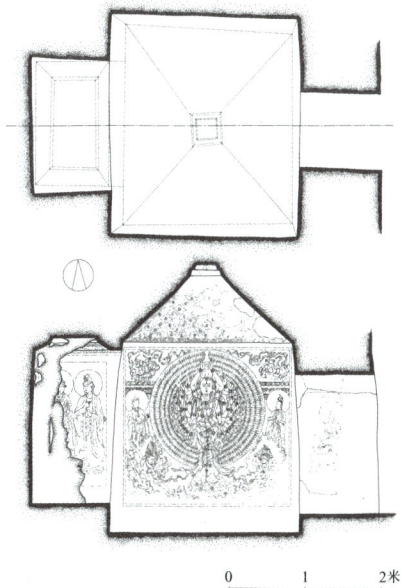

图212 莫高窟第3窟平、剖面图（元）

图 213　莫高窟第 465 窟内景（元）

南北的方位，放置四方佛。在五方佛的外围，还有八大菩萨、各大护法神，以及呈忿怒相的明王等等，构成了一组全面而完整的密教神祇崇拜体系。莫高窟元代的第 465 窟，就是按这种密教曼荼罗的基本构想来安排洞窟形制和壁画内容的（图 213）。主室地面中心设立的四阶圆形坛，就是密教徒们在修法时所使用的坛场。它的窟顶作覆斗形，在藻井的中心画着大日如来像，顶部的四披面分别画一铺佛像，代表着东西南北四方佛。在五方佛的周围，还分别画着其他的佛和众多的菩萨和眷属。这种做法，实际上是把原来应该画或安放在坛上的五方佛和众神祇像，全部画在了洞窟顶部的五个坡面之上，仍然代表着密教特有的曼荼罗。它既是有碍于窟内空间的狭窄而采取的权宜措施，同时也更能给信徒们带来一种密教的神秘感，因为如果在这里修秘法，他们面对的将不是地面坛上的众佛与菩萨像，而是抬头仰望着仿佛从天而降、又好像是位于遥远而缥缈的天国之中的神灵。窟顶五方佛的形象，都是袒裸右臂、宽肩、细腰造型，具有男子的雄健之美，这正是传自西藏的典型元代喇嘛教佛像样式。

第 465 窟主室四壁绘制了 11 幅曼荼罗图，也就是秘法坛场的示意图。这四个壁面上保存着六身男女双身合抱的多臂欢喜佛像，在它们周围画着一二十个框格，格内描绘欢喜佛的眷属以及有关的祖师像，还有一些生动活泼的舞蹈人物，也可能与修行秘法有关。在东壁的门上方画了五位护法金刚像，中间一身是喇嘛教里著名的大威德像。这些来自西藏的喇嘛教所特有的佛与金刚像，我们将在下面作一些解释。

除了来自西藏的喇嘛教内容之外，莫高窟的元代石窟还有汉族地区自唐以来流行的密教图像。例如，第 95 窟中心柱东面的盝顶形龛内，塑了一身六臂观音像，两侧各塑了一身天王、二身菩萨像。礼拜道的南侧口上方，画了一幅水月观音像。甬道顶部与中心柱东向龛顶部，还画着六字真言团花。中心柱的南、北向面和窟的西、南、北三壁上，画了十几身罗汉形象。可以看出，第 95 窟所表现的主要是汉族地区的密教和显教内容。第 149 窟的南、北壁分别画了一幅文殊菩萨变相图，东壁门上方画一身火焰金刚像，门的南侧画着一身四臂观音像，门北侧则有一身铃杵观音像。第 61 窟是曹氏时期开凿的，元代在窟内的南壁画了一幅炽盛光佛群像。

第 3 窟是保存状况最好的一所元代石窟，它虽然只是一所大约 3 米见方的小型佛殿窟，但却是根据汉族地区新的密教图像样式制作出来的。窟内的覆斗顶藻井中心浮塑着四条龙，四个坡面绘制着毯纹装饰。在前壁门上方画五方佛像，窟门的两侧各画观音像一身。南北壁分别绘有一铺十一面千手千眼观世音像。正壁开出一所盝顶龛，龛内中部悬塑出了山石，主像已经不存在了，这里原来应该有一身坐于山石间的水月观音像，山石的两侧还画着双勾墨竹。正壁龛外两侧各画了四身菩萨像（见图 212）。

从第 3 窟的主要内容来看，这里应该是以供奉观世音菩萨为主的观音堂，可能是在元代晚期制作成的。这所小窟不仅内容很特殊，它的壁画艺术也显示了元代绘画的高超技艺。窟内的整体壁画均设色清淡典雅，完全承袭了中原地区的绘画风格。绘制人物时所使用的线描技术纯熟，并且有丰富的变化：以圆润秀劲的铁线勾勒人物的面部和肢体，用折芦描表现衣褶的写实感，用顿挫分明的丁头鼠尾描来表现金刚力士身体上隆起发达的肌肉，又用轻利飘逸的游丝描画出蓬松的

图 214 莫高窟第 3 窟北壁护法金刚力士壁画（元）

须发（图 214）。为了刻划出人物身体上不同的质态，当时的画师灵活地运用了中国传统的多种线描技巧，使这些菩萨、护法等形象更加真切感人。

饶有趣味的是，在第 3 窟西壁有作画人的题记："甘州史小玉笔。"我们在第 444 窟的西壁还发现了这位画师在公元 1357 年 5 月 14 日来莫高窟上香的题记。史小玉的名字虽然没有被历史文献所记载，但他的高超技艺将同敦煌莫高窟一样，永远被载于中国有形的佛教美术史中。

这些为数不多但描绘精湛的元代洞窟，虽然仍出现了传自西藏和中原地区的新的宗教思想和绘画技法，给莫高窟艺术的衰落时代注入了一些新鲜血液，但它们却标志着莫高窟艺术创作的基本结束。暮鼓虽然敲响，但并不意味着这里的佛教活动接近尾声，因为只要有佛教徒存在，敦煌在他们心目中的神圣地位也就永远存在。

佛教义理的形象说明

敦煌莫高窟的佛教故事画丰富多彩。在这一小节里，给大家介绍几幅曹氏政权时期的因缘故事画和佛教史迹故事画。

我们在前文已经提到，在北魏时代，凉州的僧人慧觉等翻译了一部《贤愚因缘经》，共 13 卷，简称《贤愚经》。这里的"贤"是指贤人、圣贤，"愚"指愚人，顾名思义，就是关于贤圣凡愚的种种因缘故事的经典。全经共有69品，每品都有一个或几个故事。在张氏敦煌政权时期，莫高窟就曾经出现用联屏的形式来绘制《贤愚经》故事。曹氏时期继承了这一绘画传统，并且发展成了规模空前的鸿篇巨制。

第98窟开凿于五代时期，是一所覆斗形顶、设有中心佛坛、坛上有背屏连接窟顶的佛殿窟。在主室的南、西、北三壁共画了《报恩经变》《劳度叉斗圣变》等九幅大型经变画。在这些经变画的下方，绘制了42扇屏风画，用来表现《贤愚经》中的30多品故事情节，每一个画面情节都用墨书榜题作了明白的提示。有许多内容都是这段时期新出现的。下面，我选择其中四个故事作一简要说明。

1. 恒伽达舍身出家

在古代印度的舍卫国里，有一位有财有势的老宰相，因为膝下无子女，整日闷闷不乐。一天，他来到一所摩尼跋罗天神堂，向这位天神祈祷："如果您能赐给我一个儿子，我将用金银来装饰您的全身，用名贵的香料来熏涂您的庙堂。如果您不满足我的愿望，我就要砸毁您的庙堂，用粪便涂抹您的全身。"老宰相走后，摩尼跋罗心里很着急，只好请毗沙门天王帮助。最后，他们向天帝启奏了这件事。正好天帝手下一位天神神期快满了，应该到人间去走一遭，天帝就命令这位天神前去宰相家里投胎。

不久，老宰相的夫人生了一个儿子，取名叫恒伽达。时光荏苒，恒伽达长大成人，面对用不尽的金银财宝，享不完的富贵荣华，他却索然寡味，一心想要出家修道。父母亲心里很难过，怎么也不答应他的要求。恒伽达深感惆怅，就决定牺牲自己的生命去求取真理。一天，他来到了峭壁悬崖上，默默祈祷着能让他在死中求得真谛，然后纵身跳了下去。很奇怪，他并没有摔死，只是擦破了一点儿皮。他又跳进恒河，可怎么也沉不下去。接着又找了一些毒药吃下去，可药性又不扩散，无法毒死他。最后，他想到了触犯王法，让国王来杀死他。于是，恒伽达急忙来到王宫的后园，看见一群宫女正陪着王后在水池中洗澡，她们的衣服都挂在树上，恒伽达就过去偷偷从树上取下衣服，然后向门边跑去。他被守卫抓住了，国王非常气愤，决定要亲自用箭射死恒伽达。奇怪的是，国王连射三箭，箭都在半途转了一个弯，自动又回到国王手中。国王十分惊恐，想他肯定是不凡之人，就领着他去见释迦牟尼。佛祖答应收他为弟子，恒伽达终于如愿以偿。

图215 莫高窟第98窟南壁《恒伽达舍身出家》屏风画（五代）

第98窟南壁的一幅屏风画，根据《贤愚经·恒伽达品》绘制出了宰相求子，恒伽达长大，恒伽达投崖、跳水、王后洗澡、恒伽达偷衣，国王箭射恒伽达，国王领恒伽达见佛等场面（图215）。

2. 象护与金象

在古代印度的摩揭陀国，有一位德高望重、很有资财的长者，在他妻子生下儿子的那天，突然出现了一只小金象。父母亲感到这是吉祥的兆头，就请来一位占相师给孩子取名叫象护。象护渐渐在长大，那只金象也在长大，他们不论外出还是回家，总是形影不离。最令人奇怪的是，金象在大小便时，落在地上的全是黄灿灿的金子。象护经常和五百长者们的孩子玩耍，有一天，他们都在各自夸耀家里的奇闻逸事，象护就对他们说了金象的秘密。在这些孩子当中，有一位是阿阇世王子，他立即产生了强烈的占有欲，心想如果将来当上国王，一定要把金象夺到手。

十多年以后，阿阇世当上了国王。他杀死父王，囚禁母后。不久，他命令象护牵象入宫。象护的父亲担心地对象护说："阿阇世王这样残暴，他可能对咱们的金象没安好心。"象护说："我与金象是有缘分的，阿阇世无法夺走。"第二天，父子二人牵着金象来到王宫，受到阿阇世的设宴招待。当象护与父亲向阿阇世王告辞时，阿阇世却让他们把金象留下，象护欣然同意。象护与父亲出宫后，阿阇世自以为阴谋得逞，高兴地向金象走去。突然，金象沉没到地下不见了。一会儿，金象便从宫外大道涌出，站在了象护父子面前。他们跨上金象，飞快地回到家中。象护知道阿阇世是不会善罢甘休的，于是辞别父母，骑着金象入山修行去了。

第98窟北壁的两幅屏风画中，共画了《贤愚经·象护品》中的七个场面（图216）。

3. 波暗罗丑女变美

古印度波斯匿国王的王后生了一个很丑的女儿，名叫波暗罗。她五官歪斜，皮肤黑皱粗糙，头

图216 莫高窟第98窟北壁《象护与金象》屏风画（五代）

发像马鬃一样。国王怕有损自己的声誉，就让她一直住在深宫中，不允许别人看见她。波暗罗到了成婚年龄，国王想给女儿找一名贫穷的望族子弟，这样既不辱没王室门户，也可以把丑女嫁出去。国王派出去的人很快就带回来一位符合条件的年轻男子。国王把他招为驸马，还赐给他很多马匹、大象和财宝，封他为大臣。并给他盖了一座有七重铁门的宫殿，吩咐他平时要小心谨慎，不能让外人知道公主相貌丑陋。

驸马经常到一些大臣的家里宴饮作客，前来赴宴的大臣一般都携带着自己的夫人，只有驸马总是孤身赴宴，从未带过公主。日子久了，大臣们就怀疑可能是因为公主长得丑，不敢让人看见。有一天，大家有意把驸马灌得酩酊大醉，拿了

他的钥匙，派五个人前去开门探察情况。与此同时，公主正在深恨自己长得太丑，长年被幽闭在深宫中不能见人。忽然，她想到了佛祖释迦牟尼，就立即在她的房中梵香礼拜，虔敬地祈祷着。没过多久，佛祖就降临了，公主大为欢喜，同时也感到她的身体在发生变化，头发渐渐黑润光亮、纤细柔软；皮肤变得雪白细腻，歪斜丑陋的面孔，也变得眉清目秀、美丽动人。正在这时，那五位大臣偷偷地开门进来，他们窥视到了公主俊俏的容貌，惊叹不已。"驸马不带公主赴宴，原来是因为她美如天仙啊！"五位大臣赶紧回去，悄悄地把钥匙放回驸马的衣袋里。

驸马酒醒后，回到家里看见了一位天仙般的美女，以为自己走错了地方。听到她那熟悉的声音，才知道是自己的妻子波暗罗。波暗罗向他讲述了事情的经过。

图 217 莫高窟第 98 窟南壁《波暗罗丑女变美》屏风画（五代）

国王与夫人知道后，高兴地接驸马与公主回宫居住，一家人快快乐乐地生活在了一起。

第 98 窟南壁，有一幅根据《贤愚经·波斯匿王女金刚品》绘制的屏风画，大约有八个情节（图 217）。

4. 船师巧答海神

古印度舍卫国有五百名商贩，他们用重金聘雇了一位很有航海经验的老船师，一起驾船去汪洋大海中采集珍宝。居住在海宫里的海神看到这位老船师的高超技术后，心想："他一定很聪明，多智慧，我不妨和他开几个玩笑，为难他一下。"

海神变成一个血口獠牙、令人望而丧魄的魔鬼夜叉，用手把商贩们的船牢牢地固定在海上不得前进，探头对船上的众人说："世界上还有比我更可怕的吗？"众商贩被吓得魂飞魄散，而老船师却不慌不忙地说："比你可怕的东西有的是！"夜叉忙问是什么，船师说："过去，有一个作恶多端的人，他死后被投入地狱，受尽了刀刹、四马分尸之苦，还被用铁杵臼捣、用石磨磨，坐烧红的铁车，被扔到滚开的油锅中煎煮，被扔到冰山雪洞中冻得半死，还被烧得滚热的屎尿汤泼在身上。你说，这些情景难道不比你的相貌更可怕吗？！"夜叉哑口无言，只好放手让船开走。众商贩都很佩服老船师的机智善言。

海神心里不服气，又变成一个骨瘦如柴的小老头，赶上去用手拉住大船，向船上的人说："世上有比我更瘦的人吗？"船师从容地答道："当然有。有一个人心性毒辣，刻薄吝啬，贪得无厌，他死后变成了饿鬼。这个饿鬼，身体虽然像山一样大，但咽喉却细如针眼，难以吞咽水米，就这样忍饥挨饿几百年，全身干瘪得最多只有三钱肉。这样的形象，难道不比你瘦吗？"海神自愧不如，便沉入水中。

海神还想再试一试老船师，就变成一个美貌无比的少年郎，纵身跃上船头，和言细语地问大家："世界上有和我一样漂亮的人吗？"众人都说没有，可老船师却回答说："有一个聪明仁慧的人，做了许多救难济贫、修桥补路的好事，又能天天虔诚敬佛。他命终后升到了天界，变成了美丽的神仙，就连天宫中最美的仙女也无法与他相比。你如果和他比，就如同瞎眼的猕猴跟美丽的仙女比一样。"

少年又捧起一掬海水难船师说："我以手捧的水多，还是大海里的水多？"船师说："当然是你捧的水多了！因为海里的水虽然看起来很多，但再过许多亿万年后，天上将出现七个太阳，到那时，就会海枯石烂、山崩地毁，一切都被烧成灰烬。但是，现在如果有人虔诚地把一掬水献给菩萨，或者施舍给僧侣和饥渴的人，而这一掬水的功德不论过多少亿万年都是不会消亡的。从这个意义上讲，一掬水要比海水多！"海神不得不对船师由衷地佩服，连连点头称是，把深海中的奇珍异宝送给船师。海船也平安地到达了采宝的目的地。

第98窟南壁，就有一幅根据《贤愚经·海神难问船人品》绘制的壁画，画出了海神与船师多次问答的场面。

　　在曹氏统治敦煌时期，佛教史迹画发展成为情节众多的通壁巨幅图画，第72窟中的刘萨诃因缘变相图，就是其中的代表作（图218）。第72窟是方形覆斗顶、正壁开一龛的佛殿窟，在正壁龛外的北侧上部，画着"圣者刘萨诃像"。南壁画着通壁大幅的刘萨诃因缘变相图。可惜由于洞窟内长年积沙，使画面下部受到破坏，但仍不失为敦煌佛教史迹画中的佳作。刘萨诃和尚的事迹，在梁朝慧皎的《高僧传》、唐代道宣的《续高僧传》《集神州三宝感通录》、唐代道世的《法苑珠林》，以及手写卷本《刘萨诃和尚因缘记》等佛教历史文献中都有记载。综合这些历史资料，我们可以了解这位神僧的传奇故事。

　　刘萨诃（345～436年）是东晋、南北朝时期著名的少数民族高僧，他出生在今河北省卢龙县的一个少数民族（稽胡）家庭。家有良田千顷，奴婢成群，有弟兄三人，都练就了一身好武艺，成为当地的一霸，连官府也让他们三分。刘萨诃年轻的时候，不爱读书学文，只喜好舞枪弄棒、游猎玩乐，吃捕捉来的飞禽走兽。后来他当了兵，担任梁城突骑，戍守在襄阳。

　　31岁那年的一天，正在宴请众亲朋好友的刘萨诃突然倒地身亡。家里人发现

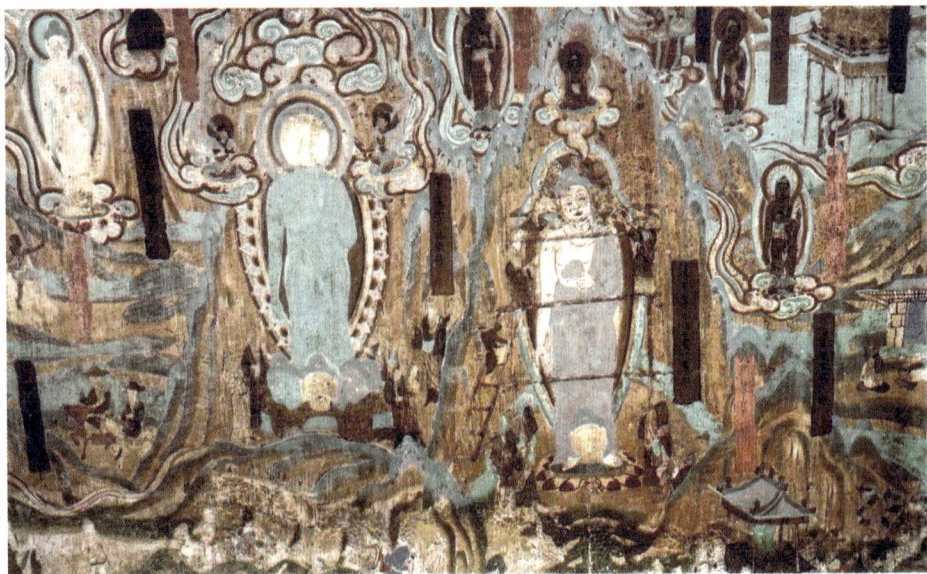

图218 莫高窟第72窟南壁《刘萨诃因缘变相图》局部（盛唐，五代重修）

他的心口还有一丝温意，不敢把他收殓埋葬。停放七天后，刘萨诃又死而复活了，他带着悔罪的神态，向人们讲述了他死后这七天所经历的事情。

那天，刘萨诃正在饮酒，突然看见阎王派来的两个小鬼，不由分说绑了他就走。刘萨诃被带到了阎王的大殿里，阎王让他招认残害飞禽走兽的罪行，接着就看见以前那些被他射杀的动物们纷纷向阎王控告他。阎王命令役从们把刘萨诃投入滚开的油锅中，他的全身被煎得焦烂。最后役从们把他的焦骨烂肉捞出抛在地上。忽有一阵微风吹来，他的骨肉才恢复了原形。这种痛苦真是不堪忍受。接着，阎王又派役人领他去参观阴曹地府里的各种苦难和酷刑，看得刘萨诃心惊胆战。最后，观世音菩萨向他走来，他表示愿意出家为僧，皈依佛门，洗清自己以前犯下的罪孽。观世音菩萨告诉他许多出家后应该做的事情。这时，身边的小鬼忽然不见了，他摔了一跤，就清醒过来，返回了人间。

死而复活的刘萨诃彻底改掉了以前的恶习，落发为僧，法名叫慧达。以后他到处游化说法，遍览佛教圣地，瞻仰佛祖真容，成为深受僧侣们敬仰的一代高僧。

公元 435 年，刘萨诃离开中原，带领众弟子来到河西走廊的凉州（今甘肃省武威地区永昌县）。一天，刘萨诃和弟子们来到凉州东北的望御谷中，他遥望四周，若有所思，然后指着奇峰深谷对弟子们说："这一带是纯洁的圣地，将来会有奇妙的佛陀宝像出现。如果它完好无损，天下就会康乐太平；如果佛像缺了头，将预示着天下战乱，人民遭受苦难。"后来，刘萨诃与众弟子到了肃州（今甘肃酒泉）西的七里涧中，无病而逝。他的骨头自动破碎成小块。僧侣们给他修建了一座骨塔，作为供养和纪念。

到了公元 522 年，凉州望御谷一带忽然风雨大作、山摇地动，在绝壁断崖上挺立出了一尊石佛像，身高一丈八尺，形象端严，唯独没有头。当地的官民僧侣都听说过刘萨诃的预言，他们十分惊慌，急忙找来工匠雕了一个佛头，给像安上，但马上就掉落下来，无论如何也安置不上去。也就在这一年，北魏的统治集团发生内乱，在以后的几十年里，天下百姓倍受离乱之苦。

公元 557 年，凉州城东的七里涧中忽然闪现灵光，出现了一颗石佛头，人们感到无比惊奇。他们又想到了石佛的预言，急忙用八抬大轿把佛头送到石像前，郑重地安装上去。像头与像身相合无缝，连成一体。人们欢呼着奔走相告。果然在北周国境内，出现了太平兴旺的景象。公元 561 年，为了保护这尊祥瑞的佛像，人们特意修建了一座"瑞像寺"。

公元 572 年以后的一天夜里，佛像的头又自行脱落了。北周武帝（560 ～ 578 年在位）派齐王前去验看，让人把佛头重新安好，还派兵严加看守。可到了第二天，佛头还是掉落了。时隔不久，周武帝就开始毁灭佛法，许多寺院被拆除，僧人们被迫还俗，瑞像寺也没有例外。

隋朝建国以后，佛教再度兴盛，那尊石佛像的头也自行安上了。公元 609 年，隋炀帝（605 ～ 618 年在位）到河西走廊巡视，还亲临瑞像寺烧香拜佛，施舍给寺院不少财宝，命令把寺院再扩建一新，改名叫"感通寺"。以后，远近的人们都认为这尊瑞像有灵，还有专程前来摹写瑞像真容带回去供养的，感通寺也因此而驰名中外。

第 72 窟南壁的刘萨诃因缘变相图，现存墨书榜题约有 30 余方，内容有：七里涧圣容像现，圣容像初下无头，大众持花迎本头，却得圣容像本头安置仍旧等。图中还画着八人抬轿，轿内放着佛头，这是表现公元 561 年在凉州城东七里涧出现佛头，人们持花迎来佛头的情景。还有艺人在献载竿百戏，艺人两旁各有数人奏乐，这是表现佛头还身后，人们正在欢庆献技。其中在木架上安装佛头的场面特别突出，或许古代匠师们在制作大型佛像雕塑时就是这样的。

1982 年 12 月，敦煌研究院的孙修身先生（1935 ～ 2000 年）到永昌县西北 25 华里的后大寺考察。他在深入研究了有关刘萨诃的历史资料以后，初步认为这一带有可能就是当年的瑞像寺。后大寺位于这里的武当山和虎头山之间，它的正殿沿山壁开凿建成，北面的正壁依崖作壁，其他三面是垒砌而成。孙先生意外地发现，在这座正殿正壁的花岗岩石壁上，有一尊造型古朴的浮雕石立佛像，没有头部，高度约六米。在这尊像的颈部，凿了一个小凹槽，是为安装佛头用的（图 219）。听当地人讲，这尊佛像原来安着一个佛头，后来拆除这里的殿堂时脱落了，佛头还保存在永昌县文化馆。佛头是用青色的石质雕刻而成的，高约 57.8 厘米，而身躯则是在红色的花刚岩上刻出的，两者拼合很不容易。这件佛头像是北周风格，正好与历史记载的佛头发现时间相吻合（图 220）。于是孙先生高兴地确定了这座后大寺，就是北周时代的瑞像寺。

图 219 甘肃省武威市永昌县圣容寺摩崖无头立佛像（作者速写于 1984 年）

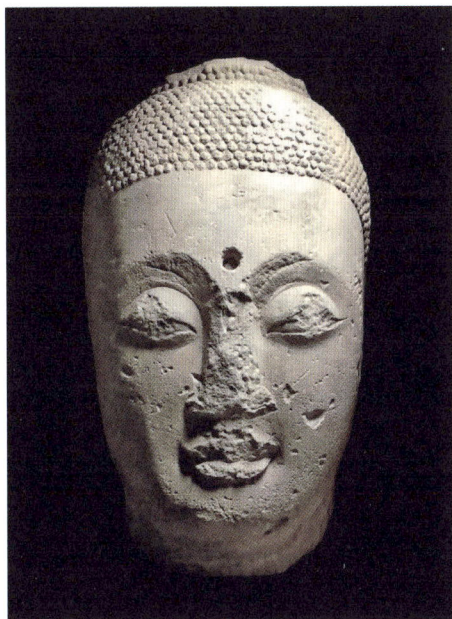

图 220 甘肃省武威市永昌县博物馆藏石雕佛头像（北周）

　　孙先生的发现立即引起了永昌县政府的高度重视，因为这无疑给这座不发达的县城增添了一个驰名中外的名胜古迹。两年以后的 1984 年 10 月，我也被刘萨诃和尚的名气吸引到了永昌县城，县政府的工作人员一听是来考察那尊祥瑞佛像的，立即派一辆老式吉普车送我们到了后大寺前。那时，当地人已经把它称作圣容寺了，我在热情的主人引导下，参观了那尊无头的瑞像，以及久废待兴的古寺遗址和正在修复的佛塔，还有那颗保存在县文化馆的石佛头。一晃三十多年过去了，现在提笔写凉州瑞佛像，当年参观的情景仍历历在目。我想，圣容寺的风貌现在一定是全新的了，但不知那尊佛像是否还是那样没有头部、孤单地站立着。

　　山西省的五台山，是中国佛教四大名山之一，传说为文殊菩萨的居住地。那里寺院林立，气候凉爽，景物宜人，是人们巡礼朝圣、游览观光的胜地。五台山上著名的南禅寺，有重建于唐建中三年（782 年）的大殿，是目前中国最古老的一座木构建筑，殿内的佛教彩塑也是同时塑造的艺术佳作。

　　五台山的名气绝不仅仅是现在才有的，它至少在五代时期就已经是一座佛教名山了。因为在莫高窟五代第 61 窟的西壁，就有一幅通壁的大型《五台山图》，高 3.42 米，宽 13.45 米。它既是一幅佛教史迹画，又是一幅山水人物画，还可以被看成是一幅全景式构图的历史地图。图中描绘出了五台山大小寺院 67 所，伴随着起伏的山峦、蜿蜒的河流、纵横的道路，还穿插了各种感应故事、佛教圣迹、祥瑞佛像，画出了众多的高僧说法、佛教信徒寻礼朝拜，以及商贩、旅客等人物的活动场景。即包含宗教情趣，又富有生活气息（图 221）。这幅《五台山图》是以现实为依据描绘而成的，既不是完全写实，也并非全盘虚构。图中的大小寺院名称都以墨书榜题的形式写得很清楚，其中的"大佛光之寺"（图 222），也就是现在的佛光寺，保存着至今在中国罕见的一座唐代木构大殿，建于唐大中十一年（857 年）。那些寺院中的一座座大殿，都表现出了当时的房屋建造样式。因此，从研究中国古代建筑史的角度看，这是一批不可多得的图像资料。

其实，早在唐代，五台山作为佛教圣地就已经深受信徒们景仰了。在唐高宗李治执政时期（650～683 年），有一位法名叫会赜的和尚绘制了一幅《五台山图》小帐，很快就在京城一带流行开来。据后晋刘昫（888～947 年）等撰《旧唐书》第十七卷记载：公元 824 年，吐蕃曾经派遣使臣前往长安，向大唐求取《五

图 221 莫高窟第 61 窟西壁《五台山图》局部（五代）

台山图》，以便虔诚地供奉这座佛教名山。时隔不久，在吐蕃占领时期开凿的第159、361窟中，都以屏风画的形式画出了简单的《五台山图》，很可能与首都一带的图样传来有关。公元839年，日本僧人圆仁（794～864年）巡礼了五台山，还特地请画博士为他绘了幅《五

图222 莫高窟第61窟西壁《五台山图》中的"大佛光之寺"（五代）

台山现化图》带回日本。因此，我们可以想象，在唐、五代时期，描绘《五台山图》，已经是佛教艺术活动中的一项重要内容了。而第61窟的这幅《五台山图》，是我们目前能见到的最宏伟壮丽的五台山圣迹图卷。

上面讲到的，只是曹氏时期莫高窟中的几个有代表性的故事画。绘制这些故事画的原因，我在前面的小节中已经讲述过。比起在佛殿里听高僧大德们宣讲佛教大法来，走进石窟观看这些佛经故事画，无疑更能引发人们对佛教教义的兴趣，启发他们思考当前的现实问题。

为人类造福的尊像画

唐代以后的莫高窟，很流行绘制尊像画，也就是佛教世界中的尊神们的画像。它们或者是一幅只画一位尊神，或者是几幅尊神画组成一组，或者是在一幅画中去表现某一特定的尊神群体。有的画中还加入主尊的胁侍像，护法神像和供养人等。如曹氏时期的四大天王、文殊菩萨、龙王、千钵文殊像、天龙八部等；西夏时期的水月观音、药师佛、十六罗汉等；元代的千手千眼观世音、炽盛光佛、白衣观音、

欢喜佛等。信徒们把这些尊神描绘在石窟的壁面上，以示对它们的供奉与崇拜。因为信徒们相信，诸尊神各自具有的神通力，是能够为他们消灾解难，带来吉祥与幸福的。下面，我们就依次来介绍这些尊像画。

1. 四大天王

曹氏时期的大型中心佛坛式洞窟，一般在窟顶的四角部位绘制四大天王像，是为了起到镇窟的作用，称为"镇窟四天王"（见图202）。佛教认为，世界的中心是须弥山，山的四周都是大海，海的四面各有一洲。东面的叫东胜身洲，南面的叫南瞻部洲，西面的叫西牛贺洲，北面的叫北俱罗洲。四洲的外面，有铁围山环绕，铁围山之外，则是另外一个世界。就在须弥山的半山腰处，有一座犍陀罗山，它有四个山峰，东边的叫黄金埵，是持国天王的驻地，管辖东胜身洲；南边的叫琉璃埵，是增长天王的驻地，管辖南瞻部洲；西边的叫白银埵，是广目天王的驻地，管辖西牛贺洲；北边的叫水晶埵，是多闻天王的驻地，该天王也就是前面提到过的毗沙门天王，他管辖北俱罗洲。这四大天王，各自率领着28部药叉大将，镇守着一方世界，也保护佛法。药叉就是夜叉，是一种相貌凶恶的力士，在佛教的绘画与雕塑中，它们经常被天王踩在脚下。

曹氏时期的中心佛坛窟顶的四角，表现的就是这四位天王和他们的眷属、药叉将的形象。例如，第100窟中的东方持国天王右手握着金刚杵，怒目威视，身边站着眷属与乾闼婆、神将等；北方多闻天王双手托着宝塔，呈胡跪的姿势，身边有眷属、夜叉、罗刹将等；南方增长天王张弓搭箭，西方广目天王右手执剑，怒视前方，他们的身边也画着眷属与其他神像。这四身天王的装束，都是身披铠甲的古代武将形象，较多使用了湖蓝、石绿等冷色调，形成一种冷峻中的威严神态。而第146窟的四天王像，则是用朱砂和石绿色形成鲜明的对比色调，使窟顶的装饰格外富有生气。

把四天王像画在窟顶的四角，用来镇守洞窟、保护佛法，那么窟内佛坛上的主佛像，就自然成为洞窟的中心、世界的主宰了。所以，这种布局与构思，从宗教意义和艺术处理上看，都是颇具匠心的。

2. 文殊菩萨

莫高窟第220窟是初唐时期开凿完成的，洞窟的甬道北壁表层被西夏时代重新砌上一层土坯，又绘上了壁画。1975 年 10 月，敦煌的保护专家们在对表层的西夏壁画作了剥离和搬迁后，发现一幅五代时期的壁画，线描清晰，色彩如新（图 223）。

画面中心是文殊师利菩萨右手持如意，端坐在青狮宝座上。文殊左侧的牵狮人头戴红锦风帽，身穿朱红袍，手握缰绳，他的头旁有墨书榜题，上面写"普劝受持供养大圣感得于阗国王……时"。文殊的右侧有一位童子合掌站立。文殊的下方有一则墨书发愿文，上面记述的是节度押衙守随军参谋、银青光禄大夫翟奉达，为了所有的亡灵上生到佛国净土，不要坠落到地狱、饿鬼、畜牲三道之中；为他已经故去的慈父长兄脱离阴间的苦难、经常遇到能帮助他们的"善因"；为他仍旧健在的老母以及合家子孙们消灾解难、平安快乐，敬画"新样大圣文殊师利菩萨一躯"。文殊像的西侧，是救苦观世音菩萨，东侧是"大圣文殊师利菩萨真容"。文殊像的下方，画了七位身穿官服的男供养人，分别代表翟奉达的父亲、兄、本人、弟、宗叔、孙、男等。

这幅壁画绘制于五代后唐同光三年（925 年），施主翟奉达是曹氏政权中的著名文人，藏经洞的文书里就有他的写本卷子。

文殊师利，是佛教中最具有智慧的大菩萨。关于他的身世，不同佛经有不同说法。但很多佛经上都说释迦牟尼在说法时，文殊和普贤是辅弼他说法的大菩萨，所以石窟中经常把文殊和普贤对称排列在一起。所谓"新样文殊"，应该是指文殊骑狮的图像，与旁边的文殊真容像不同，而后者是与一般普通菩萨相同的造型。第 220

图 223 莫高窟第 220 窟甬道北壁文殊菩萨及其胁侍与供养人（初唐，后唐同光三年即 925 年重绘）

窟的这幅文殊图像，用于阗王来为文殊牵狮，表明这个新样文殊画像应该首先是于阗国王的功德，或是翟氏家族与于阗国王一同做的功德。对于敦煌艺术的研究来说，这幅文殊像的确是"新样"的，因为它被西夏封闭了一千多年，基本完好地保存了鲜艳的色彩，可以使我们看到真正的五代壁画风采。

3. 龙王

龙，是中国古代传说中的神异动物，擅长兴云降雨，是封建帝王的象征。而印度佛教里的龙却是佛法的一种保护神，它们拥有海里大量的珠宝财富。根据西晋月氏国三藏竺法护（231～308年）译的《佛说海龙王经》记载：当年释迦牟尼在灵鹫山给众弟子讲经说法的时候，忽然见到海龙王率领着它的龙子龙孙、龙婆龙女等眷属前来皈依佛门，并邀请释迦前往龙宫接受供养。释迦高兴地答应了。后来，天魔波旬与各种外道仇视佛陀，他们杀死僧人，拆毁寺院。在这种情况下，一位龙王把世上的佛经都搜罗起来，藏进海底密室，才使佛法在以后得以重新流布。

莫高窟第36窟西壁的南北两侧，画了八大龙王及其眷属前往法会礼佛的场面。这里龙王们的形象都是人身龙尾，手捧供品在海水波涛中行进着，随行的眷属中有龙女、夜叉等（图224）。从画中的榜题来看，有"大力龙王"、"大吼龙王"、"持香龙女"等等。龙王的肤色有白色和赭色，发须有黑、蓝、赭几种，个个躯体丰满，胖面大耳，瞪目前视，显露出虔诚的神态。龙女则手执香炉，面目清秀，风姿潇

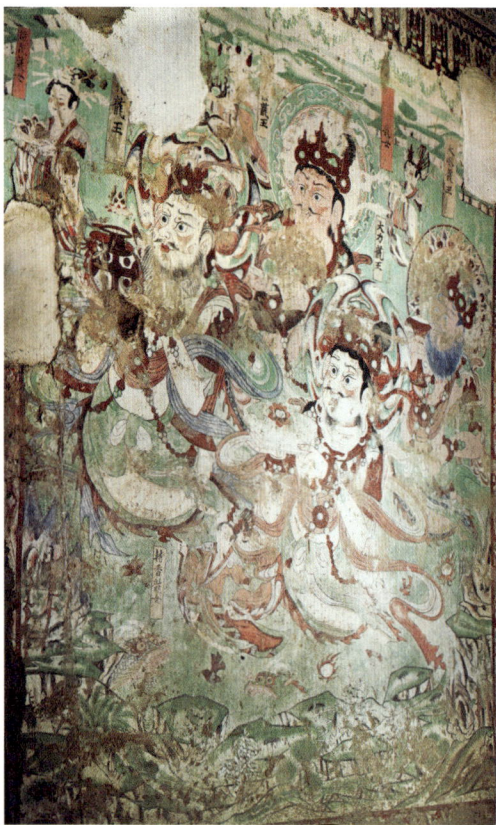

图224 莫高窟第36窟西壁北侧龙王礼佛图部分（五代）

洒，很像当时的贵族少女。群龙的下方还画出了危崖、苍松等海岸景物，用色鲜丽，对比明快，是一幅表现龙王题材的壁画佳作。

4. 千钵文殊

盛唐时期的密教大师不空（705 ～ 774 年）曾经翻译了一部《大乘瑜伽金刚性海曼殊室利千臂千钵大教王经》。经中写道：一次，释迦牟尼在舍卫国中祇园精舍给大众说法完毕后，特授意文殊师利菩萨施展神通，当众变现出一丈六尺的金色之身，坐在法界金刚性海百宝莲花座上，身上穿着百宝璎珞衣，头上有七宝佛冠。文殊菩萨的身上还变出了千臂千手，每一只手中都拿着一个吠琉璃钵，钵中都坐着一尊化佛，因此也就同时出现了千尊释迦的形象。

这个千钵文殊，是密教尊奉的菩萨形象之一。五代时期开凿的第 99 窟，是一所方形覆斗顶正壁开一龛的佛殿窟，北壁画千手千眼观世音一铺，东壁门两侧画不空羂索观音和如意轮观音各一铺，都是密教信仰的图像。南壁画的千钵文殊像，结跏趺坐，头上戴着七佛冠，身上有项圈、臂钏、手镯、璎珞等装饰，他的身体周围呈圆辐形伸出了无数手臂，每只手中都捧一钵，在中部三匝的手掌钵中各升出一尊化佛。千钵文殊坐在一朵仰莲花上，莲花的下面是从海里升出的须弥山，山腰有两条龙缠绕着，两边悬着太阳和月亮。须弥山下是大千世界，长着四臂的阿修罗王站立在海水中，两侧围绕着众多的菩萨，他们正在向文殊菩萨请教佛法。

密教在盛唐时期的莫高窟流行以后，到了中唐时期开凿的第 360、361、144 窟，以及晚唐时期的第 54 窟中，就已经绘制出了千臂千钵文殊菩萨的形象（见图 181）。由于千钵文殊法力无边，又能大发慈悲心去度化众生，因而易在信徒心中引起崇敬。第 99 窟的千钵文殊像，以无比神异的处理方法，以大小悬殊的人物比例，描绘了这位密教菩萨的神通广大，以及受众圣景仰的场面。

5. 天龙八部

第 6 窟是五代时期的一所佛殿窟，正壁开了一个盝顶帐形龛，龛内的西壁中央画着主尊观音菩萨，两侧是十大佛弟子。龛内的南北两壁画八大菩萨和天龙八部（图 225）。这里的八部护法神都是孔武有力的将军打扮，脚下踏着祥云，手中拿着箭、长柄铖、剑等兵器，都是红脸大汉，或披发，或虬髯，或短须张嘴怒视着前方，一副威严不可侵犯的样子，与八大菩萨的纤弱文静形成了鲜明的对比。

图 225 莫高窟第 6 窟西壁龛内南侧菩萨与天龙八部局部（五代）

在八部护法中榜题可以看清楚的有"紧那罗王""揭路荼王""迦楼罗王""阿修罗王"。八部以外还有几位其他的神将相伴随。

在许多佛经的开场白中，一般都是写佛在何地为大众说法，前来听法的有十大弟子、八大菩萨、天龙八部、诸神王、诸夜叉等。但由于佛教艺术表现的空间局限性，很难较全面地反映这些闻法的佛教诸神，大部分只是用二弟子、二菩萨、二天王、二力士来代表或概括。而第 6 窟龛内壁画则基本忠实于佛经中的描述，特别是把天龙八部集中排列在一起，还是比较少见的。

6. 水月观音

第 237 窟是中唐时期开凿完成的。西夏人占领敦煌以后，又在窟内重新绘制了很多壁画，前室门上的帝释天与二天女、两侧的水月观音，就是西夏人补绘的作品（图 226）。

水月观音，表现的是正在观看水中月的观音。画面中的观音菩萨背靠岩石，意态闲适地坐在碧波潭边，身后有神圣的圆光，身边摆放着一个净水瓶。这种画像在宋、西夏、元代的敦煌一带石窟寺中比较流行，表达了信徒们对水月观音的喜爱和崇敬。但这种观音却不是印度人的发明，而是来自中国艺术家的创作。唐代张彦远的《历代名画记》记载，唐代著名的画家周昉（8 ~ 9 世纪）在首都长安的胜光寺塔东南院画了一幅水月观音菩萨，并称赞他"妙创水月之体"。这样看来，水月观音的形象，似乎是周昉的发明了。比较而言，这种观音像，比起其他单纯绘制的菩萨坐立像来，更有一种四大皆空的神秘意境，也许就是深受当时人喜欢的原因吧。

如果我们查阅佛经，就会发现周昉与后代艺术家们对水月观音像的创作，也是有一定根据的。按照《华严经》第五十一卷的记载，善财童子为了求见观世音菩萨，来到了光明山，在山的西侧有流泉浴池，林木郁茂，地草柔软，观世音就坐在这里的一个金刚宝座上。唐玄奘《大唐西域记》第十卷也说观世音菩萨居住的布咀洛迦山顶，有如明镜般的水池，有愿意拜见菩萨的，只有不顾生命的安危，去涉水登山，历尽艰险，才能到达。因此，在人们的观念中，观世音是住在有山水流泉的地方，并没有特意强调有明月相伴。所以，在众多的水月观音像中，大部分是画出山水树竹，而很少有画出明月的。

7. 药师佛

佛教认为，东方是净琉璃世界，那里的主宰是药师琉璃光如来，简称药师佛。相传，他在没有成佛还是菩萨时，曾经发过十二大愿，要解救众生脱离苦海。他成佛以后，凡是能供奉药师佛，虔敬地称念他的名号的人，都能够在来世不坠入畜牲与地狱道中。药师佛最突出的本领，就是能解救身患疾病的人，例如身患耳聋、眼瞎、跛足、驼背、癫狂，以及长相丑陋、头脑愚钝的人，只要口念药师的名字，或者是听到了别人在念药师佛，都可以得到痊愈。在佛教艺术界，匠师们塑造的药师佛，一般都

图226 莫高窟第237窟前室西壁门上水月观音壁画（西夏）

图 227 莫高窟第 310 窟西壁北侧药师佛壁画
（西夏）

是身披袈裟、手拿药钵的形象。

在隋代开凿的第 418 窟南壁西侧，有西夏时期补画的药师佛立像。他左手托药钵，右手执锡杖，足下踏着莲花，头顶有华盖、飞天，身旁还有两位弟子和两位菩萨。第 310 窟也是一所隋代洞窟，在正壁大龛外的南北两侧，各有一幅西夏补绘的药师佛立像。北侧一身左手在腹前捧着药钵，右手执的锡杖斜靠在肩上，脚下踩着大朵莲花。这种药师佛，表现的是正在行道，遍访民间疾苦，解脱众生痛苦的形象（图 227）。

8. 十六罗汉

很多人都听说过佛教世界里的十八罗汉，也知道"十八罗汉斗悟空"的神话故事。还有不少人在寺院的大雄宝殿内部两侧见到过十八罗汉的塑像。但却很少有人知道，它们是从十六罗汉演变而来的。

这十六位罗汉都是释迦牟尼佛的弟子。佛经里说，他们遵照佛的嘱咐，不入涅槃，常住世间，守护佛法，接受世间众生的供养，为众生造福，同时等待未来佛弥勒的降临。唐代玄奘大师翻译的《大阿罗汉难提蜜多罗所说法住记》详细记载了十六位罗汉的名字。经名中的难提蜜多罗（意译叫庆友），据说是佛涅槃后 800 年时的狮子国（今斯里兰卡）名僧，在他即将涅槃时，把十六罗汉的法名和住址告诉了众生们。

十六罗汉的名字是：一、宾度罗跋罗惰阇；二、迦诺迦伐蹉；三、迦诺迦跋厘惰阇；四、苏频陀；五、诺距罗；六、跋陀罗；七、迦理迦；八、伐阇罗弗多罗；九、戍博迦；十、半托迦；十一、罗怙罗；十二、那伽犀那；十三、因揭陀；十四、伐那婆斯；十五、阿氏多；十六、注荼半托迦。这部经典翻译出来以后，十六罗汉就越来越受佛教徒的尊敬与赞颂，石窟寺中也逐渐开始流行他们的雕塑和绘画形象了。在杭州的烟霞洞内，就有一组雕刻技艺精湛的十八罗汉像，就是在十六罗汉的基础上增加了两位而形成的新罗汉组群，是五代时期吴越国王钱元瓘（887～941年）的妻弟吴延爽等人发愿雕造的，参与者很可能还有当时的吴越国王钱俶（948～978年在位）。而莫高窟的十六罗汉题材壁画，最早是在西夏时期绘制完成的。

第97窟是一所唐代的佛殿窟，在窟内南、北、东壁有西夏人补绘的十六罗汉像，分上下两层排列，其中南、北壁各六身，东壁绘四身（两身已模糊不清）。这些罗汉都画在一个方形框内，每位的身旁都有幅墨书榜题，上面写着这个罗汉的名称和住处，都和玄奘译的《法住记》完全符合。罗汉们有的挂杖侧身沉思，有的俯首聆听弟子的提问，有的合掌盘腿打坐，有的怒目张口，似正要举棒向愚钝的弟子当头敲击大喝。他们形象的描绘也反映出了罗汉们的不同性格特点：有的老态龙钟，须眉皆白，像一位仁慈宽厚的长者；有的颧骨突起下巴尖尖，犹如苦行中的僧人；有的面相胖圆富态，很有虚怀若谷的风神；有的则高鼻深目，完全是一位来自西域的神异僧人形象。罗汉的身边还有弟子或供养人相伴随。他们既有人世间高僧们的影子，也表现出了不同于凡人的超凡入圣的神态，达到了以形传神、与信徒们心心相印的效果（图228）。

9. 千手千眼观音变相图

第3窟的南、北两壁对称绘制的千手千眼观音变相图，是莫高窟元代壁画中的杰作。这两幅壁画的中心都绘着高大的千手千眼观音立像，身边有侍从的部众（图229）。其中南壁的一幅，千手千眼观音有十一面、四十大手，其中有二大手在头上高举着一尊化佛，二大手当胸合掌，二大手在腹前捧钵。身后现出的无数只手臂形成了一个圆辐面，千

图228 莫高窟第97窟南壁壁画十六罗汉之一（西夏）

图 229 莫高窟第 3 窟北壁千手千眼观音及其胁侍壁画（元）

手掌中都有一只眼。造型准确，肌肤细腻，很有生气。菩萨的左右两上角各有一身飞天，左右两侧分别是婆薮仙和吉祥天，左右两下角是护法金刚力士。

婆薮仙原来是佛教以外的外道仙人，由于他用杀生的方式去祭祀天神，死后堕入了地狱。以后经过菩萨的教化解脱而皈依了佛门。画中的婆薮仙头戴莲花形束发冠，身穿绿色交领大袖袍，当胸双手合十，须发灰白，双眼露出虔诚的神态，是一位中国古代的老年男子形象。

吉祥天，又叫功德天，是专门管理国家的安泰和众生个人福德的佛教尊神，经常变幻作天女的形象。传说她还是毗沙门天王的妹妹或妃子。画中的吉祥天，左手握莲花，头戴花钗，身穿云肩与宽袖长裙，举止端庄，是人们心目中仙女的形象（图 230）。

10. 炽盛光佛

在五代时期开凿的第 61 窟甬道南壁，绘着炽盛光佛与众侍从的形象。炽盛光佛手顶金轮，乘坐着双轮车在云中行进，车尾插着龙纹旌旗，周围簇拥着九曜星神，二十八宿列队于云端，还有"黄道十二宫"诸星图分悬于碧空中，组成了浩浩荡荡的佛与众神驾云出行的队伍（图 231）。炽盛光佛，又叫"金轮炽盛光如来"，据唐代失译人名的《佛说大威德金轮佛

图 230 莫高窟第 3 窟北壁吉祥天与千手局部（元）

图 231 莫高窟第 61 窟甬道南壁炽盛光佛与众胁侍（元）

顶炽盛光如来消除一切灾难陀罗尼经》等经中讲，这位佛的全身乃至毛孔都能放射出炽盛光明，他的主要职责就是为世间众生消灾解难。在元朝中期，全国盛传着各种灾异现象，西宁王速来蛮主持修建的"皇庆寺"就位于第61窟前部。这幅炽盛光佛图的绘制，很可能与元朝统治者消灭灾患的主导动机有关。

11. 白衣观音

第3窟西壁龛内南北壁分别画着两身立菩萨，西壁龛外的南北两侧，又分上下画着立菩萨各两身。这些菩萨像的特别之处在于，穿着打扮以洁白素雅为主，

图232 莫高窟第3窟西壁南侧白衣观音菩萨（元）

个别的披着淡黄或淡绿的外衣，双脚各踏一朵莲花。有的菩萨还头顶白色的冠披巾帼，很像风帽。它们表示的是白衣观音，或受到白衣观音影响的其他菩萨像（图232）。

白衣观世音菩萨，是密教信徒信仰供奉的一种菩萨。在唐代来华的南印度人菩提流志翻译的《不空羂索神变真言经》里，记述在密教曼荼罗坛的北面，就有"白身观世音母菩萨印"。唐代不空翻译的《海会五部曼荼罗仪轨》中的第四院敬爱增益法曼荼罗东门北面，有"白身观音"。大约在梁朝翻译的《陀罗尼杂集》里描述绘制观世音像时，说是身穿白衣坐在莲花座上，还说这位白衣观音，能够帮助人们下辈子不堕入地狱、饿鬼、畜牲道中，还可以满足人们的所有心愿。于是，信徒们纷纷供奉白衣观音像，在全国五代以后的石窟中，特别是在四川地区，还保留着许多类似的石雕

像。现存最早的白衣观音雕像位于杭州烟霞洞洞口处，是吴越国时期的作品。只要我们稍加留意，就会发现今天人们所供奉的观世音菩萨，全都是身穿白衣、头顶白色冠披巾帼的形象。

12. 欢喜佛

为了使信徒们加深对教义的理解，佛教经常使用比喻的方式。例如，在众多的佛经中，有直叙故事的说教，有比喻的寓言。同样，在佛教众多的偶像当中，有直观的说教像（如前面提到的敦煌彩塑和尊像画），也有采用比喻方式的寓言像。欢喜佛，就是密教中的一种寓言像。

欢喜佛，指的是密教中一种最高级的修观本尊佛，并不是专指某一佛，而是指所有的以女性作为修法配偶的佛、菩萨，如上乐金刚、大威德金刚、密集金刚、时轮金刚、欢喜金刚、狱主金刚、马头金刚等。所有的单身或双身欢喜佛都是赤身裸体的，双身欢喜佛又是男女拥抱交媾的形象。所以，许多人认为，欢喜佛的"欢喜"二字，就是指男女淫乐而言的。那么，真实的情况是不是这样的呢？

其实，欢喜佛一词是来自日本的天台密教，而藏传的密教叫"欢喜天"，印度的密教称单身的为"阎曼德迦"，双身的为"毗那夜迦"。关于欢喜佛的来历，佛教经典《四部毗那夜迦法》中记载了一段传说故事：在古代印度有一位丑恶的男神，名叫欢喜王，凶残无道，经常坑害无辜的人民。观世音菩萨为了拯救百姓，特意变化成一位美丽可爱的女子，来到欢喜王的住处。欢喜王见到这位女子，顿时欲心炽盛，立即冲上前去就想拥抱亲近她。可女子却来回躲闪着不肯相从，欢喜王无计可施，只好恭恭敬敬地请求女子赐欢给她。女子回答说："我是一直信奉佛教的，你要是真的喜欢我，想接触我的身体，就必须和我一起尊奉佛教，保护佛法，不再去残害无辜的百姓。你能做到吗？"欢喜王听后就发誓说："我今天能够遇到你，也是我们的缘分。从今以后，我保证按你说的去做，永远守护佛法！"女子的脸上露出了满意的笑容，上前紧紧抱住了欢喜王。欢喜王的野性终于在和这位美丽女子的交合中得到了驯服，通身无比欢乐。最后在观世音菩萨的引导下，欢喜王充当了佛坛众金刚神中的主尊。

还有一种传说，说双身欢喜佛中的男像名叫毗那夜迦，是古代印度大自在天神的儿子。他性格极为荒暴，被称为大荒神，常常残害佛教徒。释迦牟尼就派观世音变化成美女，和他结为夫妻，把他驯服成为佛教的护法天神。

这两个故事似乎是在说明欢喜佛中的女像是佛或菩萨变化的供养物，男像原先是异教的魔王，代表着愚昧和魔障，女像是在用女色对魔王加以驯服。但还有一种说法，认为男像是佛的化身，女像是妖魔和俘虏的化身。欢喜佛实际上的"欢喜"二字，并不是指男女淫乐，而是指用大无畏、大愤怒的气概，凶猛的力量，残忍的手段，把异教徒俘虏到手，蹂躏尽兴而踩在脚下。得到这样特别大的胜利，不由得从内心产生无比的快乐。那些男女拥抱交合的形象，就是这种欢喜心的寓言比喻像。同时，男女像的裸体拥抱，还以男的代表修行方法，女的代表智慧，只有方法和智慧相结合，才能修成佛道。

莫高窟第465窟的主室壁画，就有几尊元代绘制的欢喜佛像。西壁中间是男女双身像，左右两侧是单身女像，其中左侧的女像侧面现出了猪头，应该是金刚亥母，为上乐金刚的明妃。因此，中间的双身像有可能代表了上乐金刚。南壁画出了三位双身欢喜佛，它们的形象特征很像时轮金刚。北壁与西壁相同，中间一位是男女双身像，左右两侧是单身像。中间双身中的男像有16条手臂，每只手上都捧着一个用颅骨做的钵，钵里盛着各种神像和象、鹿、驴、牛、驼、猫等动物，身上挂着骷髅做的璎珞，双脚下各踩着一个魔鬼。这便是欢喜金刚的形象，他的身体是蓝色的，长了八副脸面，三只眼，被他拥抱的女身是他的明妃金刚无我母（图233）。

上面讲的这些，也只是曹氏的五代、宋、西夏和元代莫高窟中的部分尊像画。这些佛教人物的神通和职责，正代表了信徒们的不同心愿，也是它们被供奉的历史与宗教价值所在。

图233 莫高窟第465窟北壁欢喜金刚部分（元）

鸣沙山的黄昏

公元 1368 年，明太祖朱元璋（1368 ～ 1398 年在位）在南京即皇帝位，建立了明朝。在同年，他的军队攻占元大都，推翻了元朝的统治。但是元朝的残余势力和一些军阀的军队仍然占据着蒙古和河西地区。公元 1372 年，朱元璋派遣大将徐达（1332 ～ 1385 年）、冯胜（？ ～ 1395 年）、傅友德（？ ～ 1394）等人出兵西征，一举攻克了兰州、甘州等城，直捣敦煌，于是敦煌归属明朝。公元 1644 年，吴三桂（1612 ～ 1678 年）引清兵入关后，康熙（1662 ～ 1772 年在位）、雍正（1723 ～ 1735 年在位）两代皇帝很重视治理嘉峪关以外的西域地区，并于公元 1729 年在旧敦煌城的东面建成了一座新敦煌城。当年负责监修新城的光禄少卿汪隆在他的诗中写道：

云峦翠叠层楼外，城廓烟环四望中。

疆宇新开增气象，边民辐辏往来通。

与敦煌绿洲新的繁荣景象形成鲜明对比的是，鸣沙山下的莫高窟正在急剧衰落。在文人学士们的眼里，莫高窟已经成了他们访古论今、游览观光的胜地了，在一些洞窟中，至今还保留着大量的清代游人题记。到了公元 1813 年，有位名叫赵吉的在第 231 窟的西壁龛外南侧下部写了首长诗，诗文追记了莫高窟过去的兴盛，在最后却写下了这样的诗句：

兹逢清塞暇，闲眺化城边。

色相嗟多毁，丹青讶尚鲜。

问禅无释侣，稽首冷香烟。

字落残碑在，丛深蔓草缠。

徘徊荒刹外，怀往意悠然。

我们可以想象出赵吉见到的莫高窟，是多么的荒芜与凄凉（图 234）。

佛教认为，重修或妆新前人塑造的佛教艺术，也同样是在作功德。所以，这种工作在历朝历代几乎都有，前面提到的曹氏时期和西夏就比较突出。到了清代，信徒们虽然没有再开凿新的洞窟，但却越来越热衷于重新装修莫高窟的前朝艺术。

在清代佛教徒的眼里，这些被冷落了近四百年的佛教诸神偶像，很多已经缺

图 234　1908 年的莫高窟（法国伯希和拍摄）

头断臂，色彩暗淡，完全失去了往日应有的灵性。于是他们或慷慨解囊，或虔诚地出外云游募化，来修整莫高窟的塑像、壁画和石窟外面的木构建筑，以便重新使莫高窟的香火兴盛起来。

　　历朝历代制作莫高窟艺术的动机，都是以艺术的形式宣传佛教思想，并为修行的僧侣们提供清净良好的场所，还有满足信徒们某种愿望的需要。因此，它的本义是宗教的，而按照宗教的教义，又是提倡不断地装新佛像，才能使那些偶像们不断地具备众神应有的神通与功能，可以随时与信徒们作思想与感情交流。清代人在修整莫高窟时，也像曹氏和西夏时期一样，用新的色彩覆盖了很多前朝的塑像与壁画。但是这些新艺术品的时代毕竟距我们太近了，在一些学者看来，几乎没有什么考古价值和艺术研究价值（见图 113）。但历史却提醒我们，莫高窟的存在目的，并不是古代的艺术家为我们现代学者提供研究资料，而纯粹是出于某种特定的宗教生活需要。从这一方面来讲，清代对莫高窟的修整是合情合理的。

　　从清代到民国，曾在莫高窟工作过的画工、塑工们留下了一些墨书题记，使我们能够清楚地了解他们的若干工作情况。如第 450 窟北壁有乾隆五年（1740 年）甘泉塑匠的留言；有嘉庆三年（1798 年）甘泉塑匠、武威画工在第 450 窟北壁的题名；嘉庆二十三年（1818 年）五月十四日，画工张成林重新描绘了第 237 窟东壁门南侧《维摩变》壁画中的各国王子；第 365 窟窟门内侧上端，有光绪二年（1876 年）朝山焚香的弟子们施钱题名；第 23 窟西壁有中华民国四年（1915 年）来自陕西的李氏兄弟三人动工塑佛像百躯的题记。

现存敦煌的《太清宫大方丈道会司王师法真墓志》记载说，清代末年，王圆箓从酒泉来到敦煌。他游览了这一带的名胜古迹，登上了三危山，远远地望见鸣沙山千佛洞的壮观景象，慨然地说："西方极乐世界，正在这里啊！"于是就在今第 16 窟的三层楼前 20 余米处，修建了一座道教的太清宫，住了下来。这位藏经洞的发现者，有着虔诚的修整莫高窟古代艺术的宗教心态（见图 4）。他经常不辞辛劳地到处募缘，甚至不惜以藏经洞里的古代文物向外国人换取马蹄银，再用之雇佣画工塑匠们重塑洞窟里的佛教偶像，有时候还在石窟里加入了一些道教的神仙。王道士认为，他这样做，不但为自己的来世造了功德，也为众多的信徒们种了福田。所以，经他之手修整塑绘的偶像，占了清代莫高窟艺术中的绝大部分。这项工作一直持续到民国时期。1931 年，王圆箓去世，敦煌士绅与僧俗将他安葬在莫高窟前（图 235）。

据敦煌研究院专家们的初步统计，在莫高窟的清代、民国艺术中，重修前朝的佛、菩萨、弟子等塑像有 485 身，重新塑造的佛、菩萨、弟子等塑像有 611 身。在莫高窟现存的 492 所洞窟中，涉及 221 所，占洞窟总数量的 44.9%，其中有 18 所洞窟中有清代、民国时期重绘或重描的壁画总面积近 200 平方米。可以说，清代、民国的艺术影响面还是相当广泛的。

清代、民国重修莫高窟的主要工

图 235　王圆箓墓塔（1942 年中央研究院历史语言研究所石璋如拍摄）

作，是针对彩塑偶像，主要题材仍然是佛教中的佛、菩萨、弟子、天王、力士等形象。由于当时的莫高窟有道士活动，在社会上的儒、佛、道三教合流思想的影响下，道教的艺术形象也堂而皇之地进入了佛教的洞窟里。如第 5 窟西壁龛内外的彩塑骑鹤太上老君，和八仙中的曹国舅、韩湘子、何仙姑等；第 13 窟龛内的孙悟空塑像；第 131 窟西壁龛内的真武大帝塑像；第 150 窟前室西壁绘制的二门神，甬道南北壁的牛头、马面，主室南北壁的道教十二星宿，东壁的判官、钟馗、鬼卒等；第 211 窟西壁龛内的唐僧玄奘与二弟子像；第 350 窟的赵公明像；第 454 窟西壁龛内的玉皇大帝一铺三身像等。第 138、344、454 窟中还有民间信奉的送子娘娘塑像。

如果相对于元代以前的莫高窟艺术而言，清代、民国的艺术作品无疑就拙劣多了。但其中也有一些作品显示了工匠们较高的技艺水平。如第 454 窟的送子娘娘像，可以看出花费了作者相当的心机，曾被现代的艺术家誉为"真实地塑造出了一位朴实而生动的老媪的形象"。再如第 233 窟佛坛下沿的清代供养人画像，也是很具时代特色的作品。所以，从宗教和艺术角度而言，清代民国的艺术也是有保存研究价值的。可惜的是，包括第 454 窟送子娘娘在内的 24 身清代（或民国时期）塑像却在"文化大革命"中被毁坏了。

在清代与民国时期，还重新修建了几座窟前的木构建筑，以保护洞窟和方便信徒们上香朝拜，这些功绩更是不可磨灭的。

第 16 窟前的木构三层楼，在同治年间遭受兵灾毁坏后，于光绪末年（1897-1905 年）由戴奉钰、王圆箓重新倡议修建而成（图 236）。

在以前的甲票参观洞窟的入口处，立着一个木牌坊，上面有"莫高窟"三字。它原来是立在第 428 窟前的古汉桥牌坊，上有"古汉桥"三字木匾，建造于公元 1899 ～ 1931 年间（见图 250）。1964 年拆迁这座牌坊时，就替换上了莫高窟的名字（见图 255）。

第 96 窟前的九层木楼，在唐代延载二年（695 年）最初建造时只有四层。公元 874 ～ 885 年间，由张淮深增建成五层。公元 966 年，又拆换了下面的两层旧撑木。公元 1898 年以后进行过第四次重建。最后在 1928 ～ 1935 年间，刘子和、张涤吾、朱次山等人长年住在千佛洞，不避寒暑、不辞辛苦地监理修建工程，还轮流深入四乡筹集资金，用金 1.2 万元，终于建成了宏伟壮观的九层楼（图 237）。新的九

图 236 莫高窟第 16 窟前的木构三层楼（光绪末年建成，1897~1905 年）

图 237 莫高窟第 96 窟前的九层木楼（1935 年建成）

层楼飞檐依山而翘，似拾阶而上的重层天宫楼阁，红色的立柱与斗拱，在黄金色的沙山映衬下格外醒目。如今的九层楼，已经成为莫高窟的标志、敦煌艺术的象征了。

多功能的北区石窟

释迦牟尼在印度创立他的僧团之初，没有固定的居所。后来，有一些在家的信徒给他们贡献居所，就有了最初的寺院。寺院一般都是一个建筑组群，由不同宗教功能的殿堂和房屋组成，包括拜佛讲经用的殿堂和僧人们居住的僧房。石窟寺是在崖中开凿的佛寺，一般以拜佛讲经用的洞窟为主。如果没有相应的与崖中洞窟配套的地面僧房建筑，就会在崖中开凿僧房，以供僧人们居住。我们在前面谈到的莫高窟洞窟，都是拜佛和讲经用的，位于南区。北区还有许多洞窟，绝大多数没有壁画和塑像，主要是提供给僧侣们生活起居和独自修行用的，同时也是少数高僧们的葬地。

在北区全长 700 余米的断崖上，敦煌的考古学者共清理出了 243 所洞窟。这些洞窟的空间上下相接，左右毗邻，如蜂窝一般地分布着，有的可达四至五层，极为壮观（图 238、239）。根据洞窟形制、建筑结构，它们的宗教功能可分为僧房窟、禅窟、瘗窟、礼佛窟、廪窟，还有少数性质不明的洞窟。

1. 僧房窟

僧房窟是提供给在莫高窟修习佛教的僧人们生活起居的地方，共发现了 65 所。既然是为了居住，就要设计得适合居住，方便居住。今人和古人都是如此。这些僧房窟一般由前室、甬道、主室三部分构成，很像我们现在普通居室的过道、客厅和卧室。主室平面一般呈方形或者长方形，室内有炕，供僧人休息和睡觉使用。这种炕或是用砾石凿成，或是用土坯砌成，还有烟道，可以在冬天生火取暖，并将烟排出室外。室内还有可以做饭的灶，也有烟道伸向室外。窟顶的形制有人字披顶、覆斗顶、平顶几种，以人字披顶的形式最多。为了适合人居住，他们还在窟内壁面做一些装修，主要是在凿好的砾石壁面先抹一层粗草泥，再抹一层细草

图 238　莫高窟北区洞窟部分外景（《敦煌莫高窟北区石窟》第 2 卷，彩版一）

泥或细泥，有的还抹一层澄板泥或刷一层白灰，使壁面变得平整而光亮。

北 211 窟就是一所僧房窟（图 240）。它的前室已残，从甬道进入平面近方形的主室，主室内空间大约有 3.5 米见方，主室后部有一砾石炕，南壁东侧下部还有一个土坯砌成的无烟道的炕，东壁门北下部有一土坯砌成的灶，有烟道通向甬道上部和前室。窟顶是人字披形。在主室西壁及甬道各开有小龛，是为了放置灯盏用的。在土坯坑内出土了少量西夏文文献残片，那么这所僧房窟的年代可能是西夏。

2. 禅窟

禅窟是供给僧人们坐禅修行、独自诵经的地方。这里的禅窟可以分为单室禅窟和多室禅窟两种形制。其中单室禅窟有 68 个，仅有一个禅室，有甬道和前室，禅室的面积较小，平面近方形，禅室的后部有

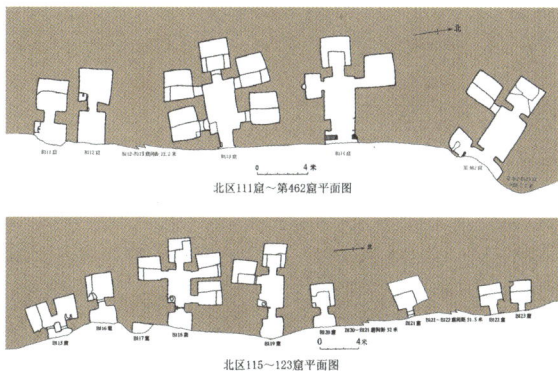

北区111窟～第462窟平面图

北区115～123窟平面图

图 239　莫高窟北区部分洞窟连续平面图

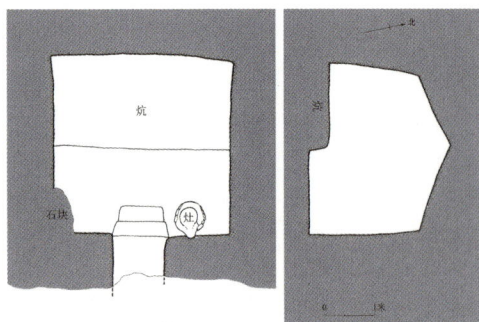

图 240　莫高窟北区 211 窟（僧房窟）平剖面图

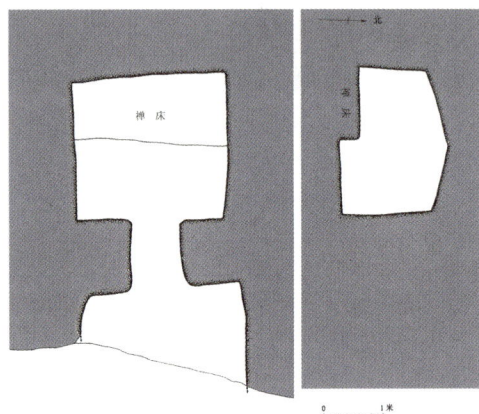

图 241　莫高窟北区 158 窟（单室禅窟）平剖面图

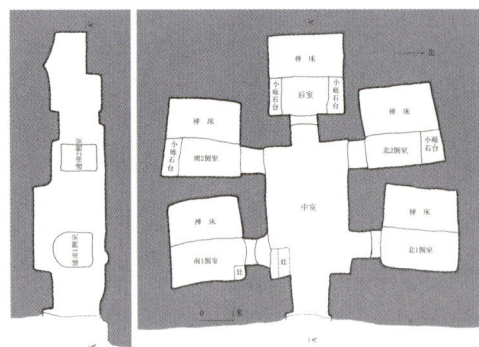

图 242　莫高窟北区 113 窟（多室禅窟）平剖面图

一砾石禅床（图 241）。窟顶呈人字披形，距离地面比较低，勉强可以容一个人站立。禅窟内没有做饭用的灶，所以没有发现用火痕迹。四壁及窟顶表面有的抹粗细两层草泥作为装饰，少数窟内还画有简单的壁画。有的禅窟四壁和顶部表面不作任何修饰，完全让砾石面裸露在外。

多室禅窟有 10 个，一般有前室、中室和后室，以及 1 ~ 5 个不等的侧室。中室里面没有禅床，其余各侧室里都凿有禅床，有的还有小矮台与禅床相连。中室的面积比较大，是提供给在这里修禅的僧人们集体活动的地方，所以不设禅床，就像我们一般单元房的各卧室共用的厅（图 242）。多室禅窟壁画一般也用粗、细草泥和白灰作修饰。类似这样的洞窟布局设计，我们可以在印度阿旃陀、埃罗拉等佛教石窟中见到，应该是在印度同类石窟的影响下制作的。不同的是，印度石窟的规模极为宏大壮观（图 243）。

3. 僧房窟附设禅窟

在僧人居住的僧房窟内附设禅窟，可以更方便地让僧人们坐禅修行。这类洞窟共有 9 所，分为两种。其中的 5 所是单独的僧房窟和禅窟共用一前室，如北 127

窟就是属于这种类型（图 244）。
另外 4 所是在僧房窟的主室西壁开
一个较小而且低矮的仅容一人坐禅
的小禅室，禅室的平面一般为椭圆
形或方形。这类洞窟的壁面也抹粗、
细两层草泥，上面再刷一层白灰，
有的还绘有简单的壁画，内容有仿
木结构的建筑、花草、动物、云纹等。

4. 瘗窟

瘗窟是用来埋葬僧人、俗家弟
子等佛教信徒的洞窟，共清理发掘
了 23 个。这些洞窟的形制、葬式、
出土的遗物都不相同。瘗窟往往是
成片或成组地开凿在崖面上，且形
制多样。它们有的像禅窟，有的原
来就是禅窟或僧房窟，后来改成了
瘗窟。很有可能是原来在那里长期
修行的高僧圆寂以后，僧人们就把
他们葬在了他们曾经居住或修行的
地方。有的瘗窟类似于崖墓，而有
的瘗窟很低矮狭小。所发现的瘗窟
一般都用土坯或石块封堵着窟门，
达到安葬的效果。

在发现的 23 所瘗窟中，共发
现了属于几十个个体的人骨，性别、
年龄、人种都不尽相同。最有意思

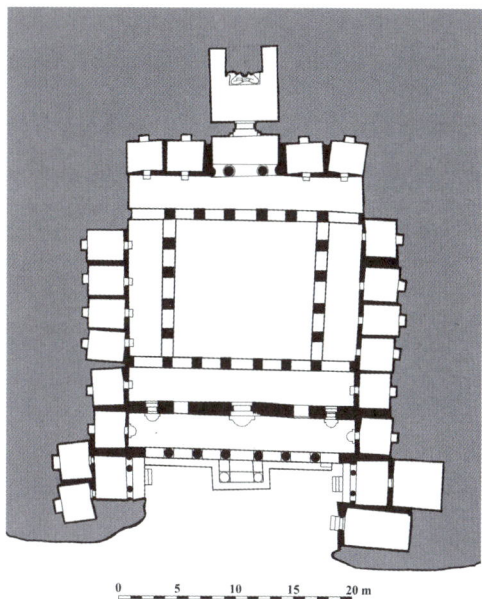

图 243 印度阿旃陀石窟第 1 窟平面图（约公元 5 世纪）

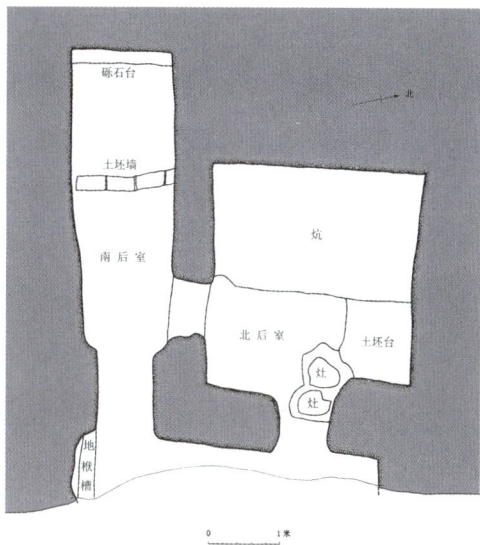

图 244 莫高窟北区 127 窟（僧房窟附设禅窟）平面图

的是，部分头骨还有人工锯痕，或许代表着某种葬仪。葬式有单人仰身直肢葬，
有多人合葬，还有的是二次葬，就是死后先在别处安葬，过了一段时间再收拾遗

骨安葬在这里的。有的是坐化葬，保持着死者生前的坐姿；有的是火化后安葬在这里；有的则用棺收敛尸体而葬。随葬品的多少也不一样，应该是取决于所在家庭的贫富程度。有的瘗窟中出土有可供断代的遗物，如衣物、木雕彩绘俑、钱币等。

北222窟就是一所瘗窟。它的前室和甬道均已经残毁了，主室也部分残塌。主室的平面近于方形，南北长190、东西宽162厘米，后部有一棺床，高52厘米，宽80厘米（图245）。窟顶部的前部略呈弧形人字披，后面接着斜披顶，窟顶距离地面高度为146厘米。窟内四壁、顶部和棺床表面都抹着粗细两层草泥，西壁还有些许红色小方格的壁画。棺床上放置一个长条形的草垫，人骨架已经不存在了，但上面有人体腐烂的痕迹。草席的下面发现了一枚波斯银币。该窟的时代可能在隋末唐初。

5. 礼佛窟

礼佛窟，就是提供给佛教信徒们进行修行观像、讲经说法、举行佛教仪式的洞窟。南区绝大部分洞窟都是礼佛窟。在北区也有少量的几所礼佛窟。除了已经编号的第461～465窟外，还新发现了2所，编号为北175和北77窟。它们的特征是有佛坛、塑像、壁画。第464窟原为多室禅窟，现有壁画部分仅仅是原多室禅窟的中室和后室，大约在西夏时期，将通往原多室禅窟的南北侧室甬道封堵，使南北侧室成了独立的石窟，也使原窟的主体部分形成由前室、中室、后室组成的礼佛窟。元代仍在使用这所礼佛窟，并在各壁壁面重新涂泥层绘制新壁画，在后室的顶部露出了部分西夏壁画。在后室，元代在地面上环正、左、右三壁下部砌了倒凹字形佛坛，坛上现已无塑像，坛基外表绘制莲花。地面东南角和东北角有像台遗迹，地面中部平铺方形花砖或条砖。正、左、右壁面上的壁画表现的是观音三十二变化身题材，分两层排列，其中正壁八，两侧壁各六，共有二十变化身，具体形象有佛身、声闻身、宰官身、帝释身、自在天身、毗沙门天身、

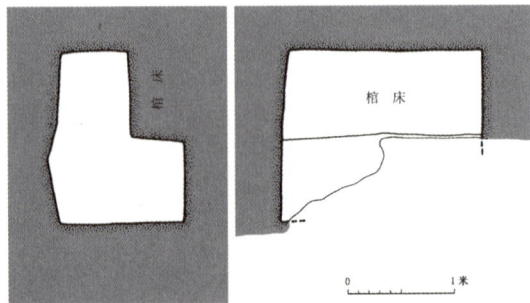

图245 莫高窟北区222窟（瘗窟）平、剖面图

图 246　莫高窟第 464 窟（礼佛窟）后室（西夏—元）

人王身、优婆塞身、天人身、居士身、长者身等。窟顶为覆斗形，藻井绘大日如来，四披分别绘四方佛，佛身旁围绕花草图案，共同表现密教五方佛题材（图 246）。第 175 窟仅有主室保存着，平面呈长方形，南北残长 377 ～ 520 厘米，东西宽有 380 厘米。在中部偏北处有一方形佛坛，用土坯砌成。从窟内出土的壁画残片来看，原来的窟内壁画都绘着壁画。它的开凿年代大概在五代至北宋之间。

6. 廪窟

廪窟就是仓库窟，用来存贮物品。这种窟共发现了 2 个，即北 187、北 192 窟，窟内都有用土坯砌的储物槽。例如北 187 窟，有前室、甬道、主室三部分，主室的平面近方形，边长有 2 米多。室内后部有一个砾石台面，宽 114 厘米，高 30 厘米，台前的地面用土坯墙隔成了三个部分，这种隔墙和砾石台的高度基本相同。这应该是储存物品的地方（图 247）。窟顶呈人字披形，离地面的高度为 174 厘米。壁面和顶部都有抹草泥的痕迹。窟内出土有红色麻布等物，可能是当时储物的残存。

7. 性质不明的洞窟

北区有 5 所洞窟的性质不清楚，因为它们的形制特殊。有的是攒尖顶，有的是覆斗顶，有的是平顶，有的是人字披顶。有的洞窟内有小矮台或台阶。里面没有灶和用火的痕迹。如北183窟，它的主室呈长方形，在南、西、北壁下部残存有小矮台，为平顶。窟内四壁和顶部表面没有做任何修饰处理。这种构造与僧房窟、禅窟都不同（图248）。

此外，北区还有3所没有开凿完工的洞窟，有56所洞窟由于崖面坍塌，原来的形制难以判断。但它们大部分的类别应该不会超出上述各类。

在北区的很多洞窟中出土和发现了大量遗物，内容极为丰富。包括汉文和多种少数民族文字的文献、回鹘文的木活字、古钱币、漆木器、木雕彩绘俑、浮塑、泥质印模佛像、陶瓷器、丝绸、绢幡、棉麻毛织物等，还有少量的铜器、铁器、骨角器等。在一些洞窟中还见到动物骨骼和兽皮等。特别是北222窟出土的波斯银币，可看出是波斯萨珊朝第五代王卑路斯

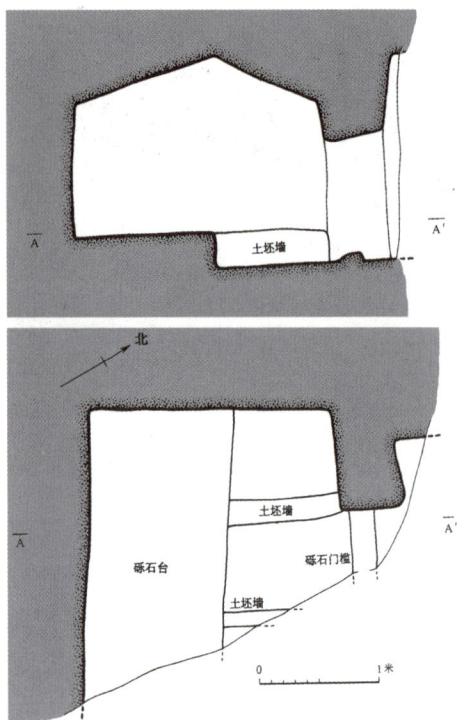

图247 莫高窟北区187窟（廪窟）平、剖面图

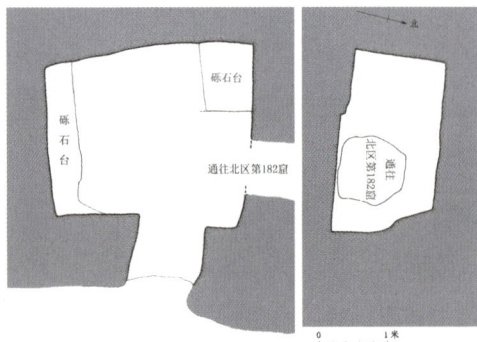

图248 莫高窟北区183窟（廪窟）平、剖面图

（Pirooz，459～484年）时期铸造的。钱币中有五铢钱、唐代的开元通宝、宋代的绍圣元宝等，还有西夏的天盛元宝等。北区洞窟还出土了雕塑使用的木质塑刀和泥棍等。木塑刀的形状有刀形、勺形、铲形、桃形等，它们的共同特征是都有细长的木杷。这些雕塑工具为研究莫高窟彩塑的制作提供了可靠的实物资料，同

时也说明北区的一些洞窟是提供给塑绘工匠们居住的。

在出土的大量多种文字的文献残卷中，有汉文、西夏文、回鹘文、藏文、梵文、婆罗谜文、回鹘蒙文、八思巴文等。在出土的百余件残页中，有手写体，也有印刷体。这些文献的内容主要是佛经，还有少量的社会文献。这是继藏经洞之后敦煌遗书的又一个重要发现。很多资料的研究价值很大。例如，北184窟出土了西夏文《番汉合时掌中珠》一书的残页，是迄今发现的此书的另一个版本（图249）。《番汉合时掌中珠》是一本西夏文和汉语双解词典，由西夏学者骨勒茂才在西夏仁宗乾祐二十一年（1190年）编写刊行。该书于1907年由俄国探险家彼得·科兹洛夫（Pyotr Kuzmich Kozlov，1863～1935年）在内蒙古额济纳旗西夏黑水城遗址发掘出土，随同大量其他西夏文物被运至俄国，收藏在圣彼得堡艾尔米塔什博物馆。该书全书共37页，蝴蝶装，为木刻雕版印刷。书前的序言用西夏文和汉文写成，内容相同，其中有"不学番言，则岂和番人之众；不会汉语，则岂入汉人之数。"表明本书目的是为了西夏人和汉人互相学习对方语言。该书每一词语并列四项，自右向左为西夏文汉字注音、西夏文、汉文、汉文西夏文字注音。该书对解读已经失传的西夏语有着十分重要的意义。它的另一个版本在莫高窟北区发现，无疑具有重大意义。

从北区洞窟的洞窟形制和出土物来看，有一些洞窟的开凿时代有可能早到北朝时期。时代最晚的洞窟大概在元朝，正好可与南区洞窟的开凿时间相对应。莫高窟南区最早的一批洞窟集中在南区中段，然后向南北两侧延伸。北区洞窟是从南向北，时代较早的分布在北区的南段，也就是离南区较近的地方。可以看出，北区洞窟是和南区洞窟基本同时陆续开凿的，

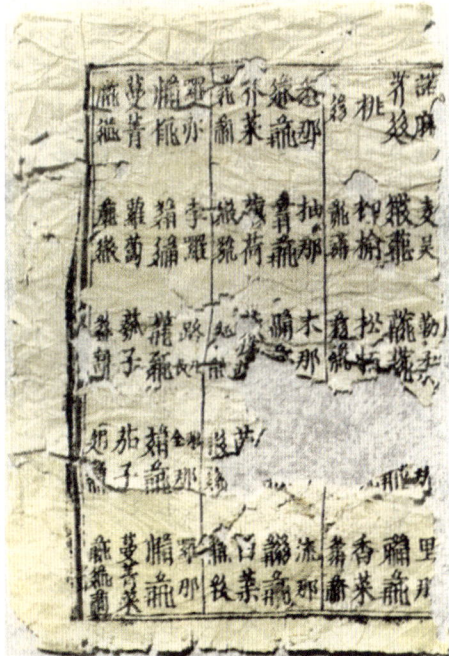

图249 莫高窟北区184窟出土的西夏文印本《番汉合时掌中珠》一书残页（编号：北184:9）

是与南区的洞窟相配合的。这种近乎完美的集多种宗教功能于一体的综合性设计，就让一个庞大而结构严密的崖中寺院展现在我们面前。

大佛脚下是净土

敦煌藏经洞文物流散，无疑是莫高窟历史上最黑暗的一页。然而时隔不久，另一场大灾难又发生了。

1917 年，列宁在俄国领导的十月革命胜利以后，原俄罗斯帝国军队的残部在红军的追击下节节惨败，其中有一千四百多人由少校阿连阔夫（1889～1927 年 8 月 25 日）带领，在走投无路的情况下，于 1919 年窜入了新疆伊犁地区。按照中国的法律，新疆当局收缴了他们的武器，决定将他们遣送到甘肃，以分散他们的势力。1920 年 11 月，阿连阔夫的残部九百余人被新疆政府遣送到了敦煌。可敦煌当局为了县城的安全，拒绝他们进城驻扎，认为只有把他们安置在离县城 40 多里的莫高窟才比较"安全"。于是这九百多人就住进了莫高窟的洞窟里，一住就是

图 250 沙俄士兵在莫高窟（1921 年拍摄）

8 个月（图 250）。他们把洞窟和寺院中的门窗、匾拿来劈碎当柴烧，在洞窟内支锅生火做饭，许多精美的壁画被烟熏黑无法辨认。更有甚者，有人还在壁画上恣意胡刻乱写，将大批的彩塑佛像断手凿目，甚至挖心捣腹，看看里面是不是藏有宝物。他们的行为，使莫高窟的佛教艺术品遭到严重破坏。1921 年 8 月，这伙沙俄残部才被遣送出敦煌，分赴上海、天津等地。

1941 年，莫高窟终于盼来了黎明的曙光。这一年春天快过去的时候，著名画家张大千先生（1899 ~ 1983 年）偕夫人杨宛君（1917 ~ 1987年）、次子张心智以及徐悲鸿（1895 ~ 1953年）的学生孙宗慰（1912 ~ 1979 年）到达敦

图 251 张大千在莫高窟临摹壁画（1941~1943 年拍摄）

煌，开始在莫高窟临摹壁画（图 251）。10 月初，国民政府监察院院长于右任先生（1879 ~ 1964 年）由重庆到西北视察，5 日，在敦煌县长章朗轩等人的陪同下参观了莫高窟。这位辛亥革命的元老看到许多洞窟坍塌残毁，壁画和彩塑在风沙的侵蚀下颜色逐渐褪变，泥皮剥落，使千年国宝面临着被毁灭的危险，深感痛惜！参观完莫高窟后，于右任先生写下了八首《敦煌纪事诗》，其中一首这样写道：

斯氏伯氏去多时，东窟西窟也可悲。

敦煌学已名天下，中国学人知不知？

12 月，于先生完成了对西北的考察，回到重庆，向国民政府提交了一份建议，要求设立"敦煌艺术学院"，以鼓励学人研究敦煌艺术。在这份建议中，于先生强调说："似此东方民族之文艺渊海，若再不积极设法保存，世称敦煌文物，恐遂湮销。非特为考古家所叹息，实是民族最大之损失。"

1943 年 3 月，国民政府采纳了于右任的建议，由教育部委派高一涵（1885 ~ 1968年）、常书鸿（1904 ~ 1994 年）为正副主任，负责筹备敦煌艺术研究所。经过近一年的奔走张罗，1944 年 2 月 1 日，国立敦煌艺术研究所正式成立，直属教育部，

常书鸿被任命为所长（图252）。研究所从重庆征聘了二十余位自愿到敦煌的专业人员，他们当中有美术史论家，有文献研究者，有美术家，还有测绘工作者和摄影师等。在这荒凉的西北沙漠宝窟中，在极其艰苦的条件下，研究所的专家们展开了临摹壁画、记录考证、测量摄影等工作。从此，具有一千五百多年历史的莫高窟艺术，开始在国家的直接管理下，作为人类文化的重要遗产进行保护和研究了。

　　1950年秋，敦煌艺术研究所正式改名为敦煌文物研究所，增加了人员编制，扩大了工作范围，直接由中央文化部领导，仍以常书鸿为所长。1961年，莫高窟被国务院列为全国重点文物保护单位。从1963年起，政府数次拨出专款，对莫高窟近四百个洞窟进行了大规模的加固维修工程（图253），使鸣沙山下的崖面景观焕然一新，往日的衰败局面再也不复存在了，古老的洞窟又焕发出了青春般的活力，显得更加雄伟壮观。

　　为了配合莫高窟的加固工程，敦煌文物研究所在石窟前面进行了考古发掘。从第22窟到第129窟，在这长约380米，宽6～15米的范围内，以及第130、146、152窟的前面，清理发掘出了五代、宋、西夏、元等不同时期的建筑遗址20多座，基本都是当时位于洞窟前面的殿堂遗址。如第130窟窟前下层的一座殿堂遗址，南北宽21.6米，东西长16.3米，面阔五间，进深三间，在遗址西部洞窟甬道口的南北两侧，原来塑着四身高达7米的天王像，天王脚下共有八身夜叉像还

图252 左：常书鸿与女儿常沙娜、儿子常嘉陵在莫高窟洞窟前（约1945年拍摄）；右：常书鸿与常沙娜在南京（1948年夏拍摄）

图 253 工作人员对莫高窟部分洞窟进行加固施工（1964 年 7 月 8 日拍摄）

图 254 段文杰在莫高窟第 285 窟临摹壁画（20 世纪 50 年代拍摄）

保留了一些残迹。可以想象原来的规模之大。另外，清理中还发现了第 487 窟 3 个新洞窟和第 490 窟等 3 个小龛，有的年代可以早到北魏时期。那些窟前的殿堂遗址，绝大部分是和五代至元朝开凿或重修的洞窟前后相连的，组成前殿后窟的形式。发掘出土的古代文物也相当丰富，其中有北魏刺绣品，唐代绢幡、文书、印本佛像、残碑、工匠用的塑绘工具和彩绘漆器等。这次发掘，称得上是 20 世纪敦煌莫高窟的又一大发现、大收获。

1984 年，敦煌研究院在前研究所的基础上宣告成立，段文杰（1917 ~ 2011 年）任院长（图 254），樊锦诗（1938 年 ~   ）任副院长。机构更加完善，研究力量也大大增强了。就在这一年的秋天，笔者第一次来到莫高窟。段文杰先生曾对我说："过去，我们的工作重点是临摹壁画，以后要把科研搞上去。我们要出版一百本敦煌石窟考古报告。"

今日的莫高窟，可以称得上是人才济济、硕果累累。过去我们太落后，以至于外国专家们认为：敦煌在中国，研究在国外。敦煌的专家们用自己七十多年的辛勤劳动和拼搏，向全世界证明了敦煌学的研究也在中国！敦煌的新一代人正在成长，古老的洞窟也旧貌换新颜，呈现出一派欣欣向荣的景象。

参考文献

向达译：《斯坦因西域考古记》，北京：中华书局，1936 年。

潘洁兹：《敦煌的故事》，北京：中国青年出版社，1956 年。

敦煌文物研究所编：《中国石窟·敦煌莫高窟》第 1 ～ 5 卷，日本平凡社、中国文物出版社联合出版，1981 ～ 1987 年。

敦煌文物研究所：《敦煌莫高窟内容总录》，北京：文物出版社，1982 年。

敦煌文物研究所编：《敦煌研究文集》，兰州：甘肃人民出版社，1982 年。

大英博物馆：《西域美术》3 卷，东京：讲谈社，1982 年。

敦煌研究院编：《敦煌研究》季刊，甘肃人民出版社，1982 ～ 2020 年。

敦煌文物研究所编：《敦煌壁画故事》第一、二辑，兰州：甘肃人民出版社，1984 年。

中国美术全集编辑委员会：《中国美术全集·敦煌彩塑》《中国美术全集·敦煌壁画》（上下册），上海人民美术出版社，1985 年。

潘玉闪、马世长：《莫高窟窟前殿堂遗址》，北京：文物出版社，1985 年。

敦煌研究院编：《敦煌莫高窟供养人题记》，北京：文物出版社，1986 年。

敦煌文物研究所编：《1983 年全国敦煌学术讨论会文集》，兰州：甘肃人民出版社，1987 年。

段文杰：《敦煌石窟艺术论集》，兰州：甘肃人民出版社，1988 年。

敦煌文物研究所编：《1987 年敦煌石窟研究国际讨论会文集：石窟艺术编》，沈阳：辽宁美术出版社，1990 年。

敦煌研究院：《敦煌石窟艺术》（22 册），南京：江苏美术出版社，1993 ～ 1998 年。

马德：《敦煌莫高窟史研究》，兰州：甘肃教育出版社，1996年。

中国石窟雕塑全集编辑委员会：《中国石窟雕塑全集1·敦煌》，重庆出版社，2000年。

史苇湘：《敦煌历史与莫高窟艺术研究》，兰州：甘肃教育出版社，2002年。

彭金章、王建军：《敦煌莫高窟北区石窟》（3卷），北京：文物出版社，2000～2004年。

萧默：《敦煌建筑研究》，北京：机械工业出版社，2003年。

贺世哲：《敦煌石窟论稿》，兰州：甘肃民族出版社，2004年。

中国敦煌壁画全集编辑委员会：《中国敦煌壁画全集》（11卷），辽宁美术出版社、天津人民美术出版社，2006年。

吴健等著：《佛教美术全集4·敦煌佛影》，北京：文物出版社，2008年。

敦煌研究院（樊锦诗、蔡伟堂、黄文昆）：《敦煌石窟全集：莫高窟第266～275窟考古报告》，北京：文物出版社，2011年。

斯坦因收集、罗德瑞克·韦陀编集解说、林保尧编译：《西域美术：大英博物馆斯坦因蒐集品》（上下册），台北：艺术家出版社，2014年。

张小刚：《敦煌佛教感通画研究》，兰州：甘肃教育出版社，2015年。

[日]松本荣一著、林保尧、赵声良、李梅译：《敦煌画研究》，杭州：浙江大学出版社，2019年。

常青：《长安与洛阳：五至九世纪两京佛教艺术研究》（上下册），北京：文物出版社，2020年。

后 记

　　我是在 1984 年和敦煌艺术结缘的。1984 年的上半年，我在北京大学考古系的学习进入大三第二学期，系里开出一门《中国佛教考古》课，由曾经在敦煌文物研究所工作过 16 年、当时在系里担任讲师的马世长老师（1936～2013 年）讲授。听了一学期的课，虽然只是对中国的石窟寺艺术有了一些极其模糊的概念，但我却从内心对佛教艺术产生了浓厚的兴趣，这也可能是因为我从小就在父亲的熏陶下喜爱美术。到 1984 年的下半年，系里要组织我们四年级的同学进行专业实习，我便毫不犹豫地选择了"佛教考古"专题，准备奔赴甘肃省的河西走廊进行早期石窟寺调查。这次选择，决定了我终生为之努力的方向。

　　1984 年 9 月中旬，我和几位同学在马世长老师的带领下踏上了敦煌这片神奇的土地（图 255）。接待我们的是时任敦煌文物研究所副所长、被誉为"敦煌女儿"的樊锦诗老师。樊老师是上海人，20 世纪 60 年代初期在北京大学历史系考古专业学习（图 256）。1963 年她本科毕业后来到敦煌工作在那艰苦的岁月里，她的爱人彭金章先生（1937～2017 年）在武汉，而孩子却在上海，一家人就这么天各一方地过了将近 20 年。来敦煌的当天晚上，我们就去拜访了樊老师在敦煌莫高窟前的家。听说他们这些 60 年代的大学生刚分来的时候，住的都是土坯砌成的小平房，而这几幢楼房是 80 年代以后才建成的。

　　樊老师一个人住着三居室的房子，挺宽敞的。记得我当时一进屋的感觉是：这里好像很长时间没人住过，因为在书架、桌、柜等家具上都有一层薄薄的灰尘，我的内心在敬佩之余透出了一丝凄凉感。令我们惊喜的是，在一间房子里，居然堆放了半屋子的白兰瓜、香水梨、小桃等水果。樊老师说："这是所里刚刚分的，都是我们自己在莫高窟前种的，每年都是这么多，我简直没有办法对付它们。今年有你们来就好了！"我们这些馋

图 255 本书作者（左二）和北大同学在莫高窟实习（1984 年 9 月拍摄）

猫儿像听到了冲锋号令，一拥而上。不一会儿，满屋子都是张嘴大嚼的声音。

到敦煌的第二天，樊老师请了一位叫张艳梅的小姐，带领我们参观了两天洞窟。第一次进入那一座座神秘的艺术殿堂，心情激动不已，但手脚却是忙碌紧张，不停地在笔记本上记着画着，恨不能把所有内容都记录下来。张小姐对洞窟里的内容十分熟悉，将壁画中的故事娓娓道来，给我们带来了对莫高窟的第一印象。

从第三天开始，樊老师就亲自带领我们参观学习了。她是从年代最早的第268、272、275窟讲起，然后沿着历史发展的长廊一步步向现代社会迈进。她那瘦小的身躯带着我们熟练地沿着栈道走上翻下，每进一所洞窟，都如数家珍似的给我们讲授着开凿时代、艺术风格、题材内容和历史背景，还不假思索地回答我们提出的各种问题。这一个多星期的参观，使我对中国的佛教艺术，特别是莫高窟艺术获得了最早的感性认识。

那次，我在敦煌莫高窟总共实习了 20 天，莫高窟前的成荫绿树、满园果树，使我感到这黄沙环绕的小绿洲所蕴藏的无限生机。白天和研究所的单身或独自在莫高窟工作的科研人员一同在食堂吃饭。记得有一次食堂特别做了香酥鸡，樊老师就买了一整只，叫我们去她家里吃饭。实话说，那只香酥鸡好吃极了，简直是美味！樊老师让我吃一条鸡腿。我们五个人吃一只鸡，我实在不好意思，就把鸡腿让给了女生。樊老师笑着说："一只鸡也确实不够我们五人吃的。我想，就是

图 256　樊锦诗和北大同学在莫高窟实习（1962 年拍摄）

把两只鸡腿都给了常青，也不够他吃的"。引得大家哄堂大笑。马世长老师（图 256 左一）还用西瓜皮做了一盘凉菜，也特别好吃！

那些天跟随樊老师学习莫高窟，她的很多方面都给我印象深刻。其中之一便是她对别人叫她"敦煌女儿"并报道她对莫高窟贡献的看法。她说：《光明日报》的一位老记者来采访她，她当即拒绝了，让他去采访对敦煌贡献一生的老先生们。之后，这个记者就再也没有找过她，但却不死心，跑去采访她的很多同事，从同事那里了解她。最后，《光明日报》的一个整版发表了以"敦煌女儿"为标题的长文报道她的事迹。从此，人们就叫她"敦煌女儿"了。可以看出，她对这篇报道很有意见，反复说明很多工作都是老前辈们做的，不是她的功劳。我至今还听别人说，她的看法仍然如此。她担任着那样高的学术行政职务，有着崇高的威望，却始终保持着谦卑之心，平易近人，是我最钦佩的前辈之一！

一天傍晚，我独自来到莫高窟前的宕泉河对岸散步。四周寂静无人，看到前面的沙滩上有许多小坟丘，就好奇地走了过去。坟丘都是用沙土做成的，坟上的旧花圈早已被风沙吹得零零散散，仅剩几个残余的细木条了。我突然发现在一座小坟上放着一个用鲜花编成的精美小花圈，显然是刚刚献上的。那时的莫高窟很安静，每天没有几个人来参观。第二天，我才知道那小花圈是正在敦煌参观的一群鲁迅美术学院的学生敬献的，那个小坟下面安息的是他们学校的一位酷爱敦煌艺术、从窟前栈道上失足坠落身亡的青年美术教师。同时我也知道了那些其他的小坟丘下面安葬的，都是近半个世纪以来将自己的大好年华奉献给莫高窟的先辈们。

1984 年 10 月初，我告别了敦煌，踏上了东去考察的旅程。同时，我也沿着中国佛教艺术的道路走到了今天。

自离开敦煌以后，还见过樊老师几次，是因为她多次前去北大参加活动，或去看望宿白先生（1922 ～ 2018 年）。1987 年 7 月，我研究生刚刚毕业，还没有前去工作单位报到，便跟随导师宿白先生、马世长老师一同前去云冈石窟参观。正好那时樊老师也在北大，便随我们一起在大同待了一个星期。我们每天的活动是由宿先生带着我们参观洞窟，或是参观大同城里的古代寺院，都是宿先生和樊老师走在前面，我们跟在后面。在大同上华严寺大门口，我和樊老师合影留念（图 257）。

到了 20 世纪 90 年代，我听说彭金章老师调到了敦煌研究院工作，为他们的家庭最终团圆而由衷高兴。1997 年，我正在研究彬县大佛寺石窟造像。一天，彭金章老师打电话给我，说是想找我聊聊。他来到我的位于人民大学北门外的单位后，见面一聊才知，原来是宿白先生让他来找我的。彭老师当时正在调查研究莫高窟北区洞窟，那里是以僧房窟为主的石窟群。宿先生对他说：“中原地区的僧房窟以陕西彬县大佛寺的最多，而且很可能是唐代的。常青正在研究，你可以找他聊聊。”这也是我唯一一次见到彭老师。几年之后，他的大作——《敦煌莫高窟北区石窟》（三卷）就陆续出版了。我很佩服他工作的敬业精神。

1998 年 5 月 4 日是北大的百年校庆，我还在北大见过樊老师。一年以后的 1999 年 10 月，我来到美国学习、工作、生活，直至今日。最后一次见到樊老师是在 2006 年。那时，我在纽约大都会艺术博物馆做博士后研究，曾经接待了来

图 257 本书作者与樊锦诗合影于山西大同上华严寺前（1987 年 7 月拍摄）

访的时任敦煌研究院院长的樊锦诗老师一行。八年不见，当我握着樊老师的手，问她还记得我是谁时，樊老师看了看我，便叫出了我的名字。为保护敦煌文物，樊老师昔日的黑发已完全变成了银丝，但换来的却是无价的科学研究成果，以及对敦煌石窟保护与研究工作的推动。正是以樊老师为代表的敦煌先辈们的不辞辛苦的工作，敦煌，这颗昔日的明珠才会在当代重放异彩。

2011 年，凝结着樊老师毕生心血的《敦煌石窟全集：莫高窟第 266 ~ 275 窟考古报告》（上下两册）终于出版了。它是樊老师自 1963 年就开始做的工作，填补了国际敦煌学研究的一项空白，因为敦煌石窟考古报告这个领域一直无人问津。撰写考古报告，是考古工作者的基本工作，也是考古人对社会应做的主要贡献。我们可以想象一下，如果没有他们的考古报告，我们如何才能在书本中见到一处文物古迹的完整再现？

对我自己来说，自 1984 年以后，能再去敦煌看看那些无与伦比的艺术品，多年来一直是我的心愿，直到 2019 年才得以实现（图 258）。如今，"敦煌女儿"樊锦诗的名字早已响彻全国、家喻户晓，还在今年夏天深深地感动了一位应届高中毕业的小姑娘报名要上北大考古文博学院。敦煌艺术研究要后继有人，想必也是樊老师现在的最大心愿！

这本小书的初稿写成并初版于 1996 年，是在大量吸收敦煌研究院专家们科研成果的基础上完成的。如今再版，恢复了当年初版时因篇幅所限而删掉的三个小节内容、另外三个小节中的部分内容、"后记"中的大部分内容，增加了两个小节，还对许多小节作了增补，特别是增加了大量彩图。通过此书向大家介

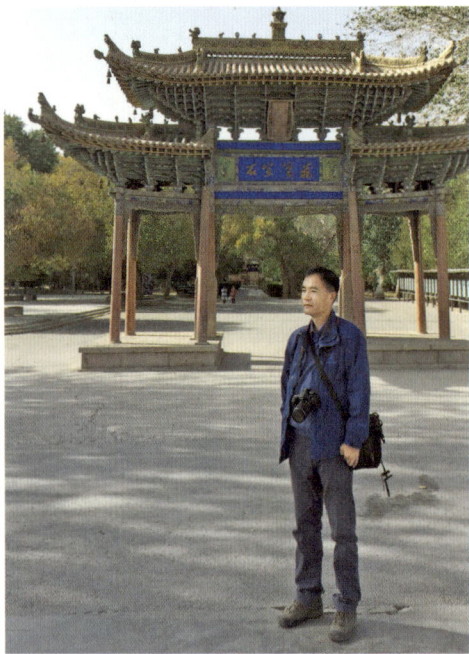

图 258 本书作者在莫高窟前留影（2019 年 10 月 27 日拍摄）

绍这处位于世界东方的奇迹，也算是接续了 1984 年在敦煌的那份善缘吧！衷心感谢四川大学艺术学院姜雨孜、陈云凤女士、龙门石窟研究院贺志军先生为修订本书给予的帮助！

记得当年写成初稿之时，我特意找出了日本音乐家喜多郎创作的乐曲《敦煌》的磁带。录音机里传出的悠扬乐曲，使我仿佛听到了古代僧侣们在洞窟中礼拜行进的诵经声，听到了鸣沙山上的流沙声，九层楼上的风铎悬响声，听到了沙漠中商侣们的驼铃声……

谨以此书献给为敦煌艺术奉献终生的前辈们！

常 青

2020 年 8 月 6 日于美国德克萨斯州达拉斯市

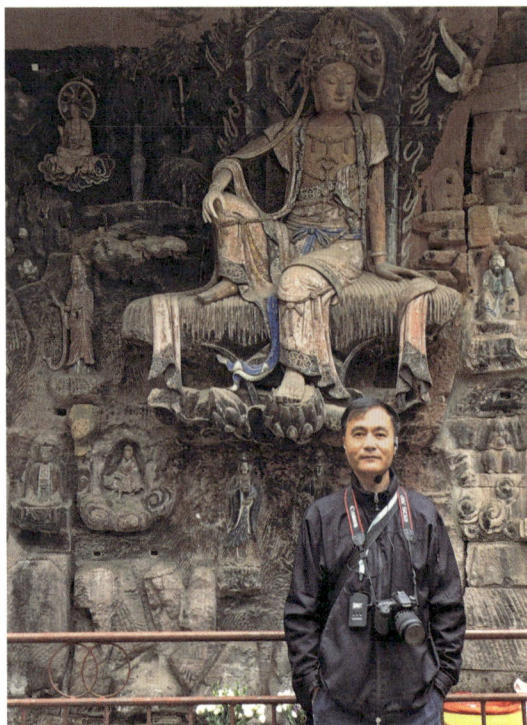

2019 年作者拍摄于四川安岳毗卢洞石窟北宋水月观音像前

作者简介

　　常青，1962 年 12 月生于陕西省西安市。北京大学考古系学士与硕士，美国堪萨斯大学中国艺术史博士，主修中国石窟寺艺术。曾在龙门石窟研究所、中国社会科学院考古研究所、中国佛教文化研究所工作。1999 年来到美国研究、学习与定居。曾在华盛顿佛利尔美术馆、美国国家美术馆作高级访问学者，研究美国各大博物馆收藏的中国佛教艺术品。后在纽约大都会艺术博物馆亚洲部作博士后研究，在北卡大学亚克兰艺术博物馆、佛罗里达州瑞格林艺术博物馆担任亚洲艺术策展人。2010 年以后，在密苏里州圣路易华盛顿大学任博士后讲师、密苏里大学圣路易分校任客座教授，讲授亚洲与中国艺术史，并在德克萨斯州达拉斯亚洲艺术博物馆担任研究策展人。自 2018 年起在四川大学艺术学院任教授。出版 14 种专著、100 余篇中英文研究论文，主要研究中国佛教艺术。